"十三五"国家重点图书出版规划项目

 中国社会科学院创新工程学术出版资助项目

列国志 新版

GUIDE TO
THE WORLD
NATIONS

张忠祥　石海龙
编著

MALI

马 里

社会科学文献出版社
SOCIAL SCIENCES ACADEMIC PRESS (CHINA)

马里国旗

马里国徽

巴马科街头（姚桂梅 摄）

巴马科市政府正门（杨廷智 摄）

杰内清真寺（姚桂梅 摄）

马里小村庄的清真寺

和平纪念碑（杨廷智　摄）

开国总统莫迪博·凯塔纪念馆（杨廷智　摄）

宽广的尼日尔河（姚桂梅　摄）

巴马科的体育场

国家公共账目与国库管理局（杨廷智　摄）

马里团结银行（杨廷智　摄）

塞古第一村的集市（姚桂梅　摄）

塞古第一村劳作中的妇女（姚桂梅　摄）

身着盛装的马里女青年（杨廷智　摄）

在巴马科市中心的恩克鲁玛雕像前拍摄婚纱照的群众（杨廷智　摄）

出版说明

　　《列国志》编撰出版工作自1999年正式启动，截至目前，已出版144卷，涵盖世界五大洲163个国家和国际组织，成为中国出版史上第一套百科全书式的大型国际知识参考书。该套丛书自出版以来，受到社会各界的广泛好评，被誉为"21世纪的《海国图志》"，中国人了解外部世界的全景式"窗口"。

　　这项凝聚着近千学人、出版人心血与期盼的工程，前后历时十多年，作为此项工作的组织实施者，我们为这皇皇144卷《列国志》的出版深感欣慰。与此同时，我们也深刻认识到当今国际形势风云变幻，国家发展日新月异，人们了解世界各国最新动态的需要也更为迫切。鉴于此，为使《列国志》丛书能够不断补充最新资料，更好地服务于社会各界，我们决定启动新版《列国志》编撰出版工作。

　　与已出版的144卷《列国志》相比，新版《列国志》无论是形式还是内容都有新的调整。国际组织卷次将单独作为一个系列编撰出版，原来合并出版的国家将独立成书，而之前尚未出版的国家都将增补齐全。新版《列国志》的封面设计、版面设计更加新颖，力求带给读者更好的阅读享受。内容上的调整主要体现在数据的更新、最新情况的增补以及章节设置的变化等方面，目的在于进一步加强该套丛书将基础研究和应用对策研究相结合，将基础研究成果应用于实践的特色。例如，增加了各国有关资源开发、环境治理的内容；特设"社会"一章，介绍各国的国民生活情况、社会管理经验以及存在的社会问题，等等；增设"大事纪年"，方便读者在短时间内熟悉各国的发展线索；增设"索引"，便于读者根据人名、地名、关键词查找所需相关信息。

顺应时代发展的要求，新版《列国志》将以纸质书为基础，全面整合国别国际问题研究资源，构建列国志数据库。这是《列国志》在新时期发展的一个重大突破，由此形成的国别国际问题研究资讯平台，必将更好地服务于中央和地方政府部门应对日益繁杂的国际事务的决策需要，促进国别国际问题研究领域的学术交流，拓宽中国民众的国际视野。

新版《列国志》的编撰出版工作得到了各方的支持：国家主管部门高度重视，将其列入"'十二五'国家重点图书出版规划项目"；中国社会科学院将其列为创新工程学术出版资助项目，王伟光院长亲自担任编辑委员会主任，指导相关工作的开展；国内各高校和研究机构鼎力相助，国别国际问题研究领域的知名学者相继加入编辑委员会，提供优质的学术咨询与指导。相信在各方的通力合作之下，新版《列国志》必将更上一层楼，以崭新的面貌呈现给读者，在中国改革开放的新征程中更好地发挥其作为"知识向导"、"资政参考"和"文化桥梁"的作用！

新版《列国志》编辑委员会

2013 年 9 月

前　言

自 1840 年前后中国被迫开关、步入世界以来，对外国舆地政情的了解即应时而起。还在第一次鸦片战争期间，受林则徐之托，1842 年魏源编辑刊刻了近代中国首部介绍当时世界主要国家舆地政情的大型志书《海国图志》。林、魏之目的是为长期生活在闭关锁国之中、对外部世界知之甚少的国人"睁眼看世界"，提供一部基本的参考资料，尤其是让当时中国的各级统治者知道"天朝上国"之外的天地，学习西方的科学技术，"师夷之长技以制夷"。这部著作，在当时乃至其后相当长一段时间内，产生过巨大影响，对国人了解外部世界起到了积极的作用。

自那时起中国认识世界、融入世界的步伐就再也没有停止过。中华人民共和国成立以后，尤其是 1978 年改革开放以来，中国更以主动的自信自强的积极姿态，加速融入世界的步伐。与之相适应，不同时期先后出版过相当数量的不同层次的有关国际问题、列国政情、异域风俗等方面的著作，数量之多，可谓汗牛充栋。它们对时人了解外部世界起到了积极的作用。

当今世界，资本与现代科技正以前所未有的速度与广度在国际流动和传播，"全球化"浪潮席卷世界各地，极大地影响着世界历史进程，对中国的发展也产生极其深刻的影响。面临不同以往的"大变局"，中国已经并将继续以更开放的姿态、更快的步伐全面步入世界，迎接时代的挑战。不同的是，我们所面临的已不是林则徐、魏源时代要不要"睁眼看世界"、要不要"开放"问题，而是在新的历史条件下，在新的世界发展大势下，如何更好地步入世界，如何在融入世界的进程中更好地维护民族国家的主权与独立，积极参与国际事务，为维护世界和平，促进世界与人类共同发展做出贡献。这就要求我们对外部世界有比以往更深切、全面的了解，我们只有更全面、更深入地了解世界，才能在更高的层次上融入世界，也才能在融入世界的进程中不迷失方向，保持自我。

与此时代要求相比，已有的种种有关介绍、论述各国史地政情的著述，无论就规模还是内容来看，已远远不能适应我们了解外部世界的要求。人们期盼有更新、更系统、更权威的著作问世。

中国社会科学院作为国家哲学社会科学的最高研究机构和国际问题综合研究中心，有 11 个专门研究国际问题和外国问题的研究所，学科门类齐全，研究力量雄厚，有能力也有责任担当这一重任。早在 20 世纪 90 年代初，中国社会科学院的领导和中国社会科学出版社就提出编撰"简明国际百科全书"的设想。1993 年 3 月 11 日，时任中国社会科学院院长胡绳先生在科研局的一份报告上批示："我想，国际片各所可考虑出一套列国志，体例类似几年前出的《简明中国百科全书》，以一国（美、日、英、法等）或几个国家（北欧各国、印支各国）为一册，请考虑可行否。"

中国社会科学院科研局根据胡绳院长的批示，在调查研究的基础上，于 1994 年 2 月 28 日发出《关于编纂〈简明国际百科全书〉和〈列国志〉立项的通报》。《列国志》和《简明国际百科全书》一起被列为中国社会科学院重点项目。按照当时的计划，首先编写《简明国际百科全书》，待这一项目完成后，再着手编写《列国志》。

1998 年，率先完成《简明国际百科全书》有关卷编写任务的研究所开始了《列国志》的编写工作。随后，其他研究所也陆续启动这一项目。为了保证《列国志》这套大型丛书的高质量，科研局和社会科学文献出版社于 1999 年 1 月 27 日召开国际学科片各研究所及世界历史研究所负责人会议，讨论了这套大型丛书的编写大纲及基本要求。根据会议精神，科研局随后印发了《关于〈列国志〉编写工作有关事项的通知》，陆续为启动项目拨付研究经费。

为了加强对《列国志》项目编撰出版工作的组织协调，根据时任中国社会科学院院长李铁映同志的提议，2002 年 8 月，成立了由分管国际学科片的陈佳贵副院长为主任的《列国志》编辑委员会。编委会成员包括国际片各研究所、科研局、研究生院及社会科学文献出版社等部门的主要领导及有关同志。科研局和社会科学文献出版社组成《列国志》项目工作组，社会科学文献出版社成立了《列国志》工作室。同年，《列国志》项目被批准为中国社会科学院重大课题，新闻出版总署将《列国志》项目列入国家重点图书出版计划。

在《列国志》编辑委员会的领导下，《列国志》各承担单位尤其是各位学者加快了编撰进度。作为一项大型研究项目和大型丛书，编委会对《列国志》提出的基本要求是：资料翔实、准确、最新，文笔流畅，学术性和可读性兼备。《列国志》之所以强调学术性，是因为这套丛书不是一般的"手册""概览"，而是在尽可能吸收前人成果的基础上，体现专家学者们的研究所得和个人见解。正因为如此，《列国志》在强调基本要求的同时，本着文责自负的原则，没有对各卷的具体内容及学术观点强行统一。应当指出，参加这一浩繁工程的，除了中国社会科学院的专业科研人员以外，还有院外的一些在该领域颇有研究的专家学者。

现在凝聚着数百位专家学者心血，共计141卷，涵盖了当今世界151个国家和地区以及数十个主要国际组织的《列国志》丛书，将陆续出版与广大读者见面。我们希望这样一套大型丛书，能为各级干部了解、认识当代世界各国及主要国际组织的情况，了解世界发展趋势，把握时代发展脉络，提供有益的帮助；希望它能成为我国外交外事工作者、国际经贸企业及日渐增多的广大出国公民和旅游者走向世界的忠实"向导"，引领其步入更广阔的世界；希望它在帮助中国人民认识世界的同时，也能够架起世界各国人民认识中国的一座"桥梁"，一座中国走向世界、世界走向中国的"桥梁"。

《列国志》编辑委员会
2003 年 6 月

CONTENTS

目 录

CONTENTS

目　录

CONTENTS

目　录

CONTENTS

目 录

CONTENTS

目　录

CONTENTS

目 录

CONTENTS
目 录

CONTENTS

目　录

导　言

　　马里共和国位于西非尼日尔河中上游、撒哈拉沙漠西南缘，是一个内陆国家，面积 124 万平方千米，人口 1869 万（2017 年）。

　　马里历史悠久，是非洲大陆的文明古国之一。早在史前时期，马里境内就有人类繁衍生息。考古学家在马里一些地区，发现旧石器时代的原始人居住地。新石器时代的遗址分布于马里境内许多地区，包括尼奥罗、加奥、巴马科等地。1927 年，在马里古城通布图东北 400 千米处的阿谢拉尔发现了公元前 7000 年的人类遗骸。近年来，在马里尼日尔河内河三角洲发现了建于公元前 3 世纪的杰内古城。它是金石并用时期的遗址之一，古城的历史一直延续到 15 世纪初。在中古时代，马里曾是加纳、马里、桑海等西非著名的统一大帝国的中心地区。除了杰内和通布图外，塞古、加奥、莫普提等都是马里的历史名城。

　　马里是一个多民族的国家，有 23 个民族，各个民族在历史上创造了灿烂的文化，其中，多贡文化尤负盛名。多贡高原位于尼日尔河内河三角洲的南边，从西边的邦贾加拉大悬崖到东边的洪博里山，绵延 400 余千米。这是世界罕见的丹霞地貌奇观，加之世代居住在那里的多贡民族，积淀了著名的多贡文化，1989 年被列入世界自然与文化遗产名录，属于自然与文化兼备的"双料"人类遗产。

　　马里与许多非洲国家一样，在近代遭到西方殖民主义的入侵和统治。早在 18 世纪，法国殖民者就开始不断向马里渗透，19 世纪中叶派出军队大举入侵马里。1890 年，马里沦为法国的殖民地，被称为"法属苏丹"。1904 年被并入"法属西非"，行政中心从卡伊迁到巴马科。

　　第二次世界大战后，马里人民要求民族独立的呼声日益高涨。1946

年，莫迪博·凯塔和马马杜·科纳特组建苏丹联盟党，积极领导马里人民争取民族独立的斗争。1956 年，马里获得在法兰西联邦内"半自治共和国"的地位。1958 年 11 月，马里成为"法兰西共同体"内的"自治共和国"，定名为苏丹共和国，莫迪博·凯塔出任政府总理。1959 年 4 月，苏丹共和国和塞内加尔组成马里联邦，选举莱奥波德·桑戈尔为联邦总统，莫迪博·凯塔为总理。1960 年 8 月，马里联邦解体。同年 9 月 22 日，苏丹联盟党召开特别会议决定宣布独立，退出法兰西共同体，改国名为马里共和国，莫迪博·凯塔出任共和国首任总统。

20 世纪 90 年代初，多党民主浪潮席卷撒哈拉以南非洲，马里政局也发生了很大的变化。1991 年 3 月，执政 23 年的特拉奥雷政权被推翻，以阿马杜·图马尼·杜尔中校为首的马里救国过渡委员会，执掌过渡时期马里的最高权力。杜尔承诺"还政于民"，并于 4 月 1 日颁布过渡时期"基本法"，实行多党制。1992 年 4 月，马里举行总统选举，非洲团结正义党主席阿尔法·乌马尔·科纳雷当选总统，成为马里第一位自由选举产生的总统。2002 年 5 月，在新一轮的马里总统大选中，独立候选人阿马杜·图马尼·杜尔将军击败竞争对手获得胜利，当选马里共和国总统。

2011 年的利比亚战争，以美法为首的西方国家以武力推翻了卡扎菲政权，使得一些流亡在利比亚的图阿雷格人携带武器回到马里，导致马里北部局势的恶化。2012 年 1 月，马里北部图阿雷格人分离主义组织——"阿扎瓦德民族解放运动"发动叛乱。3 月 13 日，叛军将战线推至马里中心的迪雷和贡达姆一带。3 月 21 日，部分马里政府军官兵在阿马杜·萨诺戈上尉的领导下，以杜尔政府未能提供充足的武器装备和后勤补给，以及在对待图阿雷格人叛乱中无能为由发动政变，推翻了杜尔政府。

2013 年 7 月 28 日，马里举行总统大选。马里联盟党候选人易卜拉欣·布巴卡尔·凯塔与共和民主联盟候选人苏马伊拉·西塞进入第二轮选举。在第二轮的竞选中，凯塔成功击败西塞，当选马里新任总统。凯塔授命奥马尔·塔特姆·利为总理，并组建新政府。

2014 年 7 月，马里政府与北方图阿雷格人武装在阿尔及尔开启和谈，在国际社会的共同努力下，经过多轮谈判，于 2015 年 6 月正式签署和平与和解协议，但北方安全局势依然比较脆弱。11 月 20 日，马里首都巴马科丽笙酒店发生恐怖袭击事件，造成包括 3 名中国公民在内共 21 人罹难。此后，马里北部地区恐怖组织活动时有发生，发生了多起袭击事件。

近年来，马里形势的基本特点是开启稳定和国家重建进程，加之国际社会恢复援助，马里经济形势正在好转。2012 年因战乱影响，马里经济增长仅 0.02%，2013 年为 1.7%，2014 年上升到 7.2%。马里因此跻身 2014 年世界各国国内生产总值增速的前十强。当然，这主要是对 2012 年以来战乱对马里破坏后的恢复。马里因其基础设施的落后，债务的沉重，以及伊斯兰极端势力的威胁，其发展仍然面临诸多挑战。2015 年和 2016 年马里经济增长速度分别为 6% 和 5.4%。

中国与马里有着传统的友好关系。20 世纪 60～70 年代，马里是中国援助非洲的重点国家之一，中国向马里派出了甘蔗栽培专家组和茶叶栽培专家组，援建马里糖厂。此外，中国还帮助马里建设纺织厂、火柴厂、茶厂、卷烟厂、药厂以及制革厂等，为马里奠定了工业化的初步基础。2000 年以来，中马合作有了新的发展，中国不仅在马里基础设施建设方面发挥重要作用，而且成为马里主要的贸易伙伴。近年来，中国又在马里的和平与安全领域发挥越来越积极的作用，参加联合国在马里的维和行动。

本书属于中国社会科学院重大科研项目《列国志》的子项目，是一本全面反映马里共和国历史、地理、政治、经济、军事、科教文卫、外交等方面发展概况的工具书。第一版在撰写的过程中，作者尽可能地遵守中国社会科学院统一拟订的《列国志》编写大纲。本书第一版于 2002 年 12 月立项，得到了李忠人教授、温伯友先生、顾章义教授和张宏明研究员等同志的大力支持与帮助，于 2006 年 8 月推出第一版。

因为第一版至今已逾 10 年，马里国内局势发生了较大变化，许多数据也需要更新，在社会科学文献出版社当代世界出版分社总编辑高明秀女士的推动和支持下，本书进行了比较全面的修订。研究生王恪彦、张依华和李慧等同学，分别就第三章、第五章、第六章提供了部分资料，博士生石海龙为第四章提供资料，并帮助笔者统稿。最后，经笔者自己增补和修改而成。杨廷智博士利用访问马里的机会，为本书提供了照片。此外，感谢责任编辑王晓卿、智烁和汪延平的辛勤付出。总之，对于所有帮助本书修订的各位同仁表示深深的感谢。因本人水平所限以及资料搜集方面的实际困难，本书肯定存在许多不足之处，敬请广大读者批评指正。

张忠祥

2017 年 8 月 25 日

第一章
概　览

马里共和国（The Republic of Mali，简称"马里"）历史上曾沦为法国殖民地，被称为"法属苏丹"，1960 年 9 月独立后改为现名。关于马里国名的来历有两种说法：其一，"马里"一词为曼丁哥语"河马"的意思，历史上，流经马里的尼日尔河河中栖息着许多河马，以此兽名为国名，象征国力强大，繁荣昌盛；其二，1240 年马里王国迁都尼阿涅（又译为尼阿尼，在今巴马科南方），人们将"尼阿涅"称为"马里"，此处"马里"一词是"国王居住之地"的意思。

第一节　自然地理

一　地理位置

马里位于西非尼日尔河中上游、撒哈拉沙漠西南缘，是一个内陆国家。地处北纬 10°19′~24°42′、东经 4°16′~西经 12°10′。国土东西长约1800 千米，南北宽约 1650 千米，总面积为 124 万平方千米，[①] 其中陆地面积 122 万平方千米，水域 2 万平方千米。马里边界线长 7243 千米，它东邻尼日尔，边界线长 821 千米；南接布基纳法索、科特迪瓦和几内亚，边界线分别为 1000 千米、532 千米、858 千米；西接塞内加尔和毛里塔尼亚，边界线分别为 419 千米、2237 千米；北面与阿尔及利亚接壤，边界线长 1376 千米。

---

① "Mali," http：//www.afdb.org/en/countries/west - africa/mali.

二　行政区划与主要城市

截至 2015 年，马里全国划分为 1 个中央直辖区、8 个大区、49 个省、703 个市镇、11600 个村庄。1 个中央直辖区和 8 个大区分别是：

巴马科（Bamako），马里首都，在此设立中央直辖区，人口 180.9 万人（根据 2009 年人口统计，下同）；

锡卡索（Sikasso）大区，人口 262.5 万人，首府锡卡索有 22.5 万人；

塞古（Segou）大区，人口 233.6 万人，首府塞古有 13 万人；

库利科罗（Koulikoro）大区，人口 241.8 万人，首府库利科罗有 4.3 万人；

莫普提（Mopti）大区，人口 203.7 万人，首府莫普提有 11.4 万人；

卡伊（Kayes）大区，人口 199.6 万人，首府卡伊有 12.7 万人；

通布图（Tombouctou，旧译"廷巴克图"）大区，人口 68.1 万，首府通布图有 12.4 万人；

加奥（Gao）大区，人口 54.4 万人，首府加奥有 23.9 万人；

基达尔（Kidal）大区，人口 6.7 万人，首府基达尔有 3.3 万人。

马里的主要城市除首都巴马科外，还有通布图、杰内等。

巴马科　巴马科是马里的首都和全国最大的城市，是全国政治、经济、文化中心和交通枢纽。位于西南部，坐落在尼日尔河上游西北岸，地处热带草原区。宽阔的尼日尔河从城市的南面静静地流过，城区的北面是青翠的山峦，市区终年绿树成荫，鲜花盛开，风景秀丽。

"巴马科"一词在班巴拉语中意为"鳄鱼河"。500 多年前，这里河中鳄鱼成群。巴马科，约建于 1650 年，曾是马里王国的中心区域，在相当长的时间内一直是撒哈拉商道贸易主干线上的货物集散地。1883 年，法国殖民者占领马里后，巴马科逐渐由一座商业城市变为法属苏丹的首府。1904 年，同塞内加尔首都达喀尔相通的铁路修成后，发展迅速。1960 年马里独立时被定为首都。

今天的巴马科已经成为市场繁荣、风景秀丽的现代化城市。一座 1200 米长的大桥跨越尼日尔河，将市区的南北两部分连接在一起。大桥以北有以刚果民族英雄卢蒙巴命名的自由广场，还有独立大道、国家图书馆、清真寺、友谊宾馆、非洲发展银行和政府机关等。桥南是使馆区和一片片新建的住宅区。登上城西北的库鲁巴山（海拔约 480 米），可以饱览巴马科市的秀丽风光。库鲁巴山曾是法国总督府的所在地。现在，总统府、外交部、计划部、卫生部等国家机关都设在这里。市区的国家艺术中心馆里，陈列着马里历史上许多珍贵的文物，同时展出牙雕、木雕、角雕、鳄鱼皮袋、金银首饰等工艺品。

巴马科也是马里的文化中心。高等师范学院、国家艺术学院、工程师学校等大专院校和全国最大的医院都设在这里。

通布图 旧译廷巴克图，位于撒哈拉大沙漠南缘、尼日尔河中游北岸，距巴马科 907 千米，是一座著名的历史、文化和宗教名城，有"苏丹的珍珠""沙漠之都""荒漠中的女王"之称，现为通布图大区首府。它与杰内古城和多贡的邦贾加拉陡崖并称为马里三大世界文化遗产。

通布图于 1087 年（另一说 1100 年）由图阿雷格人所建。图阿雷格人是非洲著名的游牧民族，在漫长的历史岁月里，常年往返于阿鲁万纳和尼日尔河沿岸之间。每逢旱季，图阿雷格人南下来到通布图所在地的一口水井旁，围着水井安营扎寨，雨季时便返回北方。久而久之，这里发展成为一座城市。图阿雷格人的这口水井迄今依然保留着，供游人参观。因其地理位置良好，该城发展迅速，不久即成为南部黑人和北部阿拉伯人交换商品的中转站。从 14 世纪中叶起，通布图先后成为马里王国和桑海帝国的重要城市。在桑海帝国的阿斯基亚王朝时期（15 世纪末到 16 世纪中叶），通布图发展到顶峰，成为西非乃至阿拉伯世界的文化和宗教中心之一。当时，人们在这里交换北方生产的丝绸、香料、盐、铜和锡以及来自南方的象牙、黄金、鸵鸟毛和奴隶，全城人口有 10 万之多。城里有两所大学和 180 余所教授《古兰经》的学校。供驼队商人过夜的旅店鳞次栉比，还有许多诗人、学者和各种手工艺人。近代西方殖民列强对非洲内陆探险时期，通布图曾经是一个主要的目标，法国曾悬赏 1 万法郎，奖励首先进入通布图并绘下该城地图的探险家。16 世纪末期，摩洛哥人侵入，该城开始衰落。1893 年法国殖民者占领后更加衰微。

在撒哈拉南部地区，通布图最早皈依伊斯兰教。市内历史遗迹多为伊斯兰和阿拉伯文化遗存。最著名的建筑是穆萨清真寺，建于马里王国著名国王曼萨·穆萨执政时期（1312～1337），后经重修扩建而成为一座著名的伊斯兰建筑群。它由2座宣礼塔和3座内院共同组成。2座宣礼塔中较高的那座是市内最高的建筑。清真寺墙面呈深黄色，上面装饰有各种图案和浮雕，并刻有许多经文。寺内东西向有8排立柱，南北向有25排立柱，立柱林立，殿堂宏伟，尖塔高耸，呈现出精湛的伊斯兰教建筑艺术特色。建于14世纪末期的桑科尔清真寺是通布图另一座著名建筑，寺中耸立着一座装饰精巧的宣礼塔。16世纪时这里是伊斯兰学者学习、研究的重要场所，来自阿拉伯世界和其他地区的数万名学者在这里研究《古兰经》以及文学、法学、历史、地理和星象学。通布图因保存着许多伊斯兰教和阿拉伯文化遗址，如著名的通布图大清真寺，已经被联合国教科文组织列入世界文化与自然遗产保护名录。

2016年，通布图市有人口6万余人，城市中增加了许多新修的柏油路和一些现代建筑物，但建筑大致保持了15世纪的原貌。弯弯曲曲的砂石街巷从城市中心的清真寺向外延伸。津加里贝尔清真寺的金字塔状的平头光塔在市区以外也清晰可见，已成为城市的一道景观。居民住房为木石结构，多为两层，大门上装有门环和门钉，并且装饰着五颜六色的钢质图案。市内有肉类加工、食品加工等工业，郊外有航空站。

杰内　距巴马科567千米，是马里南部地区的一座历史和文化古城，位于尼日尔河三角洲最南端，坐落在尼日尔河支流巴尼河左岸。这个地区自公元前250年开始就有人居住，杰内古城正式建立于765年。从9世纪开始，杰内古城在黄金贸易以及苏丹地区其他商品贸易中发挥了重要作用。从14世纪起，先后成为马里王国和桑海帝国的重要城市，当时是伊斯兰学术中心之一，对伊斯兰教在西非的传播起着极为重要的媒介作用。在发展的极盛时期，居民达到5万人，并以其灿烂夺目的伊斯兰文化和风靡一时的摩尔式建筑闻名于阿拉伯世界和西部非洲。15世纪和16世纪是杰内古城的繁荣时期。16世纪末期，摩洛哥人侵入，该城开始衰落。1893年该城被法国殖民者攻陷。

古城景色优美，碧绿的巴尼河缓缓流过市区，市内沟渠纵横，小桥卧波、流水潺潺，各式建筑被掩映在高大挺拔、郁郁葱葱的芒果树、棕榈树、香蕉树丛中，鲜花茂盛，芳草如茵，向人们展现出一派热带水乡泽国的景象。

城内的古建筑约有 2000 座，都被完好地保存下来了。杰内古城建筑风格统一，是苏丹建筑艺术的代表。用灰泥涂抹的捣实土块，是它常用的建筑材料。画有装饰的壁柱、筑雉堞以及护墙构成主要的建筑风格。杰内建筑的代表是古城中央的那座 1907～1909 年按 15 世纪苏丹建筑风格重建的杰内大清真寺。这是一座典型的萨赫勒－苏丹式建筑。这座高 11 米、周长 56 米的建筑物除了排水管和通气孔外，没有一砖一石，全部用一种特别的黏土和树枝修建而成。寺院占地 6375 平方米，建筑面积 3025 平方米。100 根粗大的四方体泥柱支撑着祈祷大厅屋顶，屋顶上开有 104 个直径 10 厘米的气孔。寺门宽厚高大，寺院主墙由 3 座塔楼组成，塔楼之间有 5 根泥柱相连。整座寺院融萨赫勒建筑风格和苏丹建筑艺术于一休，结构新颖，式样独特。

杰内的民居也颇具特色，每个方形院落内居住着数户人家，院墙用泥涂抹。院落中央有一公共场院，所有住户的两层平顶居室无一例外地开向中心场院。院子有一个出口，出口的木制大门上装饰有粗大的铁钉。杰内以其朴素无华、适用大方的建筑风格享誉西部非洲。

今天，仍然保留着古老文化传统和独特建筑风格的杰内古城，被联合国教科文组织列入世界文化与自然遗产保护名录。

莫普提　它是 20 世纪 60 年代蓬勃发展起来的马里主要城市，距巴马科 640 千米。1960 年人口为 1.5 万人，1975 年为 5 万人，2009 年 11.4 万人。[①] 莫普提号称"马里的威尼斯"，位于巴尼河右岸、巴尼河和尼日尔河交汇处的三座岛屿上，由长 4.5 千米的人工修筑的堤坝把它们连接起来。城市中心是商业区，东部是行政区，西部是住宅区。另有一条长 12 千米的大堤从莫普提通往塞瓦雷，从而与巴马科—塞古公路相通。莫普

---

① The Economist Intelligence Unit Limited, *Mali*, 2009, p. 7.

提市是莫普提地区的政治、经济和文化中心，是马里重要的货物集散地。来自四面八方的货物在这里汇集，然后再转运到其他地区，一年中的绝大多数时间里，莫普提的河港都会呈现出一派繁忙的景象。它的渔业生产最著名，是马里的"渔都"，主要商品有鱼、牲畜、大米和手工业品等。

莫普提的传统住宅颇有特色，房子是方形的，用"班科"（一种黏土、水和谷草的混合物）泥灰砌成，上面是露台式的屋顶，又用"班科"泥灰砌起有孔眼的栏杆。大门有檐，有壁柱，有雉堞一样的装饰。

莫普提清真寺位于马里莫普提市，用当地特有的材料以传统风格建筑。透过它朴实无华的建筑风格，可以看出西非穆斯林的古朴精神，西非最大的尼日尔河的潺潺流水，更增添了莫普提清真寺纯洁清秀的风采。

塞古　位于马里西南部、尼日尔河中游南岸，距巴马科235千米。17～19世纪时是班巴拉王国的首都，1712～1755年最为繁荣，是西非伊斯兰教的重镇。19世纪中叶，此地是英国探险家考察尼日尔河流域的必经之处。

沿尼日尔河右岸扩展的美丽街市外有公园环绕，水路测量所也在此地。郊区肥沃的灌溉田地栽种有稻、棉花、花生等，均运送至市内加工后出口。有铁路与首都巴马科相连，也有机场。

加奥　马里东部古城，现为加奥大区首府。位于巴马科东北950千米的尼日尔河中游北岸。加奥始建于7世纪，11世纪成为桑海帝国的首都。1325年被马里王国著名国王曼萨·穆萨征服。1337年被马里征服者掳去的两位桑海王子，成功返回加奥，重建桑海帝国，并定都加奥。桑海帝国阿斯基亚执政时期（1493～1528），加奥发展到极盛，为当时西部非洲最大城市。16世纪末遭摩洛哥军队破坏，现今的加奥是后来重建的。城区林荫大道从东向西直抵尼日尔河河岸，整个城市整洁幽静，有"沙漠明珠"之誉。加奥的古迹主要有马里王国曼萨·穆萨时代修建的清真寺祈祷厅阶梯，桑海帝国阿斯基亚大帝的陵墓等。今天，加奥是马里中部的交通要冲，经过尼日尔河与首都巴马科相连接，并设有机场。

卡伊　位于塞内加尔河河畔，距巴马科598千米。这里号称地球上最热的地方之一。每年 8~10 月，海轮可以溯塞内加尔河直抵此地，所以，当年殖民主义势力向西非内地深入时，曾经以卡伊为基地。卡伊地理位置重要，曾为法属苏丹殖民地的首府，再加上卡伊—巴马科铁路的兴建，所以，它很快成为这块殖民地最大的贸易中心和货物转运中心。后来，殖民统治中心移到巴马科后，卡伊的重要性才下降。目前，卡伊仍然是马里西部的经济中心和贸易中心。

锡卡索 位于森林萨瓦那地区，距巴马科 374 千米。这里地势高，自然景色美。它是锡卡索大区的首府，又是马里南部的经济中心。此地盛产菠萝和香蕉。市内有小型火力发电厂、轧棉厂和碾米厂。距锡卡索 25 千米处，有中国援建的茶园和茶厂。经过此地的公路，将马里与其南部各邻国连接起来。2009 年，锡卡索有人口 22.58 万人，成为马里仅次于巴马科的第二大城市。

三 地形特征

马里的地形像由两个不很规则的三角形对顶组成，东北和西南两面宽阔，中部是两个顶角的联结处，比较狭窄，形状像一把巨斧。马里有浩瀚的沙漠，辽阔的平原，同时点缀着少量的丘陵、山地和高原。海拔高度在 25 米至 1155 米之间。沙漠约占全国总面积的 60%，平原占 30%，丘陵、山地和高原占 10%。

马里全境主要由塞内加尔河上游盆地、尼日尔河中游和撒哈拉沙漠的一部分组成，沙漠横跨北部地区，中部是大平原。西南部分为富塔贾隆高原和几内亚高原的延伸部分，海拔 300~500 米，高原边缘多陡崖、深谷和瀑布。东南部为几内亚高原的延伸部分，有低矮丘陵，海拔 300~500 米，洪博里（Hombori）山海拔 1155 米，为全国最高峰。东部是班迪亚加拉（Bandiagara）高原，最高点海拔 1000 米，东北部是撒哈拉阿哈加尔山脉延伸出来的阿德拉尔—伊福拉斯高原，海拔 400~500 米。

四 河流与湖泊

马里境内有两大水系，即尼日尔河（the River Niger）和塞内加尔河

(the River Senegal)。这两条河流均发源于几内亚的富塔贾隆(意为"河流之父")高原。两河流域是马里农牧业集中的地区。

尼日尔河自西南入境,经巴马科向东北流去,至沙漠边缘加奥地区的布雷姆折向东南,经尼日尔和尼日利亚流入几内亚湾,全长 4200 千米。它的长度在非洲居第三,仅次于尼罗河和刚果河,它在马里境内的长度约有 1780 千米,占流域全长的 42%。尼日尔河支流纵横,灌溉万顷农田。尼日尔河蜿蜒曲折,各段河流的宽度与深度相差很大,河床也不一样,有的河段河床是石质,有的是沙质。按一般划分,巴马科和库利科罗中间的索图巴险滩以上为尼日尔河上游,这一段河谷狭窄,地势险峻,两岸陡壁,河床石质,多急流、险滩,不便通航,只在雨季可以通行汽轮,但蕴藏着丰富的水力资源。索图巴险滩以下是尼日尔河的中游,河水流淌在稍有起伏的平原上,河床加宽到 1000~2000 米。中游河道水面较宽,河床沙质,便于航行。在莫普提附近,尼日尔河接纳了它在马里境内的最大支流——巴尼河。这条河是由巴戈埃河(白河)、巴乌莱河(红河)和巴尼芬河(小黑河)三条河汇流而成的。从马西纳到迪雷有很多水量大的支流、湖泊以及岛屿,构成非洲西部著名的尼日尔河内陆三角洲。三角洲长约 450 千米,宽约 130 千米,面积达 3 万平方千米,这里是西非地区屈指可数的鱼米之乡和天然牧场。从通布图起,尼日尔河流向正东,在托萨埃险滩附近急转东南。从这里起就是尼日尔河的下游河段了。尼日尔河既可以用于灌溉,又是马里重要的水上运输大动脉。

塞内加尔河是由巴芬河和巴科伊河及其支流在巴富拉贝(Bafoulabé,意思是"河流汇合处")附近汇合而成的。塞内加尔河上游有很多急流和瀑布。卡伊附近有两大风景秀丽的瀑布,即费卢瀑布和圭纳瀑布。卡伊以下急流少了。自卡伊以下不远,先有科林比内河来汇合;再往下,又有卡拉科罗河注入。它的上游左支流法莱梅河构成马里和塞内加尔的国界线。塞内加尔河经卡伊进入塞内加尔境内,向西流入大西洋,全长 1680 千米,在马里境内约 669 千米,流域面积占总流域面积的 40%。

马里的河流多瀑布、急流和险滩。塞内加尔河流域内有费卢瀑布和圭纳瀑布,尼日尔河流域内则有索图巴、凯尼耶、特塞耶、拉贝尚加等瀑布。

五 气候

马里大部分地区位于热带，一小部分位于亚热带，是一个典型的大陆性炎热干燥的国家。全年高温，年平均气温28℃~29℃，最冷的1月份平均气温也不低于20℃，夏季气温最高达55℃，是世界上最热的国家之一，素有"世界火炉"之称。全年分为三个季节：热季（3~5月）、雨季（6~10月）和凉季（11月至次年2月）。凉季最低气温为13℃。全国年平均降雨量700毫米左右，其特点是由西南向东北渐次递减，从1300毫米至50毫米，首都巴马科12月至次年1月几乎无雨。8月雨水较多，平均降雨量为220毫米。

马里的气候大体可分为4种类型，即撒哈拉气候区、萨赫勒气候区、苏丹气候区和南部森林气候区。

北部的撒哈拉气候区属热带沙漠气候，这里炎热干燥少雨，年降水量仅50~150毫米，有些地区在个别年份终年无雨。年温差和日温差都很大，通常白天骄阳似火，夜间却又相当凉爽，昼夜温差最大可达50℃。干燥的东北风常刮得沙土弥漫。在浩瀚的沙漠里，散落着一些绿洲。撒哈拉气候区的面积约占国土的一半，荒漠带的年降水量不足50毫米，植物极其稀疏，缺乏人类生存的条件。在半荒漠带（年降水量50~150毫米）的植物也非常贫乏，只有零星的耐旱禾本科植物和稀疏的带刺灌木。个别地区才放牧有骆驼、山羊和绵羊。

萨赫勒气候区，大体位于北纬15°~17°的中部地区，约占全国面积的15%，是荒漠区和苏丹区的过渡地带。"萨赫勒"一词是从阿拉伯语音译过来的，原义是"岸"，在这里是"荒漠边缘"之意。这里雨季有2~4个月，年降水量由北往南从150毫米递增到600毫米，昼夜温差较大。它的北部（年降水量在300毫米以下）植物也很稀疏，地面相当光秃。它的南部（降水量300~600毫米）有一些季节性河流，沿河两岸分布着肥美的牧场。萨赫勒气候区是游牧和半游牧区，畜牧业是当地居民的主要生活来源。

南部的苏丹气候区属热带草原气候，6~10月为雨季，它的北部年降水量为600~800毫米，南部则为800~1200毫米。这里是马里主要的农业区，可以种植各种农作物，以小米和高粱为主。

南部森林气候区与几内亚和科特迪瓦为邻。这里是马里最湿润的地区（年降水量 1200～1500 毫米），植物种类繁多，植被稠密，盛产热带水果。

第二节　自然资源

一　地质构造

从地质构造来看，马里属撒哈拉台地的一部分。它由两个构造层，即基底和盖层组成。基底主要由元古界深厚的地槽沉积物组成，由于元古代末期巨大的褶断运动，致使元古代以前的古老地层发生了强烈的褶皱。基底褶皱走向多为东北—西南，也有西北—东南走向。盖层由古生代—新生代浅海相、滨海相及陆相沉积物组成，厚度大于 2000 米。

马里的地质构造包括两个地盾和一个凹陷。西部和南部边境地区是尼日尔地盾的一部分，东北部的阿德拉德济福腊高原则属于奥加尔地盾的一部分。两个地盾之间，为古生代至新生代的陶德尼（Taodéni）凹陷。在凹陷中沉积了古生代至新生代的砂岩、石灰岩、白云岩、页岩和砾岩，这些岩层组成了盖层。

总之，马里的地质构造比较简单，除元古代末期巨大的褶断运动外，之后再没有明显的褶皱运动，只有升降幅度不大的震荡运动。

二　矿物

马里的矿产资源较为丰富，其地下矿脉呈非均匀分布，大都集中在以下两大地区：（1）从卡伊到锡卡索的西南部地区，面积约 1200 平方千米。该地区基本上是由西非稳定地块基底的结晶岩构成，有大量含金、钻石、铜、铁、铝土、锂、石灰石、重晶石的矿脉分布。（2）从安松高到特萨利特并包括库尔马一带在内的东部地区。该地区基底由阿德拉尔西部结晶体及布勒地垒结晶体和第三纪沉积构成，含有锰、铜、锌、铅、金、铀、稀土、磷酸盐、煤和油页岩。

已探明的主要矿产资源的储量：黄金900吨；铝矾土12亿吨，矿石中三氧化二铝的含量为43.71%，主要分别在西南部地区；磷酸盐1180万吨，集中在东北部地区；硫酸钠1.98亿吨，主要在陶德尼地区；钙芒硝3.36亿吨，主要在陶德尼地区；铀5200吨，主要在加奥、凯涅巴（Kéniéba）地区；锂矿400万吨，主要在布古尼（Bougouni）地区；石膏4亿吨，主要在陶德尼地区。此外，还有岩盐5300万吨，铁矿石13.6亿吨，锰1500万吨，石灰石2180万吨，大理石1000万吨。

马里是非洲第三大黄金出口国，黄金是马里第一大出口产品，黄金矿藏主要分布在凯涅巴地区、卡伊地区、卡拉那地区、西亚玛地区、基达尔地区。其中最大的金矿是位于卡伊地区的萨迪奥拉（Sadiola）矿区。全国9家金矿公司创造直接就业3862个。2012年，出口黄金44.9吨。2015年，黄金产量达到了50吨。但随着矿藏储量逐步减少以及开采难度的增加，马里的黄金产量从中期看可能会逐步减少。

除以上探明的矿产外，有许多迹象表明马里其他地区也有钻石、铀、铜、锡、镍等矿产。

三　植物

马里地处西非中部，除最北端外，全境均属热带，但南北植被覆盖率差异悬殊，北部为撒哈拉大沙漠，南部为稠密森林，中间为两者的自然过渡带。马里植被类型最显著的特征是其分布的纬度地带性规律，自南向北，从湿润、半湿润向半干旱、干旱类型逐渐过渡。

在北部的荒漠地区，植被极度贫乏。生长在这里的主要是旱生灌木和半灌木（各种刺槐和羊蹄甲）以及耐旱禾草（三芒草）。在荒漠中，很多植物只有依靠快速生长才能生存。暴雨一来，种子发芽了，花很快开了，但这些植物最多不过存活几个星期。

草原地带有木棉树、猴面包树、姜果棕、小果厚皮树、胶风车子等代表树种。

木棉树见于马里中部和南部，是马里重要的经济林之一，是马里的传统出口商品。有一种叫"谢伊巴"的木棉树，枝叶繁茂，又有板状的附属根；另外还有一种"起棱邦巴克斯"的木棉树，比前一种木棉树稍微小些，树干上有刺。木棉纤维在硕大的椭圆形果实的内壁上形成。这种纤维可以做褥垫芯和枕头芯，还能用来制造救生圈以及作为隔音材料。猴面包树是草原地带最高大的树，这种树的高度可达 20 多米，树干直径粗达数米，树皮纤维可以制绳、织布，果子为猴子的粮食，故名。

马里中部典型的树种有浅色树叶和带刺的相思树属，高 2 ~ 4 米的塞伊耳相思树性喜有黏土的低地，在那里常形成稠密的丛林。在多刺灌木中最典型的是非洲没药，高 3 ~ 5 米，树干短，呈圆锥状，基部粗大。

在马里主要经济林和用材林中，就其经济价值来讲，占第一位的是卡利特油果树。卡利特油果树性喜高温与适中的雨量，而不耐过度潮湿和海风。卡利特油果呈淡绿色椭圆状，大小同大个的李子差不多，每只含 1 ~ 3 个坚果不等，每个坚果里含有一个核，果核含油率 45% ~ 55%。这种树具有多种工业用途，卡利特油可以用来造人造黄油、蜡烛和肥皂，也能做化妆品、药品和照明用。卡利特油果树还是上等的建筑材料和燃料。马里卡利特油果产量高于西非任何地区。阿拉伯树胶树也是马里重要的植物，它所产的树胶性能优良，多用于制药、烹饪、纺织工业和制造颜料。这种树还能生产制绳和织网的纤维。马里的主要采胶区在北纬 15° ~ 17° 的尼奥罗（Nioro）与通布图地区。此外，还有木理树、沙树、麻树等。

四　动　物

马里境内野生动物资源比较丰富。在北部沙漠地带不仅有人们所熟悉的四肢细长、体形轻捷、奔跑如飞的羚羊，还有"阿达克斯"大羚羊，体型较小的"多尔卡"瞪羚，以及猎豹、野羊、狒狒和蛇类等。在萨赫勒地带有直角大羚羊、"达马"瞪羚、长颈鹿、疣猪、鸵鸟、红猴，以及狮、豹、胡狼、狐、鬣狗。在苏丹有大羚羊、小羚羊、象、狮、豹、犀牛、猴、野兔等，此外还有一种称为"王羚"的特大型羚羊，体重可达300 公斤。马里的鸟类不少，种类也很多。河湖沿岸有大量的鹬、鹭、朱鹭、鹤、鹳、白鹭和苍鹭等。肉食鸟类也很多，如兀鹰、大鹫等。

马里的河流与湖泊，盛产鱼类。尼日尔河内河三角洲是一个天然渔场，鱼群密度是世界内河所少见的。其中以号称"船长"的尼罗鲈鱼最为名贵，这种鱼一般重 10 ~ 20 千克，个别达 100 千克。马里鲑鱼也驰名国内外。此外，在尼日尔河与塞内加尔河的急流和险滩中常可看见河马成群。

第三节　居民与宗教

一　人口

马里独立以来，人口增长较快，1960 年马里人口只有 380 万人，1975 年增加到 620 万人，2000 年达 1140 万人，2015 年为 1760 万人（世界银行统计数据）。1975 ~ 2000 年，马里人口年均增长率为 2.4%，2010 ~ 2015 年，人口年均增长率为 3.0%。城市人口在总人口中所占的比例由 1975 年的 16.2% 提高到 2015 年的 39.9%。预期寿命由 1970 ~ 1975 年的 42.9 岁提高到 2010 ~ 2015 年的 57.3 岁（见表 1 - 1）。5 岁以下儿童死亡率由 1970 年的 221‰ 下降到 2015 年的 114‰。在 15 岁以上的人口当中，识字率由 1976 年的 9.4% 提高到 2015 年的 33.1%；青年识字率由 1976 年的 19.6% 提高到 2015 年的 49.4%。

表 1 - 1　马里人口指标（2015）

项　　目	人口指标
人口（百万）	17.6
2010 ~ 2015 年人口年均增长率（%）	3.0
15 岁以下人口比例（%）	47.5
65 岁及以上人口比例（%）	2.5
小学入学率（%）	63.6
城市人口比例（%）	39.9
预期寿命（岁）	57.3

资料来源：世界银行国家数据·马里（2015）。

马里地广人稀，根据 2015 年的统计，其人口密度为每平方千米 14.4 人。全国人口的 70% 以上居住在尼日尔河沿岸，两岸 5000 ~ 6000 米宽的狭长地带，人口密度每平方千米 50 人左右。在北部，人口稀少，在半荒漠的东北游牧区，雨季时人口密度每平方千米只有 5 ~ 6 人，干季则人迹罕至。广大沙漠地区，人烟更为稀少，有些地区根本就没有人。

据世界银行统计，2015 年马里人口的有关指标分别为：人口总数为 1760 万人，其中男性 888.8 万人，占总人口的 50.5%，女性 871.2 万人，占总人口的 49.5%；城市人口 702.5 万人，占总人口的 39.9%，农村人口 1057.5 万人，占总人口的 60.1%；15 岁以下的少年占 47.5%，15 ~ 64 岁的青、壮年占 50%，65 岁以上的老年人占 2.5%。可见，马里人口结构总体年轻，存在较大的人口红利。另外，马里城市人口占总人口的比例不足 40%，马里城市化的空间仍然很大。

二 民族

马里是一个多民族的国家，共有 23 个民族。其中人口在 10 万人以上的有：班巴拉（Bambara），约占总人口的 34%；颇尔（Peul），约占总人口的 11%；塞努福（Senoufo），约占总人口的 9%；萨拉考列（Sarakole），约占总人口的 8%；桑海（Songhai），约占总人口的 6%；马林凯（Malinke），约占总人口的 6%；图阿雷格（Touareg），约占总人口的 6%；多贡（Dogon），约占总人口的 5%；博博（Bobo），约占总人口的 2%；阿拉伯（Arabe），约占总人口的 2%；迪亚瓦拉（Diawara），约占总人口的 2%。班巴拉人、马林凯人和索宁凯人（又称索宁克人）都属于曼丁哥人，他们占马里总人口的 50%。

马里的民族虽然比较多，但从人种来看，90% 以上的马里人属苏丹尼格罗人种，而只有图阿雷格人和阿拉伯人属于高加索人种（亦称欧罗巴人种）的地中海型。黑色人种主要定居在中部和南部地区，其他人种多在马里北部地区过着游牧和半游牧的生活。

班巴拉人是曼丁哥人的一支，它是马里人口最多的民族，约占全国总人口的 1/3，散居于全国大部分地区，主要居住在尼日尔河内陆三角洲和巴马科一带，多从事农耕。

马林凯人与班巴拉人一样，都属曼丁哥人，主要分布在西部和西南部，尼日尔河和塞内加尔河流域。主要种植水稻，并有种植棉花的悠久历史。马林凯人的祖先曾创建过历史上强大的马里帝国。班巴拉人和马林凯人是西非富有耕作经验的民族，他们继承了西非传统的耕作习惯，一向经营农业，特别是马林凯人谙熟水稻栽培技术。

颇尔人（又叫富拉尼人或富尔贝人）主要分布在尼日尔河中游地带。大多居住于尼日尔河流域巴马科——莫普提之间地带，他们的人口数量仅次于班巴拉族。颇尔人是游牧和半游牧民族，长期以来一直经营牛羊放牧和饲养。每当尼日尔河河水泛滥季节，他们放牧着成群牛羊迁往沙漠区，而在河水退却以后，又驱赶畜群归来，具有游牧民族的特色。

桑海人主要居住在尼日尔河内陆三角洲以及沿岸通布图、加奥一带高地，大多经营农业、渔业，部分经营商业。

图阿雷格人是柏柏尔人的后裔，主要分布在萨赫勒地区和东北部阿德拉尔—伊福拉斯高原地区，部分游牧于撒哈拉沙漠中。图阿雷格人主要从事游牧和半游牧业，部分从事农牧混合经济，有的还兼营骆驼运输，从事沙漠地带陶德尼地区的食盐运输。

多贡人据说是最早居住在马里的民族，主要居住在马里南部莫普提市以东的多岩石的邦贾加拉山区，善于用小块地种庄稼。他们多在山区悬崖陡壁旁侧修筑房屋。

迪亚瓦拉人一部分是商人，另一部分以种植花生、稻、粟类为生。

三 语 言

马里的各民族都有自己的语言，但无文字。官方语言为法语，通用于上层人物和知识分子中。

各民族所使用的语言可以划分为 7 个语系，即塞米特语系（Semite）、哈米特语系（Hamit）、泰克卢尔语系（Tekroure）、桑海语系（Songhai）、曼德语系（Mande）、塞努弗语系和沃尔特语系（Volta）。北部地区的摩尔人和图阿雷格人操哈米特语系的泽纳加语（Zenaga）和塔马切克语

(Tamachaq)，尼日尔河流域的富拉尼人和加伊地区的图库勒尔人操泰克卢尔语系的普拉尔语（Poular）。莫西人和博博人操沃尔特语，马林凯人、班巴拉人操曼德语系的两个基本变体，其中，班巴拉语应用范围最广，可在马里70%以上的人口中通用。

四 宗教

据2017年8月中国外交部网站显示，马里80%的居民信奉伊斯兰教，18%信奉传统拜物教，2%信奉天主教和基督教新教。

马里人民大多信奉伊斯兰教。班巴拉、马林凯、图阿雷格、颇尔、迪亚瓦拉、桑海等民族大部分是虔诚的伊斯兰教徒，他们居住的地区，几乎都建有教堂。伊斯兰教在马里传播的历史较久，早在11世纪中叶，柏柏尔人通过经商，逐渐向马里传入伊斯兰教。14世纪初期，马里国王坎戈·穆萨朝圣麦加回来，曾在加奥和通布图两地分别建立较大的清真寺。后来，通布图等地成为西非伊斯兰教的中心。至今，马里城乡各地穆斯林都经常参加宗教活动，政府机关中工作的穆斯林每天按时停止工作进行膜拜、祈祷，农民中的穆斯林每日向东方膜拜，膜拜之前，还要洗手洗脸。除经常性宗教活动外，伊斯兰教每年还有固定的节日和一个月的斋期。穆斯林的结婚、小孩取名、死者洗身和送葬等也都按宗教仪式进行。在马里传播最广的伊斯兰教是属于逊尼教派的马利克学派。

除伊斯兰教外，仍然有一些马里人保持着传统宗教的观念，尤其是在南部和东南部塞努福、博索、多贡、班巴拉等族居住地区，当地流行多神崇拜，有供奉多种神灵（其实是各种自然力的化身）的神堂。例如，班巴拉人信仰一个叫"奔巴"的主神，认为它是大地的化身，教人们种地，从事手工业劳动。在多贡人的很多神祇中，有一个叫"阿马"的神，它就是水神。另外，多贡人信仰的"勒拜"神是太阳与火的化身。此外，对祖先的崇拜也很流行，多在班巴拉人专门的宗教组织"科莫"的领导下进行祖先崇拜的活动。"科莫"任命的长老有权决定村社里的重大问题，包括组织祭祀祖先的活动，每逢宗教节日，由长老主持祭祖仪式。主要的宗教仪式有"科莫年庆"（这时要跳有音乐伴奏的假面舞）和"首创仪式"等。

巴马科、加奥、锡卡索等地部分的班巴拉、塞努福、博索人信奉天主教和基督教新教。这两种宗教在知识分子和上层官员中有一定的影响。

第四节 民俗与节日

一 民俗

马里是个多民族的国家，在饮食、起居、服饰、婚葬喜庆等方面有着丰富的民俗习惯。

(一) 饮食起居

马里人一般有用右手取食的习惯。吃饭时一家人就地围坐，以盘子做餐具。城市以大米为主食，农村以御谷、高粱为主食。

马里人还有食白蚁和烤全驼的习俗。

在马里的田野、丛林，到处都能看到小山丘般的白蚁窝。在南部的锡卡索一带，有的白蚁窝高达3米。在马里，白蚁不但可用来喂养家禽，还可食用。油炸白蚁是马里的一大佳肴。马里人捕捉白蚁的方法很简单：在一个罐内放上几块牛羊骨头，将罐倒扣在蚁穴之上，一天之内就可捕捉一餐之需。

马里西北部地区有"烤全驼"的佳肴。烤全驼是马里特有的风味，是款待客人的佳品。一般只有在招待贵宾时，或在富裕之家的婚礼上，或在某些重大节日里，人们才备此佳肴。烤全驼有一套固定的程序：先将宰杀的全驼割去双峰，除去内脏，洗净，再将预先烤好的一只全羊放入驼腹，而羊肚内装有烤好的一只全鸡，鸡膛中装有一只熟的鸡蛋，然后封腹，将全驼架在干柴上烘烤。烤制者根据驼龄、驼体的不同掌握火候，保证驼肉外焦内嫩，鲜美可口。烤全驼在取食时也是很有讲究的，鸡蛋由地位最高的宾客享用，鸡肉分给贵宾，羊肉归一般来宾，而驼肉是人人有份，甚至过路人亦可分享。

马里人民的居住条件比较简陋。城市中除富裕阶层拥有高级住宅和别墅外，一般市民的住房绝大部分是土筑平房。农村住宅以圆形或方形土墙茅草房屋为主，一般没有木制门窗装置。房屋的朝向以坐北朝南为主，大多没有对称轴线。依据民族习惯，各地房屋具有不同形式。富拉尼人和图阿雷格人居住地区房屋多为圆形，摩尔人大多以营帐而居，多贡族则在山区悬崖陡壁旁侧，以石块垒砌房屋。在通布图地区，除了圆形土墙茅盖房屋外，有的居民还构建平顶方形和长方形土屋或带有晒台的泥坯楼房。农村住宅内部家具较少，居民多就地铺草或羊皮而卧。

（二）传统礼服"布布"

马里人民的衣着和服饰具有自己独特的风格与习惯。除城市少数居民穿西服外，城乡人民一般选用民族服装。男子普遍穿用兰、白等单色布料做成的阿拉伯式大袍（无领，长袖或无袖）或无领短褂、长裤。妇女大多喜穿色泽鲜艳、色彩分明、花形较大的短褂和围裙，一般头裹花巾、脚穿拖鞋，有的还佩戴首饰。

"布布"是马里各族人民的传统礼服。"布布"很像中国的长衫，不过比长衫更肥大。"布布"无领、肩宽、袖宽，两腋下开缝很大，等于将一块布对折，在折处中间挖一个洞作领口，将下边相对的两角缝在一起，形成一个两边开缝的圆筒。马里人身材高大，穿上"布布"显得威风凛凛，走起路来前襟后襟飘飘扬扬，四面生风，很适合马里炎热的气候。在比较正规的场合，马里人都要穿"布布"。一般说来，"布布"做工比较简单，但有的"布布"，特别是女用"布布"，做工则相当考究，领口、前胸、袖口以及腰带镶边，并绣有美丽的图案。穿"布布"时，要上配毡帽，下配拖鞋。"布布"是一种传统的服装，青年人已不太喜欢穿，小伙子们喜欢穿颜色鲜艳的汗衫和西装裤，姑娘们则往往上身穿紧身薄纱衫，腰下围一块布，形似筒裙。

（三）喜欢戴面罩的图阿雷格人

图阿雷格人，主要分布在北部沙漠和半沙漠地区。他们体魄强健，性格豪放，特别能够忍受炎热和饥渴，是撒哈拉沙漠一带有名的游牧民族。图阿雷格人喜欢穿肥大的衣服，男子上衣是一件白色大布褂，下穿蓝色棉布褂，外面再罩一件直接到脚跟的蓝色长衫。他们身佩短刀和长剑，胸前悬挂一个护身符。这个民族最奇特之处是成年男子都戴面罩。面罩由长 4 米的黑色或白色宽条布缠绕而成。他们用面罩把整个头部都包裹得严严实实，只露出眼部的一条缝儿，即使在饮食时也不揭开。当他们会见外族宾客时，要防止让外人看到他们的口部。图阿雷格男子戴面罩的习俗可以追溯到 11 世纪，戴面罩不是为了抵挡大风沙，而是为了防备一切鬼怪幽灵的袭扰。图阿雷格人另一引人注目的习俗是每逢节日或举行盛典时，不分男女老幼，所有人的装束一律改为蓝色。头上的面罩、内外衣裳都是蓝色的，即使皮肤和胡须也要用蓝靛染成蓝色。远望参加隆重庆祝仪式的人群，就像一片蓝色的海洋。图阿雷格人以蓝色为贵，认为蓝色是神圣、富有的象征，代表较高的社会地位。

（四）发式

马里妇女很讲究发式。一般先将头发梳成无数条上下一般粗细的小辫子，再把辫子整理成不同的发型。民族、年龄不同，发式各有差异，已婚妇女往往以布包头。妇女们还特别注意装饰，手镯、脚镯、项链、耳环、鼻环都很讲究。最突出的是耳环和鼻环，有的耳环又大又重，不得不用一条细绳挂在头上，以减轻耳朵的负担。鼻环有两种：小鼻环套在鼻翼上；大鼻环夹在两个鼻孔中间。

（五）染足、染牙龈

马里的黑人妇女把黑色看作吉祥的、最美的颜色。因此，有用染料将手、足和牙龈染成黑色的习俗。

染足所用的染料是由当地叫"地阿比"（即散沫花）的树叶制成的。妇女将"地阿比"树叶采回晒干，舂成粉，加入少量水，将粉末调成糊状。睡觉前，将这种糊状的染料敷在脚掌部位，并用布包好。

染牙龈的方法是将采集的野椰类植物烧焦后研成粉，与乳油木脂调成糊状，然后用针把牙龈刺出血，将这种黑油抹在牙龈上，染料进入出血的伤口，伤口愈合后染料就固定在里面了。

小伙子选择配偶，首先要了解姑娘是否具备染足、染牙龈的手艺，所以，当地的女孩从能自理生活时就向大人学习染技，谁染技高超，谁就会

赢得更多人的爱戴和尊敬。

（六）博罗洛人的选美比赛

生活在马里萨赫勒热带草原的博罗洛人是以游牧为生的。他们的全部行装就是一顶帐篷和几囊水，装束是腰缠羊皮、手持长矛。他们一年到头赶着羊群或者骆驼群在热带草原上放牧。每年的7月到9月，雨季中的草木返青，生机盎然，博罗洛人将牲畜驱赶到有咸味的草场放牧，称为"咸疗"期。"咸疗"期既是牲畜饱餐的日子，也是博罗洛人欢聚的节日。这时博罗洛人会举行大型集会，实际上是一种体育竞技，也是一场选美比赛。男子为吸引女性和选美获胜，事先进行细心装扮。他们将由鲜花和乳油木的油炮制而成的涂料抹在脸上做底色，然后开始彩绘脸谱，最后将头发梳得高高竖起。选美开始后，男子个个头插鸵鸟毛，身穿漂亮服装，颈上挂着项链，腰间系着贝壳，足踝上系着响铃，按照长老宣布的竞技规则尽情地比赛歌舞，最后由妇女们推选出优胜者。竞争十分激烈，竞选往往要持续十几个小时，经过十多次的遴选。男性选美优胜者选中意中人，新结合的夫妇赶着畜群开始了新的生活。

（七）热情好客

马里人民热情好客。农村遇有贵客登门，全家男女集合恭候，或由家长亲自作陪。接待客人时，主人往往请喝冷牛奶；送别客人时，村里有时赠送礼物；熟人相见时，马里人都要互致问候。他们打招呼的方式很别致，必须各自将一只手放在胸前，边走边问候，从不停步，问候的话不间断，直到背道走过去很远，彼此听不清话音时才终止。这样长的问候，内容往往千篇一律，从生活问到身体，从本人问到所有家眷。

马里人民喜爱舞蹈。每逢吉庆喜事、节日或迎接客人，都经常聚集在露天场地，用舞蹈活动以示庆祝。跳舞时有音乐或击鼓歌唱相伴，往往跳至深夜。

（八）婚姻习俗

马里目前仍存在氏族社会残余。在中部和南部班巴拉和马林凯等民族中，普遍存在大家族制，有的村落有几十人甚至上百人的大家庭。大家庭的家长掌握家庭的最高权力，家长一般不参加劳动，专门管理家庭的劳动收获、口粮分配、租税交纳、经费开支、婚丧嫁娶等事务。信仰伊斯兰教的民族中存在一夫多妻制，男子一般最多可娶四妻，结婚时男方须给予女方礼金。

在马里婚俗中有三送柯拉果的习俗。

柯拉果是柯拉树结的果实。柯拉树原是生长在西非热带丛林中的一种野生果树，盛产于科特迪瓦、尼日利亚、几内亚和加纳等国，马里也有栽培。有的柯拉树可高达数丈，每年 9 月至翌年 1 月开花，三四个月后果子成熟。柯拉果果质略硬，类似板栗。放进嘴里咀嚼，果汁苦涩，但咀嚼的时间长了，就会尝到一股爽口的甜味，好像橄榄。由于果汁中含有丰富的可卡因，困倦时嚼上几个，能够提神醒脑。在传统的非洲医学中，柯拉果是一种极好的药品，同时也是"可口可乐"饮料的重要成分。

在马里，柯拉果除供咀嚼提神和治病外，在社会生活中有着广泛的用途，并被视为与人们幸福紧紧相连的一种吉祥物，是男女青年婚恋的"媒介"物。根据当地传统，男子向女子求婚时要向女方三送柯拉果。当媒人受托带着 10 枚柯拉果和 50 马里法郎去女方家里为小伙子求婚时，如果女方收下这些东西，即表示原则上同意接受男方的求婚。十几天后，"月老"再次登门，带来 20 枚柯拉果和 100 马里法郎。在这段时间里，女方对求婚者的品行做了一番细致的调查，如果满意，就收下媒人第二次送来的东西。再过七八天，媒人第三次登门，这次带来 30 枚柯拉果和 300 马里法郎。如果姑娘及其父母不改初衷，就收下这份薄礼，作为订婚礼物。

二　节　日

新年（1 月 1 日）

建军节（1 月 20 日）

民主运动纪念日（3 月 26 日）

复活节（4 月份）

劳动节（5 月 1 日）

非洲节（5月25日）

独立日（9月22日）

圣诞节（12月25日）

此外，还有伊斯兰教的重要节日开斋节和宰牲节（又称古尔邦节）。

每周六、周日为公休日。

第二章

历　史

第一节　早期人类活动

　　马里是非洲历史悠久的文明古国。根据考古发现，早在史前时期，马里境内就有人类繁衍生息。考古学家在马里一些地区，主要在北纬13°以北，发现旧石器时代的原始人居住地、劳动工具、武器和其他物品。1927年，在马里古城通布图市东北400千米处的阿谢拉尔（Asselar）地区发现古人类遗骸，考古学家认为这里是公元前7000年的人类遗骸，在该遗址还发现有贝壳的碎片、鱼、鳄鱼和大型哺乳动物的骨骼，说明当时人们过着渔猎生活。

　　新石器时代的遗址分布于马里境内许多地区，包括尼奥罗、加奥、巴马科和布古尼等地。同时，史前岩画在这个国家的许多地区，尤其是北部地区被大量发现。撒哈拉岩画的时间跨度很长，从公元前6000年一直到公元前100年。在公元前的几千年时间里，撒哈拉地区雨量充沛、河网密布，大象、犀牛等喜水动物到处可见，这些动物就出现在早期的撒哈拉岩画之中。公元前2000年晚期，撒哈拉地区逐渐干旱，到公元前1200年和公元前100年马与骆驼才先后被引进这一地区。

　　从公元前2000年晚期开始，这一地区的人们从狩猎、采集向农耕过渡，铜制工具在西苏丹的广泛使用开始于公元前500年，几百年之后，铁制工具也出现了。近年来，在马里尼日尔河内陆三角洲的杰内城附近发现了一处建于公元前3世纪的古城。杰内古城是非洲铁器时代最重要的遗址之一。古城的历史一直延续到 15 世纪初。杰内古城内有一个圆形土围子，面积约为 3300 平方米，围墙高 7 米，周长 2000 米，从土围子出土的陶器看，土围子建于 1500 年前。另有 65 个较小的土围子。城墙宽 3 米，高约 4 米，墙基是用土砖铺砌的。由城墙下挖出的陶器判断，城墙建于 400～800 年。出土的文物有由石头、铁、铜、黄金制造的武器、生产用具、日用品、装饰品、手工艺品、儿童玩具等。尤其是陶器，更是多种多样。装饰品有精心加工的珠宝、头饰、石手镯和铜戒指。在从丰富多彩的手工制品、种类繁多的进口货物和各种颇为精致的器皿来看，700～1000 年杰内古城已发展到全盛期。当时的古城商人深入北非的贸易中心，他们将粮食、鱼类、陶器、黄金等商品通过商道运到北非，又将撒哈拉沙漠的盐和地中海的玻璃珠子等运回杰内古城和南方各地。800 年，杰内的人口达到 1 万人。1000 年以后，古城开始衰落，人口逐渐减少，到 1400 年时，杰内这个西非最古老的城市，曾经盛极一时的商业和贸易中心销声匿迹。杰内古城的发掘，为研究上古时期马里人民的社会生活、风土人情提供了丰富的资料。

第二节　王国（帝国）的兴衰

中古时代，马里是加纳、马里、桑海等西非统一大帝国的中心地区。古代加纳和马里的主体民族是曼丁哥人，他们又分成不少部落，最重要的有班巴拉人、马林凯人等，马里帝国就是由曼丁哥人创立的。13～15 世纪是马里帝国的鼎盛时期，它将加纳王国的大部分土地和桑海王国都纳入版图。后来，马里帝国因内部争权夺利及图阿雷格人和桑海人的共同打击而崩溃，成为桑海帝国的藩属。桑海人居住在通布图和尼日尔河河套以南地区，原是马里帝国的臣民。15 世纪后期，桑海帝国崛起；16 世纪后期，桑海帝国在同摩洛哥的战争中失败，不久帝国瓦解，这一地区进入长达两个多世纪的小国纷争时期。

一　加纳王国时期

3 世纪前后，富拉尼人在通布图以西、尼日尔河上游西北部地区（今马里境内）建立加纳王国。它凭借优越的地理位置，控制着撒哈拉商道的黄金贸易，因此有"黄金之国"的美称。7 世纪以前，加纳王国已经历了来自北方的 22 个国王的统治。8 世纪末索宁克人推翻了富拉尼人的统治，建立了黑人王朝。

9～11 世纪是加纳王国的全盛时期，其版图东到通布图，南到尼日尔河上游和塞内加尔河上游之间的地区，北至撒哈拉沙漠的南部边缘。加纳王国还征服了周边的一些小国，令其称臣纳贡。当时加纳王国有一支 20 万人的军队，其中包括 4 万名弓箭手。在全盛时期，加纳王国的农业、畜牧业、手工纺织和制陶业已相当发达，贸易也十分发达，首都昆比 - 萨累（Kumbi-Saleh，位于今马里境内）成为黑人和北方来的阿拉伯人洽谈生意的大都会。昆比 - 萨累有两个主要城区：一是国王和贵族居住的城区，有宫殿和许多精心装饰的圆形大茅屋，周围筑有很高的城墙；另一个是商贾城，有许多清真寺和阿拉伯建筑，北方来的阿拉伯商人就居住于此，此城方圆 1 英里（1 英里≈1.609 千米），约有 3 万居民。11 世纪下半叶，摩洛哥的阿尔摩拉维德人侵入加纳，破坏了加纳的农业、畜牧业和与北非进行贸易的商路。阿尔摩拉维德人虽侵入几年后又退出，但加纳王国从此一蹶不振，被征服的小国纷纷脱离加纳而独立。13 世纪，加纳王国被新兴的马里帝国灭亡。

二　马里帝国时期

（一）小酋长国马里

马里原是尼日尔河支流桑卡拉尼河地区的一个小酋长国，由操曼丁哥语的凯塔部落组成，曾是加纳王国的属国。

从 7 世纪到 10 世纪，在长达 300 年的时间里，阿拉伯人越过撒哈拉沙漠，将伊斯兰教传到西苏丹。阿拉伯商队用盐、贝壳和串珠等物品，同西苏丹各国换取黄金和象牙等物品。由于这些频繁的商业活动，阿拉伯文化在西苏丹地区留下了深刻的印迹。西苏丹的一些早期编年史材料也都是用阿拉伯文写的。1054年，摩洛哥的阿尔摩拉维德王朝军队侵入西非并彻底破坏了西非古国加纳。原来受加纳统治的许多曼丁哥人的小国乘机独立，其中就有马林凯族的马里，当时称作马勒尔（Malel）。这个由凯塔部落建立的小酋长国，当时只局限于尼日尔河上游支流桑卡拉尼河和塞内加尔河上游支流巴科伊河之间的地区。它的第一个著名酋长古尔曼达纳（亦称"泽拉本达纳""巴拉门达纳"），此时已经皈依伊斯兰教。马勒尔酋长国不断南下袭击其他部落，虏获的战俘被作为奴隶运往北非出售。凯塔部落善于经商，国家富裕，有国王到麦加朝圣的传统。其中，著名的国王穆罕默德·哈马马、吉吉·比拉利和穆萨·凯塔在12世纪中叶至13世纪初曾4次到麦加朝圣。

马里同其邻国——苏苏人建立的卡尼阿加国是宿敌，争端起于争夺商道的控制权。卡尼阿加国国王苏曼古鲁于1203年征服了加纳王国的残余部分。他雄心勃勃，力图控制尼日尔河上游的新商道。这条中央商道穿过尼日尔河，经过通布图、加奥，纵横撒哈拉沙漠，直抵突尼斯和埃及，几乎完全取代了古加纳境内西部的旧商道。

为了争夺对尼日尔河上游的控制权，1218～1230年，马里同卡尼阿加王国几次交战，屡遭失败，终被征服，国都康加巴陷落。苏曼古鲁杀了马里国王纳雷·法马甘和他的11个儿子，只有1个王子松迪亚塔（Sundiata）得以幸免。当时他正因为宫廷内争流亡麦马国。松迪亚塔自幼残疾（跛脚），但他意志坚定、才能出众，麦马国王对他很信任。马里国都陷落后，唇亡齿寒，麦马国王向松迪亚塔提供骑兵，帮助他复国。

（二）马里帝国的崛起

松迪亚塔得到马林凯人的支持。他将凯塔部落的"长老团体"改组成军队的核心。他以马里·凯塔为名，依靠一些游猎部落的帮助，联合了马林凯人几乎所有氏族和部落，并被各部落酋长公推为战时军事领袖。1230～1234年，松迪亚塔军队同苏曼古鲁军队展开激战，经过几次胜利之后，终于把苏苏人赶回他们的居住地，即尼日尔河上游地区，从而收复了马林凯人的中心地区。

1235 年，松迪亚塔率领军队攻入卡尼阿加境内，在库利科罗附近的基里纳（Kirina）消灭苏苏人军队，杀死苏曼古鲁。基里纳战役后，马林凯酋长在康加巴举行大会，宣誓效忠他们伟大的君主松迪亚塔。1235 ~ 1240 年，马里军队继续推进，直至兼并了卡尼阿加国的所有领土，并于 1240 年摧毁古加纳的国都。其间，通过兼并和征服，麦马国和桑卡拉国都被并入马里范围。马里成为统治南方马林凯人和北方索宁凯人众多小国的霸主，帝国已经初具规模。

松迪亚塔是一位有远见卓识的开国之君，他顺应西苏丹经济中心南移的趋势，舍弃已被沙漠侵蚀的加纳古都昆比－萨累，1240 年迁都南方桑卡拉尼河畔的尼阿涅，靠近布雷产金区，以便有效控制黄金生产和贩运。他优待穆斯林商人，崇尚伊斯兰教，赢得了商人的拥护和支持；大力发展农牧业，扩大耕地，引进棉花种植和棉纺技术。在他的统治下，马里帝国经济蒸蒸日上，国力强盛，社会安定，开创了比加纳王国更加繁荣昌盛的局面。帝国疆域辽阔，西起台克鲁尔，东至尼日尔河河套，南起沃尔特流域，北至瓦拉塔南缘。1255 年，松迪亚塔中箭身亡，其子乌利继位。

乌利在位 15 年（1255 ~ 1270），继续完成其父未竟事业。在北方，他将马里的疆域扩大到萨赫勒干旱草原地区，并控制了瓦拉塔。在东方，他将扩张的主要矛头指向尼日尔河河套，加强对通布图、加奥等发达的商业中心的控制。为此，马里帝国与东方的劲敌——桑海人展开了旷日持久的争夺，一度征服桑海王国，打通了从尼阿涅直抵加奥的尼日尔河航道，完全控制了撒哈拉中心商道。乌利曾率队前往麦加朝圣，并与北非的伊斯兰世界建立了联系。

（三）马里帝国的兴衰

乌利去世以后，他的兄弟瓦蒂和哈里发先后继位。瓦蒂在位 4 年（1270 ~ 1274），哈里发在位仅短短 1 年（1274 ~ 1275）。然后是乌利的外甥贝克尔（1275 ~ 1285 年在位）继位。这三个国王都不善于治理国家，以致马里在 15 年的时间里国势中落。加奥的桑海人乘机摆脱马里的统治，取得了独立地位。

1285 年，宫廷的"释放奴隶"萨库拉乘王室内讧之机夺取王位。萨库拉精明能干，勇猛善战，在位期间多在戎马争战中度过。他先是率军北征，占领撒哈拉各处铜矿，接着东征企图独立的台克鲁尔（泛指西苏丹地区），最后挥戈向西，占领杰内，攻下加奥，再次征服桑海。于是马里帝国出现中兴，西苏丹地区各国纷纷归附、纳贡称臣。1298 年，萨库拉前往麦加朝圣，1300 年在归途中遇害。其后王位又由乌利之子加乌（1300～1305 年在位）和孙子穆罕默德（1305～1310 年在位）继承。穆罕默德去世之后，王位传给阿布·贝克尔二世。

阿布·贝克尔二世在位期间，他曾经派人乘坐独木舟试航大西洋。第一次派出的船队失败以后，他亲自率领 2000 只独木舟组成舰队西航，但未见凯旋。这就是后来关于西非黑人在 14 世纪就已经到达美洲的传说的由来。1312 年阿布·贝克尔二世之孙穆萨继位，称曼萨·穆萨（Mansa Musa）。他在位 25 年，马里帝国进入鼎盛时期。

曼萨·穆萨于 1325 年对麦加进行了一次著名的朝觐活动。曼萨·穆萨的朝觐队伍规模庞大并携带大量黄金，骆驼队行进时浩浩荡荡。最前边是 500 名奴隶手执 6 磅（约 2.7 千克）重的金制倚杖开道；之后是 100 头驮着黄金的骆驼，每头驮 300 磅（约 135 千克）；再后边是 1000 头驮着食物、礼品的骆驼以及大批穿着金饰服装的妻妾、侍从。曼萨·穆萨沿途还大量购买、施舍，致使埃及金价下跌 1/5，12 年后才恢复过来。这一朝觐盛举极大地震动了阿拉伯世界和欧洲，使马里帝国声名远播。马里的名声传到西欧，一幅 1339 年绘制的西欧地图上首次出现了马里帝国的名称。曼萨·穆萨回国时还邀请了许多穆斯林学者一起回国。之后，马里的许多城市逐渐发展成伊斯兰学术研究中心。其中，通布图成为与开罗、巴格达和大马士革齐名的著名伊斯兰学术研究中心。

经过多年征战，马里帝国征服了周边的一些小国，疆域不断扩大。14 世纪马里帝国达到鼎盛时期，其版图东到今天的尼日尔，西到大西洋，南到热带森林区，北至撒哈拉沙漠。它不仅控制了西非的重要产金地万加腊、沙漠边缘的重要产盐地塔哈扎以及那里的农业区和手工业区，而且控制了穿越撒哈拉沙漠的贸易通道，成为当时西非最强大的国家。

强盛的马里帝国农牧业、手工业，以及金矿、岩盐开采业都相当发达，同时与北部的摩洛哥、阿尔及利亚和东部的埃及的贸易十分活跃，仅与地中海的贸易商道就有 6 条，当时一条商路一年通过的骆驼就不下 1.2 万头。通布图、加奥、杰内是马里帝国著名的商业城市和文化中心。

1337 年，曼萨·穆萨去世。在他去世后的 50 多年里，马里帝国仍维持着强大的局面，但帝国中央政权已潜伏着严重危机。自穆萨麦加朝觐后，统治集团内部争权夺利变本加厉。在极盛时期的马里帝国，帝王那令人目眩的黄金财富，在阿拉伯世界所赢得的显赫地位以及统治幅员辽阔帝国的权势，这一切使得王位之争愈演愈烈。再加上马里凯塔王族旧规规定，亲族内，凡是国王的兄弟、儿子、侄子以及外甥都是王位的合法继承人。这种宽泛的王位继承制度加剧了夺权之争。曼萨·穆萨赴麦加朝圣期间命其子穆罕默德摄政，目的在于排斥皇弟苏莱曼继承王位的权利。精明的苏莱曼不肯罢休，1341 年最终从他侄子穆罕默德·马加（1337～1341 年在位）手中夺取了王位。

苏莱曼在位 6 年，颇有建树。他与北非建立了密切的文化联系，重新征服了叛离的属国，只有桑海地区未能收复。但是，在他死后不久，他的家族与穆萨家族之间爆发了血腥的内战。苏莱曼的儿子夸沙继位不到 1 年就死于非命，王位被穆萨之孙亚塔（1360～1373 年在位）夺回。亚塔之子穆萨二世（1374～1387 年在位）虽然执政 13 年，但大权旁落，名存实亡。他的兄弟马加二世继承王位（1387～1388 年在位）仅 1 年就被财政大臣桑达基推翻，桑达基弑王并娶其母（太后）为妻。但他篡位不到两年即遭到驻守南疆、自称松迪亚塔一系加乌后裔的马加的声讨并被迫下台。于是，王位又回到松迪亚塔世系手中。马加三世于 1390 年上台，在之后继位的穆萨三世和乌利三世统治时期，马里帝国已经摇摇欲坠。

频繁的宫廷政变严重削弱了帝国中央统治的力量，属国乘机独立。14 世纪 80 年代，东部诸省率先叛离拥兵自重，穆萨二世依靠手下能征善战的武将迪阿塔，收复部分省区。但塔特麦卡铜矿区和加奥摆脱了马里的统治。接着，14 世纪末，莫西人从尼日尔河河套地区侵入尼日尔河中游谷地，对马里帝国最繁荣的商业城市——通布图形成严重威胁。莫西人一度攻入该城，后来马里虽然收复通布图，但已无力维护经过通布图商路的安全，北部行省和藩邦乘机纷纷脱离马里版图。15世纪初，麦马、迪亚拉脱离马里。1433年，图阿雷格游牧部落占领通布图、瓦拉塔和阿拉万。马里至此失去对撒哈拉商路的控制，丧失了商税收入，从此一蹶不振。随着马里帝国的日趋衰落，桑海人宣布不再纳贡，1465年占领通布图；1512年占领了卡诺和直至博尔努边境的地区；1545年桑海占领了马里城。1599年，马里皇帝曼萨·穆罕默德四世试图趁摩洛哥军队占领尼日尔河内陆三角洲造成的混乱之际，重振昔日雄风。他因为得到班巴拉人和富拉尼人多数地方酋长的支持，推进到了杰内，不料却被一名部将出卖。一个个城市脱离马里，帝国迅速解体。17世纪中叶，班巴拉人终于夺得了帝国的剩余部分，马里帝国从西苏丹政治生活中消失。

（四）马里帝国的社会制度

1. 奴隶制社会

马里的奴隶来源主要是军事掠夺，马里南方古尔人以原始的小氏族公社形式分散在尼日尔河上游和塞内加尔河上游地区，相互之间很不团结。这里一直是北部曼丁哥人掠夺奴隶的主要场所。曼丁哥人的军队经常将整个村寨的古尔人变为奴隶。奴隶的另一个来源是买卖，马里人因犯罪、欠债或穷困而被卖身为奴。

奴隶被广泛用于农业、手工业、商业各个领域，从事农业的奴隶被编成奴隶部落，由监工管理。奴隶村落一般穿插分布在自由民村落之间，实行内婚制。法律禁止奴隶部落的男奴娶自由民女子，以防止奴隶通过婚姻关系为下一代取得自由民身份。从事手工业的铁匠奴隶，每年必须向奴隶主提供若干梭镖和箭。奴隶在商业中主要是搬运夫，除了头顶食盐、铜器、铁器等货物外，还需背负主人和商队卫士的口粮。奴隶还被用于开矿，14世纪阿拉伯旅行家伊本·白图塔在游历马里时看到，在铜城塔开达，从采矿、运输矿石、冶炼到加工成铜锭，这些工序全部由奴隶完成。

马里社会还有大量家庭奴隶。这一现象不仅存在于马里社会，整个曼丁哥族在很长时期内都普遍存在家庭奴隶制度，而且让奴隶渗透到家庭组织结构中。马里帝国的奴隶与基本的社会经济单位——父权制家庭公社

"结合"，主要有三种形式：一是奴隶成为"养子""养女"；二是女奴成为一夫多妻制中的配偶来源，上层人物的妻室多达数十上百；三是多数奴隶成为一般的家庭公社成员。第三种形式的奴隶又有几种不同的身份。第一代奴隶通常是掠夺或者买来的，可以随意买卖，属于"动产"；第二代奴隶称"家生子"，是第一代奴隶的子女，不可以买卖，是"不完全平等者"；第三代称"灶下仆人"，进入内室完全从事家务劳动；第四代称"自由人"，仍与主人保持依附关系，并被固定在土地上，向主人缴纳一部分收成，实际上已成为农奴。马里帝国家庭奴隶的大量存在淡化了帝国自由民与奴隶的严重矛盾。

2. 中央集权制

马里帝国实行中央集权制，中央和地方官员都由国王任命。全国由 1个中心区和 3 个外围行省组成，各省之下又分 12 个行政管理区。在征服地区各臣服王国中，设置监国使臣"费尔巴"。中央向各城市派遣市长"莫赫里夫"；农村地区由称为"柯伊"的部落酋长负行政责任。国王在宫廷和行政机构中，多使用绝对忠于自己的奴隶或释放奴隶，任命他们为重要地区的督抚，如此上层行政系统完全听命于国王，不受王族宗派集团的控制。国王严格控制属国和归顺民族的统治者，或将其首领留职朝廷，或将属国君主的世子留在京城充当人质。此外，还派遣直接代表国王的驻扎官进驻各地，以监督地方势力。马里帝国建立了一支强大的军队，全国有 9 万名步兵分驻各地，控制全境商路。国王还拥有一支 1 万多人的骑兵部队。

3. 占优势的自然经济

马里帝国重视发展长途贸易，从四面八方纷至沓来的商队和船队都以帝国境内的尼日尔河沿岸城市为集散地。北非阿拉伯商人云集加奥城，每年跋涉在撒哈拉中央商道上的骆驼不下 1.2 万头。商业贸易的兴盛给帝国带来巨大的收益。马里帝国的农业和手工业获得了显著发展。从事农业的"奴隶村落民"种植玉米和稻，也饲养牲畜，粗耕轮作，以锄头为基本生产工具。手工业分工较细，锻铁、木工、皮革、纺织等都形成了专门行业。通布图和杰内拥有众多织工和裁缝作坊，是马里帝国的手工纺织业中心。马里纺织品以其特有的热带风格图案风靡北非的阿拉伯世界。马里是古代盛产黄金的国家，帝国规定产金区用金沙缴税，罕见的天然金块一律上交国王。马里帝国经济的一个显著特点是具有对外贸易性质，幅员辽阔的帝国并未形成统一的国内市场，同国外的贸易联系多于同国内的联系。阿拉伯商队通过纵横交错的撒哈拉商道，用食盐和其他日用品交换马里出产的黄金、纺织品等商品。马里帝国经济的另一个特点是，没有统一使用的货币。玛瑙贝、铜环、盐棒、布帛都是马里市场上常见的一般等价物，个别地方还使用阿拉伯人的金第纳尔。这说明，马里帝国自然经济仍占优势地位。

马里帝国创造了灿烂的中古文化。在帝国的繁荣时期，它在尼阿涅和通布图等大城市修建了繁华的宫殿、贵族住宅和巨大的清真寺。著名国王曼萨·穆萨经开罗到麦加朝圣的事迹，给伊斯兰世界留下了深刻的印象。他请了许多穆斯林学者和他一道回国，使通布图成为当时阿拉伯世界的学术中心。

三　桑海帝国时期

桑海帝国是继马里帝国之后在这一地区兴起的第三个统一的文明古国。690 年，迪亚·阿拉亚曼在尼日尔河中游谷地的桑海族中建立了迪亚王朝，11 世纪迁都加奥，1325 年被马里帝国征服，称臣纳贡，处于依附地位。1337 年，被马里征服者掳去的两位桑海王子成功逃回加奥，重建桑海王国，并改王号为索尼。随着马里帝国的衰落，桑海王国于 1400 年摆脱属国的地位，成为一个独立国家。索尼·阿里（1464～1492 年在位）统治时期，桑海逐渐从王国发展为帝国。到 15 世纪后半期，桑海帝国大力开拓疆域，先后夺取了西非名城通布图和另一重要商业城市杰内，牢固地控制了尼日尔河内陆三角洲这一重要的产粮区，最终建立了疆域辽阔、国力强盛的桑海帝国。

15 世纪和 16 世纪之交，桑海人挥师西进，直抵台克鲁尔，征服了原马里帝国的西部诸省，又挥戈北上，囊括了几乎整个萨赫勒草原。16 世纪，桑海帝国完全控制了北部和东北部的商业中心地区。

1493 年，穆罕默德·杜尔即位，建立阿斯基亚王朝。穆罕默德·杜尔推行一系列改革，并取得了显著成效，他本人因此被尊为"阿斯基亚大帝"。1496 年，阿斯基亚大帝效法马里国王曼萨·穆萨，在 500 名骑兵和 1000 名步兵的护卫下，带着 30 万枚金币，赴圣城麦加朝觐。这次朝圣不仅使他荣获"哈吉"（朝拜者）这一称号，而且获得了台克鲁尔哈里发的头衔，成为西非穆斯林公认的领袖。阿斯基亚大帝打着"圣战"的旗号，接连不断地向周边国家和地区发动征战，继续开疆拓土。其版图西到大西洋，东与博尔努帝国（今尼日尔乍得湖地区）接壤，北至撒哈拉沙漠腹地，南与莫西王国（今天布基纳法索）为邻。桑海帝国成为西非历史上最强大的国家。

强盛的帝国参照东方的行政和法律制度，建立了一个职能齐备、颇有效率的中央政府，使桑海成为一个真正强大的中央集权国家。帝国农业高度发达，广泛使用铁制农具，大力种植水稻、小米、高粱和棉花，重视兴修水利，还请来犹太人园艺师改进当地的农业生产。帝国的纺织、缝纫、造船和其他手工业相当发达，商业贸易也十分活跃，黄金、象牙、盐和奴隶是当时的主要贸易对象。当时的重要城市有通布图、杰内，首都加奥是当时西非最大的城市。桑海帝国重视文化，通布图是它的文化中心，也是阿拉伯世界的文化中心之一，有 180 余所古兰经学校，著名的桑科尔大学有几千名学生。

1528 年，阿斯基亚大帝的长子穆萨发动政变，废黜了年高 85 岁、双目失明的阿斯基亚大帝。在此后的 60 多年中，宫廷政变不断，帝国日趋衰落。1591 年 2 月，摩洛哥的萨阿德王朝苏丹穆莱·阿赫默德·曼苏尔（1578 ~ 1603 年在位）乘虚而入，派出以朱达尔帕夏为首的远征军，越过撒哈拉沙漠，侵入桑海帝国的腹地。3 月，双方在加奥西北的通迪比（Tondibi）展开决战。

摩洛哥远征军出发时有 4000 名精兵，其中 2500 人配备欧式火枪。另有 8000 人的运输队伍。但约有一半人员死于沙漠途中，所以投入决战的兵力只有一半，而桑海军队由 1.25 万名骑兵和 3 万名步兵组成。显然，摩洛哥远征军的优势在于技术、装备，而桑海军队的优势在于人数。桑海军队为保卫国家而战，熟悉地形，后勤也有保障。摩洛哥军队远离家乡，水土不服，后勤供应线很长。似乎这场战争的结果不言而喻。但桑海国王阿斯基亚·伊夏克二世犹豫不决，在摩洛哥军队发起进攻后临阵脱逃，导致全军溃败。摩洛哥军乘胜占领加奥城。

伊夏克二世向朱达尔求和，表示承认摩洛哥苏丹的宗主权，同意以10万金币和1000名奴隶换取摩洛哥军队撤离。朱达尔同意向曼苏尔苏丹禀告。9月，朱达尔率军占领通布图，定该城为帕夏驻节地，接着又派一名军官接管杰内。

曼苏尔拒绝伊夏克二世的求和，撤换远征军司令，指派马哈茂德·本·扎冈为帕夏，其目的是完全征服桑海。1591年10月14日，摩洛哥军队在班巴再次打败桑海军队。伊夏克二世退往萨伊地区，派出游击队袭击敌人，杰内、通布图等地相继爆发了反对侵略者的武装起义。然而，此时桑海宫廷内部因争权夺利发生内讧，伊夏克二世被迫逊位，之后被杀，穆罕默德·加奥即位。加奥与摩洛哥军队谈判时被扣押、杀害，桑海正式分裂，以苏莱曼为傀儡的北桑海成了摩洛哥人的占领区。从此桑海被摩洛哥人占领，直到17世纪中叶。经过半个世纪的抵抗运动，桑海人定居科科罗到达戈尔一带，分裂为众多的小邦。桑海帝国完全分崩离析了。

四　桑海帝国之后的西苏丹

（一）班巴拉人国家的兴起

在桑海和摩洛哥军队对峙的半个世纪中，原来受制于桑海的苏丹各族纷纷崛起，建立自己的国家，班巴拉人的塞古王国和卡尔塔王国（加亚尔塔）就是其中两个较重要的国家。

班巴拉人居住在尼日尔河和巴尼河之间的卡拉和宾杜古，这是昔日马里帝国的两个省。此地常受桑海的侵扰，成为桑海与马里之间的缓冲地带。摩洛哥入侵桑海后，班巴拉人也加入了反抗摩洛哥人的行列，进攻杰内地区。

1645年，班巴拉人起来反抗卡拉和宾杜古的统治者，瓦解了马里王国的地方政权，库利巴利（Kulibali）家族两兄弟脱颖而出，分别建立了塞古王国和卡尔塔王国。比汤·库利巴利执政时期（1712～1755）塞古王国趋于强大，一度征服通布图、马西纳等地，迫使其称臣纳贡。塞古王国以年龄等级为基础建立的军事组织是国家的核心。王国的基层组织是村社，由几个有血缘关系的家族构成。

1755 年，比汤·库利巴利去世，其子巴卡里继位。巴卡里曾去杰内学习《古兰经》，是一位穆斯林，这引起坚持信仰传统宗教的酋长们的恐惧。他们推翻了库利巴利家族的统治，恢复了奴隶主军事民主制。在一系列动乱中，塞古王国受到削弱，直到 1766 年恩哥洛·迪亚拉执政，才扭转了这一混乱局势。他出身于奴隶，因战功升为库利巴利王朝的将军，后通过内战夺取政权上台，建立了迪亚拉王朝。为巩固自己的统治，恩哥洛·迪亚拉创建私人卫队，派其子任省督，撤换对自己不忠的酋长。他允许穆斯林商人保持自治，保证他们的经商安全。他重新向外扩张，夺回许多失去的领土，占领杰内、马西纳等地。

1790 年，恩哥洛·迪亚拉死于远征莫西人的战争，其子曼松继位。曼松在位时（1790～1808），塞古王国发展到鼎盛，其疆域北达通布图，东至杰内，西达邦杜。首都塞古约有 3 万居民，当年的繁荣给英国探险家蒙哥·帕克留下了深刻印象。他写道："这个城市风景——河上众多的独木舟——拥挤的人群和周围农村的耕作情形——交相辉映，形成一幅文明壮丽的景色，这是我在非洲内陆难以发现的。"距塞古不远的尼日尔河港口桑桑丁是当时重要的商业城镇。北来的摩尔商人贩来食盐、烟草和其他北非商品，交换黄金、奴隶和土布。当地商人同塞内加尔河和冈比亚河的欧洲殖民者的代理商进行奴隶贸易，购买南部布雷地区的黄金。

曼松在位期间，塞古王国同卡尔塔王国发生了连续不断的冲突，最终导致这两个班巴拉人的王国走向衰落。

（二）马里王国的衰亡

到 15 世纪末，显赫于西苏丹一带的马里帝国已经陨落，逐步降为偏安南部的一个曼丁哥人王国。它的中心在尼日尔河上游巴马科以南地区，这里是忠于马里王室的马林凯人聚集区，该地的主要居民是松迪亚塔战士的后裔。位于尼日尔河和巴尼河之间的卡拉和宾杜古两省，是马里王国与桑海帝国的缓冲地带，起着拱卫马里中心区的作用。马里王国将主要精力用于向南扩张，在冈比亚河和里奥格兰德河之间建立了一个附庸国体系。这个地区是海盐和黄金的产地，马里通过此地发展同大西洋沿岸的贸易，以开辟新的经济来源，弥补失去尼日尔河湾商业中心的损失。

16 世纪初，马里王国不断遭到桑海帝国的进攻，后来由于桑海帝国内部危机，马里得到了 30 年的喘息机会。16 世纪 40 年代，桑海又发动了对马里的进攻，1546 年甚至攻陷马里国都，并占领了 7 天。但是，桑海统治者认为，完全征服马里，在它的心脏地区建立统治是困难的。1591 年通迪比战役中桑海的败北，解除了马里王国北部的威胁。马里国王曼萨·穆罕默德四世认为复兴古老帝国的机会已到，积极参加苏丹各族反对摩洛哥人的斗争。1599 年 4 月，他与马西纳结盟，共同攻打盘踞在杰内的摩洛哥军队，但失败了。

这次战役是马里王国复兴努力的最后一次尝试，此后它不再是尼日尔河流域的一支重要政治力量了，它原来的藩属纷纷脱离。17 世纪 40 年代，卡拉和宾杜古两省的班巴拉人脱离了马里王国。1645 年，马里末代国王马马·穆罕孤注一掷，对塞古王国进行反攻，但未能取胜，只好退守康加巴。不久，塞古王国攻陷康加巴并占领马里王国的残剩领土。从此，马里分裂成为许多小酋长国，马里王国便在西非销声匿迹了。

（三）马西纳圣战

19 世纪初直至 70 年代，西苏丹地区爆发了一系列以伊斯兰圣战为旗号的统一和改革运动，结束了自 1591 年摩洛哥入侵以来小国林立、纷扰不宁的局面。其间是伊斯兰教在西苏丹迅猛扩展的时期，广大群众接受伊斯兰教的信仰，积极参加圣战。战争胜利之后，新政权都以伊斯兰教立国，建立清真寺和伊斯兰学校，推广伊斯兰文化，以伊斯兰的一神教思想代替原有的多神教思想，在小国林立的西苏丹地区发挥了巨大的凝聚作用。

马西纳、杰内、通布图等地在周边伊斯兰圣战的影响下，也爆发了这一运动。马西纳地区存在的社会、民族和宗教冲突是圣战爆发的主要原因。富拉尼人早已定居尼日尔河河套地区，其中许多人信奉伊斯兰教，而在他们的四周都是异教徒。在豪萨圣战的影响下，阿赫马德·穆罕默德领导了反对马西纳的统治者和塞古王国的运动。1816～1817年，阿赫马德·穆罕默德打败了塞古王国的军队。不久，圣战者攻占了杰内，随后又夺取了马西纳王国的政权，并定都哈姆达拉希。1826年，阿赫马德·穆罕默德占领了通布图，建立富拉尼人要塞，以防图阿雷格人的侵袭。

至此，阿赫马德·穆罕默德建成了总面积约5万平方英里的伊斯兰神权国家，其中包括尼日尔河流域的重要城市杰内和通布图，控制了西苏丹的传统商业中心。

阿赫马德·穆罕默德按照伊斯兰教教义在政权、税收和法律制度方面进行了一系列改革，推动了该地区的伊斯兰化。在中央设立最高议事会，由40名伊斯兰学者组成；另由阿赫马德·穆罕默德和3名最高议事会成员组成枢密院。最高议事会和枢密院是全国最高权力机关，集行政、立法和司法权于一体。全国分为5个坎米尔国，阿赫马德·穆罕默德派其亲属或亲信对这些地区进行统治。富拉尼人桑加尔家族和卡迪尼亚派僧侣集团构成马西纳王国的统治阶级。基层政权是村社和由几个村社组成的区。马西纳王国有完善的税收制度。农民缴纳收获物的1/10，富人缴纳财产税，牧民缴纳牲口税。在日常生活方面，马西纳王国严格按照伊斯兰教教义办事，禁酒、禁止跳舞和多妻制。1844年，阿赫马德·穆罕默德去世，其子哈马德二世（1844～1852年在位）和其孙哈马德三世（1852～1862年在位）相继执政。1862年，马西纳被图库勒尔帝国所灭。

（四）图库勒尔帝国

图库勒尔帝国是由哈吉·奥马尔领导一系列伊斯兰圣战后建立起来的。与马西纳圣战相比，奥马尔领导的圣战有两个特点：一是奥马尔信奉伊斯兰教提江尼亚派，该派认为自己是神选的救世者，对于迅速建立一个公正的伊斯兰社会，它比卡迪尼亚派负有更明确的义务；二是奥马尔圣战具有反对法国殖民入侵的民族主义战争的性质。

奥马尔（1794～1864）出身于富塔托罗波多尔附近的图库勒尔族伊

斯兰教教师家庭，曾朝觐麦加，留学埃及。1839～1842年，奥马尔在富塔贾隆一带向曼丁哥人和图库勒尔人布道，吸收他们加入提江尼亚派，同时建立军事组织，积极准备圣战。1852年，奥马尔正式宣布发动圣战。他挥师北上，占领了尼日尔河上游和塞内加尔河一些班巴拉人和马林凯人的国家，如班布克、布雷等。当时法国殖民者正向塞内加尔河流域推进，奥马尔的圣战与法国殖民者发生冲突，在一定程度上推迟了法国侵略马里的步伐。1857年奥马尔计划率领2万大军把法国殖民者赶走，可惜未果，奥马尔便率军队撤到西苏丹腹地，于1861年占领塞古。继而他们沿尼日尔河而下，1862年占领了富拉尼族国家马西纳，1863年又占领古城通布图。至此，他建立了以塞古－西科托为中心的图库勒尔帝国，其疆域西起塞内加尔河，东至通布图，南到丁吉拉伊，北达盖穆。1864年，奥马尔在镇压马西纳贵族的叛乱中去世，没有来得及依照提江尼亚派的主张进行改革，建立起一个有效的中央政权。但是，奥马尔统一西苏丹大部分地区后建立起来的图库勒尔帝国，毕竟是一支阻遏法国在该地区扩张的重要力量。

奥马尔去世后，其子阿赫马杜继承王位，获得了"埃米尔"的称号，并定都塞古。但是，由于帝国内部争权夺利，图库勒尔帝国已经处于瓦解之中，不能有效地抵抗法国殖民者的入侵。1864年，法国派马热上尉率领一个军事代表团来到塞古，要求法国人在图库勒尔帝国享有自由贸易的权利，并签订协定。尽管最初阿赫马杜不同意，将马热等人扣留两年，但最终还是被迫同法国人签订了同意法国享有贸易自由的协定。

第三节　殖民地时期

一　西方国家对尼日尔河流域的探险活动

尽管马里曾是法国的殖民地，但是，最早访问此地的欧洲人是英国的探险家。

1788年，英国非洲内陆考察促进协会（非洲协会）成立后，立即组织人员对以尼日尔河为中心的西非地区进行考察。

起初，他们先派人从北非越过撒哈拉沙漠考察尼日尔河，没有成功。随后，非洲协会改变路线，从西海岸出发考察尼日尔河。他们派遣英国退休军官丹尼尔·霍顿（D. Houghton）于 1790 年深入冈比亚内地。霍顿曾经向协会报告，尼日尔河是向东而不是向西流的。后来他死在探险途中。

对尼日尔河的考察取得突破性进展的是蒙哥·帕克（Mungo Park）医生。1795 年，他与非洲协会签订合同，协会除支付佣金外，还提供 200 英镑的装备费用，要求他确定尼日尔河的河道，尽可能探明其源头和终点，并且，尽可能地去访问附近的城镇。1796 年 7 月 20 日，经过几个月的长途跋涉，他疲惫不堪地到达尼日尔河上游城市塞古，终于见到了尼日尔河，他后来写道："往前方，我以无比的喜悦看到了我的使命中的伟大的目标——长期寻找的庄严的尼日尔河，正在清晨的阳光中闪烁着。它有泰晤士河流经威斯敏斯特时那样的宽度。它缓缓地向东流去。"

同年，他因病回国，仍未弄清尼日尔河的起讫点。1805 年英国殖民部再次派帕克去西非探险。1806 年 5 月，帕克到达塞古，随后，他从巴马科乘独木舟顺尼日尔河而下，企图直接抵达入海口。但是漂至布萨（Bussa）险滩时，帕克及其同伴全部丧生。1830 年兰德从布萨险滩顺流而下，最终证实了尼日尔河的入海口就是欧洲人所熟知的油河河口。

与此同时，法、德等国的探险家也纷纷前往马里探险。法国人勒内·卡耶（Réné Caillié）于 1827 年到达通布图。1850 ~1855 年，德国人巴特从的黎波里出发，越过撒哈拉沙漠，考察了尼日尔河的中段。

二　法国的殖民侵略

法国殖民主义者是沿着塞内加尔河而上并沿尼日尔河而下，不断渗入马里境内的。早在 1712 年，法国便在塞内加尔河上游卡伊建立了第一个据点，1756 年及 1824 年他们又先后派出勘探队到塞内加尔河支流法莱梅河河谷寻找金矿，继而向尼日尔河流域推进，掠夺阿拉伯树胶等资源。19 世纪以后，法国殖民主义者变本加厉采用武力侵占马里，19 世纪 50 年代派出军队大举入侵马里，于 19 世纪 60 年代到达塞古地区。

1885 年柏林会议①结束之后，法国迫不及待地力求将其在西非的殖民地与北非的殖民地连成一片，并建立从塞内加尔到索马里的法属非洲帝国。19世纪末，法国在西非的殖民侵略主要沿着两个方向进行：一是从塞内加尔河中下游的法属领地向西苏丹腹地扩张；二是从几内亚湾沿海地区的殖民据点向北推进。为了便于掠夺与统治，法国殖民主义者还修筑铁路，以连接塞内加尔河与尼日尔河两河间的通航河段，打通马里与大西洋海岸的联系渠道。1895 年，马里成为法国的殖民地，被称为"法属苏丹"，1904年并入法属西非。

殖民者对马里的掠夺激起了马里各族人民英勇顽强的反抗。在法国侵略和统治时期，马里人民前赴后继，进行了长期的英勇斗争，著名的民族英雄艾尔·哈吉·奥马尔和阿赫马杜曾组织领导颇尔人抗击法国殖民者长达 41 年之久。

1879 年，法国议会批准了《塞内加尔—冈比亚法属领地规划》。翌年，法国海军大臣命令塞内加尔总督德利尔从凯斯到基塔设立据点，以便修筑一条连接梅迪内和巴马科的铁路。德利尔派出以加利埃尼为首的远征队，沿塞内加尔河直趋塞古，向当地统治者阿赫马杜"送礼"。在 1880年与加利埃尼上尉签订的《芒戈条约》中，阿赫马杜否定了法国人建立保护权的条款，拒绝在帝国境内排斥其他外国商人经商的要求，只承诺给予法国最惠国待遇，并要求法国保证"永不侵犯图库勒尔人的任何领土"。1881 年，法国政府拒绝批准此约，并派军队入侵图库勒尔帝国，1883 年法军占领了尼日尔河畔的巴马科等地，并进逼塞古。阿赫马杜让其子留守塞古，自己退至尼奥罗。

法国为了集中力量镇压索宁凯人的叛乱，防止索宁凯人与阿赫马杜结盟，于 1887 年 5 月与阿赫马杜缔结了《戈里条约》。条约规定，阿赫马杜同意他的帝国名义上由法国保护，并撤销对阿赫马杜购买军火的禁令。

---

① 柏林会议是一次由俾斯麦主持、西方列强瓜分非洲的国际会议。会议通过了关于非洲的总说定书，就刚果河流域领土瓜分问题、贸易自由和航行自由问题以及"有效占领"原则达成了妥协。它是西方列强争夺非洲进入高潮的标志。

在平定了索宁凯人的叛乱后，1889 年 2 月法国又对阿赫马杜展开进攻，攻打孔迪恩要塞，遭到图库勒尔军民的英勇抵抗。面对法军的猛烈炮火，他们不断用旧式步枪阻击敌人，接着逐屋进行巷战，许多士兵紧握他们的武器而阵亡。阿赫马杜呼吁帝国所有的穆斯林为捍卫信仰拿起武器抗击法军入侵。在阿尔希纳尔的率领下，1500 名法军于 1890 年 2 月占领塞古。接着，进攻班巴拉人守卫的韦塞布古堡垒，守军全部战死。阿赫马杜在塔拉里、尼奥罗等地继续抗击法军，甚至在流亡豪萨期间，他仍对法国人保持"不妥协的独立"态度。此后，法军沿着尼日尔河向东扩张，迫使阿赫马杜从卡尔塔、尼奥罗一直退到马西纳。1893 年马西纳失守，整个图库勒尔王国沦丧。图库勒尔人民抗法坚持 12 年后最终失败。

与此同时，法国殖民者入侵萨摩里·杜尔领导的瓦苏鲁王国。1882 年法国殖民者从巴马科侵入瓦苏鲁王国。1887 年法国与萨摩里订立了《比桑杜古和约》，划定尼日尔河左岸归法国，右岸仍归瓦苏鲁王国。萨摩里深知，此约仅是敌人的缓兵之计，因此积极备战。1887～1888 年，萨摩里派兵围攻锡卡索，不幸失利。1894 年法国人在侵占图库勒尔和达荷美王国之后，调集重兵，从锡卡索、象牙海岸和比桑杜古三面围剿萨摩里军队，瓦苏鲁军民仍然英勇奋战。1895 年，法国将已占领的法属苏丹与塞内加尔、法属几内亚和象牙海岸合并为法属西非联邦。

三 法国对马里的殖民统治

1895 年，法国将它占领的塞内加尔河与尼日尔河中游地区设为法属苏丹，殖民统治中心设在卡伊；1904 年改为法属西非；1920 年又改为法属苏丹，行政中心从卡伊迁到巴马科。法属苏丹（今马里共和国）的最后疆界在 1947 年确定下来。

法国政府任命的殖民地总督掌握全部政权，他依靠大区和地区的行政长官来管辖殖民地。更小的行政单位乡和村则委派非洲人来管理，乡长和村长负责维持社会治安、收税、养护道路、协助招募新兵等工作。

税收是对当地人民剥削的主要形式，沉重的税收导致苏丹农牧民的贫困和走向破产。强制劳动是对苏丹当地人民的又一种剥削形式。每一个成年男子，一年中必须参加一定时间的无偿劳动，如修筑道路、桥梁和公共建筑，或做苦力等。

马里人民对残酷的剥削和压迫极为不满，多次起义反抗。20世纪初，多贡人奋起抗捐、抗税，斗争持续了多年。1915～1917年，法国为转嫁战争的费用，增加了对殖民地的征税，滥征牲畜和粮食，扩大兵役名额，激起了当地的武装反抗。其中最大的一次是1915年夏发生在贝勒杜古区的班巴拉人起义，战争持续了数月之久，沉重打击了殖民军队。同年秋，西部各区的博博人、索宁凯人和马尔卡人也奋起反抗，起义规模声势浩大，他们以简陋的武器英勇抗击殖民军队，不断取得胜利。到1916年初，他们的势力扩大到6个区。7月，殖民者在投入5000人增援部队后，才将这些地区的起义镇压下去。同年北部的游牧民族也爆发了起义。

这些起义通常由苏丹各族上层人物领导，起义镇压下去后，殖民者设法拉拢他们，给他们一些经济和政治利益，并吸收其进入基层政权，担任乡长或村长。

在殖民统治时期，法国殖民当局对马里实行残酷统治。从总督到区长，全由法国殖民官员担任。殖民当局垄断了马里的自然资源，控制了其经济命脉，强迫居民种植单一经济作物，担负沉重的徭役。法国的殖民统治严重地阻碍了法属苏丹的社会发展，除了为数不多的几个小工厂和主要服务于交通运输业的工场作坊，几乎没有什么企业了。20世纪30年代中期，法属苏丹的雇佣工人，包括职员在内总共只有几千人。

第四节　民族独立运动

第二次世界大战期间，法国强征法属苏丹成年男子入伍或为战争服务，促进了马里的民族觉醒和政治示威运动，反殖民统治的民族主义政党应运而生。

第二次世界大战后，马里人民要求民族独立的斗争日益激烈。1946年莫迪博·凯塔和马马杜·科纳特组建"非洲民主联盟苏丹支部"，即苏丹联盟党，该党成立后积极领导马里人民争取民族独立的斗争。1946年10月，法属西非各民族主义力量在巴马科成立了"非洲民主联盟"。"非洲民主联盟"反对殖民主义和帝国主义，要求非洲政治、经济和社会解放，并多次组织大规模罢工运动。1947 年，3000 多名马里铁路员工参加了持续 5 个月的西非大罢工。1952 年、1953 年、1954 年和 1956 年，马里工人曾举行过规模巨大的罢工。

民族解放运动的迅速发展，动摇了法国的殖民统治。法国政府采取各种措施，力图维持在马里的殖民统治。1946 年法国宪法将西非殖民地改称为"海外领地"，规定各领地为"法兰西联邦"成员，当地居民有"法国公民资格"，有"组织政党、工会的权利"。

1954 ~ 1956 年，"法兰西联邦"各殖民地的民族解放运动迅速高涨。法国军队被迫撤离越南，摩洛哥与突尼斯成为主权国家，阿尔及利亚和喀麦隆开展了独立战争，多哥人民坚决要求独立。在法属西非，争取所有进步力量联合成为反殖统一组织的呼声日益高涨。1957 年 1 月在科托努城召开了法属西非工会代表会议，会上成立了黑非洲劳动者总联合会，提出了如下目标：加速所有海外领地的经济和社会发展，以改善劳动人民处境；消灭一切形式的压迫剥削；坚决支持人民反对殖民制度的行动。同年 9 月，在巴马科召开了非洲民主联盟第三次代表大会，出席会议的代表明确提出了"独立"的口号。

经过长期的反对殖民主义争取民族解放的正义斗争，马里于 1956 年获得在法兰西联邦内"半自治共和国"的地位。1958 年 11 月马里成为法兰西联邦内的"自治共和国"，定名为苏丹共和国。莫迪博·凯塔（Modibo Keïta）出任政府总理。这时，法国力图将"法兰西联邦"过渡为"法兰西共同体"，以便将它的非洲属地连成一片。1958 年 12 月，法国试图在巴马科会议上将塞内加尔、苏丹共和国、上沃尔特（今布基纳法索）和达荷美（今贝宁）等国组成一个联邦。1959 年 4 月，苏丹共和国和塞内加尔组成马里联邦。两国执政党合并为非洲联盟党。4 月选举莱奥波德·桑戈尔为联邦总统，莫迪博·凯塔为总理。两国保持各自的宪法，保留一个地方政府，一个地方议院，增加一部联邦宪法。1960 年 6 月，马里联邦通过与法国谈判，获得独立，但留在"法兰西共同体"内。1960 年 8 月联邦解体。同年 9 月 22 日，苏丹联盟党召开特别会议决定宣布独立，退出"法兰西共同体"，改国名为马里共和国，凯塔出任共和国首任总统。同时，国民议会通过马里共和国的首部宪法。

第五节　共和国时期

一　马里第一共和国时期

1960 年 9 月 22 日马里共和国宣布独立，9 月 28 日加入联合国。

凯塔总统是主张走"社会主义"道路的非洲第一代领导人。凯塔领导的苏丹联盟党在议会中占绝对优势。该党的目标是使马里从殖民主义阶段不经过资本主义阶段直接过渡到社会主义阶段。马里独立后制定了第一部共和国宪法，宣布马里是一个"属于人民的社会共和国"。独立之初，凯塔政府为了实行社会主义的政治路线，在国内推行较为激烈的社会变革和国家发展计划，以克服所遭遇的困难。在农村，利用原有的村社组织，大力发展非洲式的社会主义。1961 年，开始实行社会经济发展的第一个五年计划。到 1964 年，超过 50% 的村庄组织了生产合作社，并建立了国有企业，其中最大的是"尼日尔河开发管理局"。

凯塔努力推进非洲国家的联合与统一，是非洲泛非主义的代表人物之一。在他的领导下，马里曾在 1960 年与加纳、几内亚组成联邦。1961 年 7 月 31 日，马里加入卡萨布兰卡集团（主要有摩洛哥、加纳、几内亚、阿尔及利亚）。卡萨布兰卡集团主张积极推进非洲的统一运动。

独立之初，为了加强对货币金融制度的控制，阻止资本外流，1962 年 6 月，马里退出法郎区，发行自己的货币。然而这一举措也给传统经济和商业交往造成了不利影响，第一个经济社会发展五年计划（1961 ~ 1965）的许多指标未能完成。凯塔执政后期，马里经济和财政困难，粮食供应不足，民众非常不满。1967 年 2 月，马里政府与法国妥协，通过了重返法郎区的决议，实行货币贬值，但仍无法解决经济上的困难。与此同时，政府对法国的让步，引起苏丹联盟党左派的强烈不满。1968 年 11 月，凯塔政府被穆萨·特拉奥雷领导的军事政变推翻。

二 马里军政权时期

1968 年 11 月 19 日，马里卡蒂综合军事学校副校长穆萨·特拉奥雷
（Moussa Traoré）中尉率领一批青年军官发动政变，推翻莫迪博·凯塔政权，
宣布取消 1960 年宪法，解散国民议会、苏丹联盟党及其所属的群众组织，
成立"全国解放军事委员会"（Military Committee for National Liberation of
Mali）。特拉奥雷任军事委员会主席，履行国家元首职责，并提出复兴经济、
实现全国和解和恢复制宪三大任务。同年 11 月 22 日组成首届临时政府。
1971 年 8 月 30 日，临时政府确定穆萨·特拉奥雷为政府总理，巴巴·迪亚
松任财政和贸易部部长，西索科任外交和合作部部长，基西马任国防、内
政和安全部部长。1974 年 6 月，马里举行全国公民投票通过一党制宪法。
分批释放前政权政要，改组或重建群众组织，筹建马里人民民主联盟。

1976 年 9 月，特拉奥雷宣布筹建马里人民民主联盟，并向人民群众
公布了党章和党的内部条例草案。1979 年 3 月马里人民民主联盟成立大
会在巴马科正式召开，大会通过了党章和党的内部条例与纲领。穆萨·特
拉奥雷当选为党的总书记。

该党对内主张优先发展农业，以村社为基础把农民组织起来，强调发
展农用工业、中小企业和基础工业。对外奉行不结盟和睦邻政策，表示坚
持反帝国主义、反殖民主义，支持民族解放运动，强调区域性经济合作和
非洲团结，主张在平等、互利和不干涉内政的基础上同所有国家发展友好
合作。

1979 年 6 月下旬举行总统选举和立法选举，第二共和国诞生，特拉
奥雷当选为总统，组成议会和政府，恢复了正常的国家政治生活。

三 马里第二共和国时期

1979 年 6 月，穆萨·特拉奥雷当选为马里第二共和国总统，"全国解
放军事委员会"自行解散。1983 年 6 月全国大选，特拉奥雷蝉联总统。
特拉奥雷总统执政前期，努力采取措施发展经济，自 1981 年起以整顿国
有企业为中心实施经济改革，1988 年接受世界银行和国际货币基金组织

提出的结构调整建议。在外交上，继续奉行不结盟和睦邻友好政策。

特拉奥雷执政后期，马里经济日趋困难，人民生活水平长期得不到提高，民众的不满情绪增加。90年代初，随着民主浪潮在非洲大陆蔓延，马里社会要求民主、改行多党制的呼声不断高涨。1990年5月，马里全国劳动者联盟率先提出取消一党制、建立多党民主制等政治要求，各民主政治组织先后成立，多次组织罢工、罢课、游行、集会等活动，向特拉奥雷政权施加压力。特拉奥雷态度强硬，拒绝多党民主，并命令部队向支持反对党的示威群众开枪，造成100多人死亡。1991年3月，特拉奥雷政权被杜尔领导的军事政变推翻。

四　图阿雷格人问题

图阿雷格人属于非洲大陆北部最早的居民之一，是古老的柏柏尔人的一支。图阿雷格人在长期的迁徙中，保持了游牧民族自身的一些文化特征，如裹头巾、佩剑、养骆驼。他们除了有自己的语言，还有自己古老的文字——提菲纳格文字（Tifinagh）。今天，图阿雷格人主要分布于马里、尼日尔、阿尔及利亚和利比亚等国境内。

马里和尼日尔的图阿雷格人又称"阿扎瓦德人"（Azawad）。"阿扎瓦德"通常是指图阿雷格人生活的游牧区域，包括马里东北部、尼日尔北部和阿尔及利亚南部地区。"阿扎瓦德人"表示他们是这一地区的主人。

马里的图阿雷格人历史上最大的成就是在12世纪初建立了通布图，使其从一个撒哈拉商路上的货栈发展成为非洲古代历史上的伊斯兰文化名城。

在近代，图阿雷格人曾经英勇地反抗法国的殖民统治。法国人于1830年建立了阿尔及利亚殖民地，1904年建立以巴马科为首府的上塞内加尔和尼日尔殖民地，1920年该殖民地改名为法属苏丹。法国修建跨撒哈拉的铁路，以连接阿尔及利亚和法属西非，这自然会破坏图阿雷格人沙漠驼队早已开辟的商路和他们自由迁徙的领地。所以，1881年，图阿雷格人袭击了前来进行考察的弗莱特使团（Flatters Mission），从而使法国的殖民开发计划破产。在1895～1917年法国征服撒哈拉期间，图阿雷格人又进行了激烈的抵抗，最后被武器装备先进的法军镇压下去。

自马里独立以来，图阿雷格人所处的北方地区因长期被边缘化而得不到应有的发展机会。马里共和国的历任总统均来自南方。第一任总统莫迪博·凯塔是巴马科人，第二任总统穆萨·特拉奥雷和第三任总统科纳雷均为卡伊人，第四任总统杜尔来自莫普提。图阿雷格人在马里独立后，进行了数次反叛活动。

1960 年马里独立后，凯塔政府出台了一系列法律法规来限制图阿雷格人，试图使他们定居，导致了 1962~1963 年图阿雷格人发动第一次叛乱。这次叛乱的主力是未经过军事训练的图阿雷格青年，由阿拉迪领导。叛乱被马里政府镇压，幸存者逃往阿尔及利亚和毛里塔尼亚等邻国避难。

1969 年卡扎菲推翻利比亚君主政权上台后，表示欢迎图阿雷格人，且承诺帮助他们解放阿扎瓦德，并向他们提供枪支弹药。因此，流亡利比亚的马里和尼日尔图阿雷格人成立了"解放阿德拉尔和阿扎瓦德民族运动"（MNLAA），旨在"解放"马里和尼日尔北部地区。1988 年，伊亚德·阿戈·伽利领导成立了"解放阿扎瓦德人民运动"。

1990 年 6 月 28 日爆发了第二次图阿雷格人叛乱。伊亚德领导的"解放阿扎瓦德人民运动"袭击了梅纳卡与尼日尔接壤的哨所，冲突一直延续到 1996 年。最终在通布图举行了销毁武器仪式，标志着双方暂时达成和解。

在第二次图阿雷格人叛乱期间，马里政府与图阿雷格人反政府武装在阿尔及利亚先后签署了《塔曼拉塞特和平协定》和《全国协议》。由于马里政府未能切实落实这些协议，2006 年 5 月 23 日，图阿雷格人组成民主变革联盟，伊亚德任秘书长，以阿德拉尔·伊佛哈斯山区为基地，发动了第三次图阿雷格人的叛乱。同年 7 月 4 日，经阿尔及利亚政府的调解，双方签署了《阿尔及尔协定》，马里政府允诺图阿雷格人在北方高度自治，同意民主变革联盟的成员加入政府军并管理北方阿扎瓦德地区。尽管签订了和平协定，但第三次图阿雷格人的反叛一直延续到 2009 年。[1]

---

① 潘华琼：《试论图阿雷格人与马里危机》，《西亚非洲》2013 年第 4 期。

近年来，马里北部紧张的局势与以美国为首的西方国家发动的利比亚战争密不可分。2011 年的利比亚战争，导致卡扎菲雇用的很多图阿雷格人回国，他们从利比亚带回武器，重启了与马里政府军的冲突。

第六节　著名历史人物

一　凯塔·松迪亚塔

凯塔·松迪亚塔（Keita Sundiata，1210～1255）是 13 世纪马里帝国的创建者，是曼丁哥族属下的凯塔部落人。他的父亲为基里（或称曼德）国国王，兄弟共 12 人。为躲避兄弟仇杀，1220 年松迪亚塔随母亲流落异地，后在麦马国受到重用。1230 年卡尼阿加国国王苏曼古鲁（Soumangourou Kante）征服基里国，当时在位的兄长逃入森林。他在麦马国王的帮助下返回基里，将凯塔部落组织的"长老团体"改组成军队的核心。他以马里·凯塔为名，依靠一些游猎部落的帮助，联合马林凯人几乎所有部落，并被各部落酋长公推为战时军事领袖。1230～1234 年，松迪亚塔军队同苏曼古鲁军队展开激战，经过几次胜利之后，终于把苏苏人赶回他们本地，即尼日尔河上游地区，从而收复了马林凯人的中心地区。1235 年，在今天库利科罗附近的基里纳（Kirina）打败苏苏人，杀死苏曼古鲁。基里纳战役后，马林凯酋长在康加巴举行大会，松迪亚塔被拥戴为国王。即位后，在几位将领的协助下，几经征战，于 1240 年摧毁古加纳的国都，占领了以前加纳王国统治的地域，使马里成为继加纳之后的西非大国。

松迪亚塔是一位有远见卓识的开国之君，他制定法律，确立帝国体制；强化军队，健全行政机构，设置总督统治各地；放弃已被沙漠侵蚀的加纳古都昆比 - 萨累，迁都尼阿涅，使之成为这一地区的商业和政治中心；优待穆斯林商人，崇尚伊斯兰教，赢得了商人的拥护和支持；大力发展农牧业，扩大耕地，引进棉花种植和棉纺技术。在他的统治下，马里帝国经济蒸蒸日上，国力强盛，社会安定，开创了比加纳更加繁荣昌盛的局面。1255 年在一次典礼仪式上松迪亚塔中箭身亡，其子乌利继位。后来诗人根据民间传诵将他的事迹整理成长篇史诗《松迪亚塔》，以示歌颂和怀念。

二　曼萨·穆萨一世

曼萨·穆萨一世（Mansa Musa I，? ~ 1337）1312 ~ 1337 年在位，帝国创建者松迪亚塔的侄子。原名坎戈·穆萨（Kango Musa），1312 年继位，称曼萨·穆萨一世，是帝国的第九位皇帝。其在位期间，大力加强中央政府的权威，促进国内外贸易的发展，积极传播伊斯兰教。在其领导下，马里帝国达到鼎盛，版图南起热带雨林，北至撒哈拉沙漠，西抵大西洋，东达豪萨人居住地区。它不仅控制了西非的重要产金地万加腊、沙漠边缘的重要产盐地塔哈扎以及那里的农业区和手工业区，而且控制了穿越撒哈拉沙漠的贸易通道，成为当时西非最强大的国家。1325 年，曼萨·穆萨一世赴麦加朝圣，其奢侈豪华令世人震惊，也使马里帝国名扬海外。

三　穆罕默德·杜尔

穆罕默德·杜尔（Mohammed Toure，? ~ 1538）是桑海帝国最著名的君主之一，阿斯基亚王朝的创立者。起初为桑海帝国的创立者索尼·阿里的一名部将。1492 年索尼·阿里去世后，从其子手中夺取王位，创立阿斯基亚王朝，称穆罕默德一世。1496 年，阿斯基亚大帝到圣城麦加朝觐后成为西非穆斯林公认的领袖。阿斯基亚大帝打着"圣战"的旗号，接连不断地向周围国家和地区发动征战，继续开拓疆土。其版图西到大西洋，东与博尔努帝国接壤，北至撒哈拉沙漠腹地，南与莫西王国为邻。其版图包括今天马里、尼日尔和塞内加尔的大部分。桑海帝国成为西非历史上最强大的国家。他将伊斯兰教作为治国的思想基础，宣扬伊斯兰教义。老年双目失明后，他的儿子们开始争夺王位，1528 年长子穆萨发动政变，阿斯基亚大帝被废黜，于 1538 年去世。

第三章

政　治

第一节　政治演变

马里独立之后，政局相对稳定，虽有军事政变，但不频繁。图阿雷格人分离主义武装分子先后发动了"北方叛乱"和"阿扎瓦德独立国"分裂运动，虽然北方极端分子仍然活跃，但马里内乱暂时得以和平解决。独立以来马里的政治演变可以分为 7 个时期：莫迪博·凯塔时期、特拉奥雷时期、民主过渡时期、科纳雷时期、杜尔时期、萨诺戈政变时期和易卜拉欣·凯塔时期。

第一代领导人莫迪博·凯塔力图在马里推行非洲社会主义，后被穆萨·特拉奥雷发动的军事政变推翻。20 世纪 90 年代初，马里开始了民主化进程，相继建立了民选的科纳雷和杜尔政府。杜尔政府维持了马里政局的十年稳定，在其执政末期，受图阿雷格人分离主义武装分子叛乱的影响被萨诺戈发动政变推翻，在经历了短暂的政变时期后，易卜拉欣·布巴卡尔·凯塔通过竞选上台，成为马里的新任总统。

一　莫迪博·凯塔时期（1960 年 9 月～1968 年 11 月）

第二次世界大战以后，马里人民争取民族解放和国家独立的斗争蓬勃发展。1946 年 10 月，法属西非以莫迪博·凯塔（Modibo Keïta）和马马杜·科纳特（Mamadou Conat）等人为代表的民族主义力量，在巴马科成立了苏丹联盟党。该党反对殖民主义和帝国主义，要求实现马里政治、经济和社会解放，并多次组织大规模罢工运动。1960 年 9 月 22 日，马里共和国宣告成立。凯塔出任共和国首任总统。

凯塔，1915 年生于巴马科，曾在达喀尔求学，毕业后当过教师。在他的政治生涯早期，凯塔与法国共产党联系密切，他相信马克思主义能够解决非洲问题，认为马里无须经过资本主义阶段就可以直接进入社会主义阶段。

马里独立后，在政治上确立了苏丹联盟党的领导，第一届国民议会中的 78 名代表全部是苏丹联盟党的成员，任期 5 年。凯塔当政时，国民议会选举过两次，基本保持该党领导的政治格局。在经济政策方面，凯塔仿效苏联和东欧建立国营经济体制，在马里推行社会主义。1961 年马里宣布实施第一个五年计划。1962 年退出西非货币联盟，使用马里法郎。

1964 年，凯塔在马里推行的社会主义政策受到挫折，外汇储备不足、市场垄断等导致食品和其他消费品供应短缺，黑市和走私活动随之兴起。此后，严重的经济和金融困难接踵而来，在这种形势下，凯塔政府不得不同法国就货币问题进行协商。1967 年 2 月 15 日，马里与法国签订新的货币协议，由法国国库提供保证，马里法郎可以同法国法郎及法郎区其他法郎自由兑换，但马里法郎需贬值 50%，而且马里的外汇收支纳入法国国库开设的专门账户。马里法郎同法国法郎及非洲法郎的比值固定，即 1 马里法郎等于 0.01 法国法郎；2 马里法郎等于 1 非洲法郎。

然而，执政的苏丹联盟党激进派认为达成这样的协议是违背党的基本原则的。凯塔为了向公众表明他对社会主义原则的忠诚，采取了一系列措施，如发表广播演讲、精心安排群众集会、改组党的政治局。他还成立了由 3000 名青年人组成的民兵来揭露腐败现象，清除党内不正之风。但是，民兵形象不佳，他们动辄设置路障，随意搜查群众，甚至毫无理由地拘留和虐待民众。因此，民兵很快成为民众憎恨的对象，并进一步引发民众对凯塔政府的不满。1968 年 11 月，军队利用民众的不满情绪，乘机发动政变，推翻了凯塔政府。

二　特拉奥雷时期（1968 年 11 月～1991 年 3 月）

凯蒂军事学校的副校长穆萨·特拉奥雷（Moussa Traoré）领导了马里 1968 年 11 月 19 日的政变。当天早上，政变以不流血的方式发生。当时，凯塔总统正在莫普提参加一个地区性的经济会议，得知军队在巴马科发动政变的消息后，准备通过呼吁公众来挽回局面。但是，他在回巴马科的途中被捕了。中午时分，特拉奥雷宣布凯塔统治结束。接着，苏丹联盟党被解散，政变 3 天后，临时政府宣告成立，特拉奥雷担任临时政府的主要领导人。12 月 6 日，1960 年宪法被废止，由一项基本法代替，直到 1974 年，新的宪法被制定出来。

自 1968 年 11 月至 1979 年 6 月，马里一直在"全国解放军事委员会"的统治之下。该委员会由 14 名成员组成，特拉奥雷是这个委员会的主席。特拉奥雷执政初期提出复兴经济、实现全国和解以及恢复宪法三大任务。军政府尽管保留凯塔政府的国有经济，但是也实施了一些新的国内政策，包括给予更大的个人自由、鼓励私人投资、解散集体化的农业生产、取消强制性的政治会议等。这些措施使得"全国解放军事委员会"赢得了公众的支持。

然而，国内反对派的活动仍然存在。1969 年 4 月埃科高等师范的学生开始罢课，公开支持凯塔。8 月，凯塔的支持者多次发动反对特拉奥雷的政变，但均未遂。政变的主要领导人迪亚拉（Diby Silas Diarra）被监禁，1970 年死于狱中。

"全国解放军事委员会"于 1974 年 6 月 2 日颁布了新宪法，99% 的选民投了赞成票。新宪法的许多条款与 1960 年宪法条款相似。新宪法规定一党制，实行普选制，国家元首 5 年一任（后来改为 6 年），保留国会，其成员 4 年一选（1981 年改为 3 年）。

随后，特拉奥雷采取措施，恢复政党政治。1975 年 9 月 22 日，特拉奥雷在一次演说中宣布他的建党计划。1976 年 1 月他在新年献词中宣称新政党将动员民众建设独立的经济。党的章程由希索科（Filifing Sissoko）起草，他是"全国解放军事委员会"的常任秘书长。同年 9 月，新政党的党章公布于众，并于 1977 年初在全国宣传。1977 年 5 月 16 日，前总统凯塔暴卒，反对派怀疑凯塔是被人谋杀的，而特拉奥雷宣称前总统死于肺部感染。5 月 18 日凯塔的葬礼演化为反对"全国解放军事委员会"的示威游行，参加者有教师、学生和前政府的拥护者。特拉奥雷政府逮捕了数百名示威群众，大多数人在数月后被释放。

1979 年 3 月，特拉奥雷领导的马里人民民主联盟正式宣告成立，同年 6 月举行总统和立法选举，恢复宪法，成立第二共和国，特拉奥雷当选总统，"全国解放军事委员会"自行解散，组成议会和政府，恢复了正常的国家政治生活。1985 年 6 月 9 日，全国大选，特拉奥雷蝉联总统。

特拉奥雷执政期间，马里经常爆发学生和教师的抗议活动。1979 年，特拉奥雷政府试图让高校毕业生参加城市和农村的建设，希望绝大部分的大学生在那里找到工作，而不是由政府负责安置。后来，政府又将两年兵役作为大学生在政府部门工作的条件。另外，政府削减大学生的奖学金，同时在择业前必须经过严格的考试。这些措施损害了大学生的利益，1979 年 9 月 1 日他们举行罢课，数百名学生被逮捕和流放。同年 12 月，大学生与政府的冲突升级，15 名学生在冲突中丧生。为了平息冲突，政府被迫妥协，同意恢复奖学金，停止严格的考试。教师因为薪水低，政府又不能按时发放工资，所以也发动了一场抗议运动。1980 年 10 月，教师举行了为期 10 天的罢课，最终被政府平息。① 特拉奥雷意识到这些事件的严重性并将此归因于马里人民民主联盟的领导不力，撤换了马里人民民主联盟中央执行局（由 19 人组成）中的 8 名成员。因为 4 个月未领到工资，1988 年 3 月，巴马科教师举行了为期 3 天的罢课，涉及 40 万名学生和1.5 万名教师，使所有的公立学校陷于瘫痪。

20 世纪 80 年代初，特拉奥雷开始了经济改革。为了摆脱经济上的困境，1981 年 2 月，马里人民民主联盟举行特别会议，会议号召经济自由化。1983 年，特拉奥雷在一次党的会议上鼓励马里人到私营企业里谋求职位，

---

① Pascal James Imperato, *Mali: A Search for Direction*, Boulder and San Francisco: Westview Press, 1989, p. 73.

呼吁控制政府职员的规模，以缓解财政困难。当时，马里几乎完全依赖法国等国家的经济援助以维持国内开支和经济的运转。20 世纪 80 年代，马里每年得到的援助比国内税收还要高。向世界银行、联合国机构、欧洲经济委员会贷款 2 亿美元，法国免除马里 1978 年前 1000 万美元的债务。

1988 年 3 月，马里人民民主联盟在巴马科举行了第三次代表大会，特拉奥雷再次当选为党的主席。在这次会议上，特拉奥雷强调经济建设是政府的中心任务，国际市场上棉花价格的下跌对马里很不利。总理马马杜重申，政府的国内政策是扩大私营企业，削减国有企业的规模和数量，政府希望将现有的国有企业由 40 个降至 15 个，最后仅保留 6 个。在这次党的会议上，马马杜总理承认，自独立以来，受过教育的青年学生的就业问题一直困扰着政府，必须从发展私营经济中去寻找出路。接着，马里与世界银行和国际货币基金组织合作，开始进行经济结构调整。

特拉奥雷执政后期，由于天灾人祸，马里经济日趋困难，人民生活水平长期得不到提高，民众的不满情绪增加。20 世纪 90 年代初，随着民主浪潮在非洲大陆发展，马里社会要求民主、要求改革的呼声不断高涨。1990 年 5 月，马里全国劳动者联盟率先提出建立多党民主制的要求，各民主政治组织先后成立，多次组织罢工、罢课、游行、集会等活动，向特拉奥雷政权施加压力。特拉奥雷等人态度强硬，拒绝多党民主制，甚至动用武力镇压，造成近千人死伤的惨剧。1991 年 3 月，特拉奥雷政权被推翻。

三　民主过渡时期（1991 年 3 月～1992 年 6 月）

1991 年 3 月 26 日，在民主运动的推动下，以阿马杜·图马尼·杜尔中校为首的部分中、下级军官发动政变，推翻执政 23 年的特拉奥雷政权，成立以杜尔中校为首的"全国和解委员会"，宣布实行紧急状态，终止宪法，解散国民议会、特拉奥雷政府和执政党马里人民民主联盟。31 日解散"全国和解委员会"，成立由军人、劳工联盟及各民主政治组织代表组成的"马里过渡时期救民委员会"，杜尔任主席，执掌过渡时期国家最高权力。杜尔承诺"还政于民"。4 月 1 日颁布过渡时期"基本法"，7～8 月召开全国会议，通过政党法草案、选举法草案和宪法草案。过渡政府先后宣布实行多党政治、开放言论、出版自由等主张，召开全国会议，制定宪法，有秩序地组织市政、立法和总统选举，建立新的政权机关。同时，依法打击走私和刑事犯罪活动，努力建设法治国家，恢复国家权威；积极谋求和平解决北部地区图阿雷格人的武装叛乱问题，同该族组织签订《全国协议》，维护国家统一和领土完整；推动军民和解，改善军人生活条件，平息军队不满情绪；继续推行经济结构调整计划，开源节流，恢复生产，保证市场供应，稳定物价，改善人民生活；积极开展外交，重点在西方国家，争取更多的外援。

1992 年 1 月举行全国公民投票，通过新宪法。同年 3 月举行立法选举，产生新议会。4 月举行总统选举，非洲团结正义党主席阿尔法·奥马尔·科纳雷当选总统，成为马里第一位自由选举产生的总统。6 月 5 日过渡政府宣布解散。

四 科纳雷时期（1992 年 6 月～2002 年 4 月）

1992 年 6 月 8 日，阿尔法·奥马尔·科纳雷（Alpha Oumar Konare）宣誓就任总统，第三共和国成立，并任命尤努西·杜尔（Younoussi Touré）为总理，组成首届多党联合政府。

科纳雷总统执政后，在政治上致力于国家统一和巩固政权，十分重视维护稳定的政治局面。在第一届任期内，他曾三次改组政府，建立了强有力的领导班子，同时加强与反对党在国家重大问题上的协商，发挥其在宪法内所具有的建设性作用。1993 年 4 月，首都巴马科爆发学生骚乱，导致政府人员集体辞职，由阿卜杜拉耶·塞古·索任总理，重组多党联合政府，全国民主创议大会党等主要反对党进入内阁。1994 年 2 月，非洲法郎贬值引起各界不满，发生罢工、罢课、罢市等，索总理辞职，各参政党相继退出政府。科纳雷任命易卜拉欣·布巴卡尔·凯塔（Ibrahim Boubacar Keïta）为总理，组成以非洲团结正义党和无党派人士为主的政府。1996 年 7 月 22 日，马里政府进行了部分改组，3 名反对党进入内阁。改组后，马里内阁成员由原来的 20 人增加到 23 人。3 名新任内阁成员包括马里全国复兴党主席迪亚基特和该党成员德拉默，分别被任命为非洲一体化国务部部长、干旱和半干旱地区国务部部长。另一反对党成员迪亚拉被任命为促进青年委员会委员。

科纳雷政府采取措施缓和国内矛盾。自 1992 年 4 月科纳雷在马里首次多党选举中当选总统以来，马里政局基本稳定。然而，马里北方图阿雷格人的反叛和大中学生旷日持久的罢课、抗议活动成为困扰政府的两大难题。以科纳雷总统为首的马里政府本着和解团结的精神，经过不懈的努力，终于在 1996 年初基本解决了影响马里政局稳定的难题。

（一）平息"北方叛乱"

图阿雷格人是非洲撒哈拉大沙漠中的一个游牧部族，起源于北非的柏柏尔人，主要分布在马里、尼日尔、布基纳法索、阿尔及利亚等国。马里的图阿雷格人主要集中在北方的基达尔、通布图和加奥三个地区。在马里全国 23 个部族中，图阿雷格人口较少，仅占全国人口的 5%。

图阿雷格问题出现在马里独立之初。法国殖民者撤走后，殖民政府和军队留下的首府、管辖区和哨所由马里政府接管，政府向北方派驻军队，重新任命地方长官。有些哨所的新头领因身处偏僻地区，远离政府和上级的控制，经常对他们统治下的图阿雷格人滥用权力，进行欺压，于是激起图阿雷格人的强烈不满。先是基达尔地区的图阿雷格人在一些居民点袭击哨所，抢夺武器和牲畜进行报复。接着其他地区的图阿雷格人也相继拿起武器，反对那些来自南方的肆无忌惮的国家代表。1962 年 7 月 1 日，马里退出西非货币联盟，发行本国货币马里法郎。当时商界十分担心政府会采取严厉措施进行外汇管制，并担心货币贬值，于是 1962 年 7 月 20 日在首都巴马科进行示威游行。正值首都发生骚乱之际，北方的图阿雷格人发动了反对中央政府的分裂活动，这样 1962～1963 年马里发生了第一次内战。当时执政的莫迪博·凯塔政府动用军队平定了北方的叛乱。

从 1969 年开始，整个萨赫勒地区发生严重旱灾，特别是 1972 年和 1973 年，降雨量急剧减少，饲草匮乏，图阿雷格人居住的加奥、通布图等地区受灾最重。北方地区超过 50% 的牲畜因缺水和饲草而死亡。到 1974 年 7 月，仅加奥周围的 30 多个营地里就有 10 万多名难民。在通布图，估计有 10 万人被旱灾夺去生命。另外，这次旱灾还迫使成千上万名图阿雷格人背井离乡，四处逃荒，有的流向马里南方，有的逃往邻国。

70 年代的旱灾给图阿雷格人造成毁灭性的灾难。此外，由于划定了边界，他们异地放牧的范围缩小了，沙漠商队的贸易也已衰落。面对图阿雷格族社会的种种危机，他们越来越感到他们变成了被政府遗弃而生活在社会边缘的人。在非洲多党民主化的浪潮涌来之时，北方图阿雷格人反政府活动再次爆发。

1990 年 3 月，1.8 万名尼日尔的图阿雷格人从利比亚回国，但尼日尔政府无力解决大量的后勤供应问题，他们仍像 70 年代那样住在营地里，处境极为艰难。一些图阿雷格青年人为了吸引人们对他们悲惨生活的注意，占领了钦塔巴腊登警察局。尼日尔政府当即出动军队镇压，许多人逃到马里。但是在马里他们的处境也改变不了多少，其中一些人被捕关押在梅纳卡宪兵队。1990 年 6 月 28 日，马里的图阿雷格人袭击了梅纳卡宪兵队，打死地方官员，解救出在押的图阿雷格人。这一事件标志着 90 年代图阿雷格人反政府活动的重新开始。定居的干达科亚族黑人为了自身的利益自行组织民兵武装，对图阿雷格人进行反击和报复。1991 年 1 月在邻国阿尔及利亚的调解下，马里政府虽然同图阿雷格人签署了和平协议，但战火并未因此熄灭。

1990～1994 年，马里北方不断发生武装冲突，加奥、通布图和许多城市的住宅和商店屡遭抢劫，原来仅限于东北部地区的反叛活动已蔓延到整个北方。政府军和图阿雷格人武装发生的大规模冲突造成数千人伤亡和近 20 万图阿雷格人（约占北部人口的 1/5）背井离乡，逃往周边的毛里塔尼亚、阿尔及利亚和布基纳法索等国，沦为国际难民。无论是图阿雷格人还是其他部族的人都饱受战祸之苦，他们企盼和平与安定。

1992 年科纳雷执政后，在政治上致力于国家统一和政权巩固，十分重视维护稳定的政治局面。政府在总的政策声明中表示：协商处理国家重大事务，在对话、协商、透明和公正的基础上管理国家以达到社会和谐。新政府积极努力寻求和平解决图阿雷格人问题的办法，多次同图阿雷格人代表谈判。在阿尔及利亚等国的调解下，1992 年 4 月 11 日，双方达成和平协议，签署了《全国协议》。政府同意图阿雷格战士编入政府军等军事部门，并给予北方地区某种特殊地位，在通布图、加奥、基达尔三个地区建立地区、市镇、区和管辖区四级地方行政单位，每个地方行政单位设立议会，其主要任务是确定并实施各个地区所希望的经济、社会和文化发展规划，参与维护地区和国家的安全。虽然落实《全国协议》困难重重，而且因反叛活动不断曾中止实施，但政府始终坚持采取和平的解决办法。1994 年 5 ~ 6 月，政府与图阿雷格代表在阿尔及利亚和塔曼腊塞特又先后举行两次和谈。7 月底，总理凯塔亲赴北方为平息冲突做工作。

　　另外，政府还采取措施大力发展民族经济，制定了 1994 ~ 1996 年三年经济增长目标，努力控制通货膨胀，优先发展农业，实现粮食自给，等等，从而为解决北方问题提供较好的经济环境。与此同时，政府还十分关注北方的发展问题。为此，1994 年 9 月，马里在日内瓦举行圆桌会议，制订北方特别计划。1995 年 7 月，政府就北方的发展问题在通布图举行会谈。政府希望通过谈判能寻求到较多的国际援助，为北方的经济恢复与发展提供必要的物质条件。

　　从 1994 年起，科纳雷总统发起和平攻势，强调民族和解与国家统一，推动交战派别同政府在阿尔及利亚和日内瓦举行会晤，促成图阿雷格人和其他部族民兵武装于 1994 年 11 月在北部的布雷姆签署和平协议。此后，这一地区局势出现了转机，政治和经济生活逐步恢复正常，流亡在外的难民陆续返乡。在政府的推动下，各部族通过多次会晤，达成了共识，解散了武装组织。

　　马里政府在签署《通布图和平协议》后，着手安排约 1.2 万名前叛乱分子重新恢复平民生活。至 1996 年初，2755 名图阿雷格人放下武器，被整编加入政府军。非整编战士复员后，政府向每人发放 30 万非洲法郎（约 500 美元）遣散费，有时还能领到一笔小额贷款，这样便可做点小本买卖，使他们获得谋生手段。同时，五年武装冲突中逃到邻国的近 20 万图阿雷格难民陆续重返家园，恢复生产。为了消除贫困，实现北方的长期和平，政府加大对北方的投资，努力使对北方的投资与全国其他地区处于同等水平。为此，政府在北方建了学校和医院，挖了井和水塘，开垦了稻田。

　　1996 年 3 月 27 日晚，马里总统科纳雷在西非国家经济共同体执行主席、加纳总统罗林斯的陪同下，在马里北部通布图市出席了焚烧缴获的图阿雷格人叛乱武装近 3000 件武器的隆重仪式。这标志着马里政府军与图阿雷格人多年武装冲突的结束和北方恢复和平与重建家园的开始。这是科纳雷总统在任期间奉行民族和解政策的结果。科纳雷总统在国际社会的支持下，通过和平谈判成功地解决了"北方叛乱"问题，结束了北方脱离国家主流社会的进程。通布图因此被联合国教科文组织授予"和平之城"奖。

（二）解决学潮问题

为了解决学潮问题，马里政府多次与马里大中学生联合会及和解委员会进行谈判，于 1996 年 2 月 23 日达成一项三方协议，即政府同意撤销 1994 年做出的取消学生假期助学金的决定，答应拨款 40 亿非洲法郎（约合 800 万美元）补发假期助学金；学生联合会方面同意保留政府自动开除考试不及格中学生的决定，同意结束持续了长达 2 个月（1995 年 12 月至 1996 年 1 月）的全国大中学生无限期大罢课运动。一场旷日持久的学校危机最终得以解决。

马里政府积极奉行独立、和平、睦邻友好和不结盟的外交政策，反对强权政治，主张通过和平方式解决国际争端和地区冲突，愿在平等、互利和不干涉内政的基础上同所有国家发展合作友好关系。科纳雷总统频繁出席国际会议，展示马里的民主形象，他的外交努力挫败了西方国家借人权及保护少数民族利益对马里进行制裁的图谋。

科纳雷总统在政治和外交上采取的这些举措，为发展国民经济创造了良好的环境。从 20 世纪 90 年代中叶起，马里经济趋向好转。为此，马里政府采取了发展经济的有效措施：一是在制定 1994～1996 年三年经济增长目标的同时，严格控制通货膨胀；二是优先发展农业，实现粮食自给；三是整顿公共企业，注重经济效益扶持有潜力的企业。

1997 年 5 月，科纳雷在第二次全国大选中再次获胜，蝉联总统，任期 5 年。大选期间，反对党以选举组织工作不善为由抵制选举，并制造暴力事件。政府被迫逮捕制造动乱的反对党领导人，从而造成严重的政治危机。对此，政府坚持对话协商和武装镇压并举的策略，取得一定成效。

1999 年 1 月，全国政治论坛在政府的倡议下召开，各党派、社会各界共
商修改宪法、选举法、政党法等，紧张局面进一步得到缓解。至 6 月，市
镇选举顺利完成，非洲团结正义党以绝对多数获胜，历时 2 年的选举进程
终告结束。2000 年 2 月，因无力使经济摆脱困境，凯塔总理被迫辞职，
科纳雷总统重组政府，任命经济金融专家芒代·西迪贝（Mande Sidibe）
为总理。2001 年和 2002 年上半年，各政党围绕总统大选展开了激烈较
量。为参加大选，芒代·西迪贝总理于 2002 年 3 月辞职，科纳雷总统随
后任命总统府秘书长莫迪博·凯塔为新总理。

在科纳雷的两届总统任期内，马里政府对内按照世界银行的要求，实
行"经济结构调整计划"，努力实行经济自由化和贸易自由化政策；对外
奉行独立、和平、睦邻友好和不结盟的外交政策，争取外部经济援助和减
免债务，努力让马里在世界上保持一个开放、积极的形象。但由于马里经
济所依赖的棉花和黄金在国际市场上价格暴跌，马里出现对外债务增加、
财政赤字严重、失业率高等一些严重问题。尽管近年来全国粮食产量有所
增加，但广大农民的生活和社会保障没有明显改善，特别是政府及一些国
有企业出现严重的腐败问题，引起反对党的严厉批评，对非洲团结正义党
的继续执政形成强大的压力。

五 杜尔时期（2002 年 5 月~2012 年 3 月）

2002 年 4 月 28 日，马里进行了新一轮的总统换届选举，有 9 位总统
候选人参加角逐，其中 3 人具有较强的竞选能力：执政党候选人苏迈拉·
西塞（Soumaïla Cissé），前总理、马里联盟候选人易卜拉欣·布巴卡尔·
凯塔（Ibrahim Boubacar Keïta）和独立候选人阿马杜·图马尼·杜尔
（Amadou Toumani Touré）。在这三位候选人中，杜尔虽无自己的政党，却
有广泛的群众基础，并且得到了军方的支持。杜尔之所以最后能够胜出，
除执政党多年来被严重的经济问题和社会问题拖累外，其他方面的原因
有：执政党本身的分裂削弱了该党的竞争力；参加本届选举的候选人数量
众多，造成选票分散，而有竞争实力者又不多；杜尔在选民中的良好形
象，杜尔虽是 1991 年推翻特拉奥雷政权的重要人物之一，但他执政后，

以全国团结、和解为重，积极组织通过实行有马里特色的多党制新宪法，并按新宪法举行选举后，在 1992 年将权力和平移交给阿尔法·奥马尔·科纳雷，受到人们的普遍赞扬；离任后，杜尔在国内政治生活中保持低调长达 10 年，热心参加国内外的和平、民主与慈善事业，为广大农村送医送药，改善农村饮水状况，积极参与地区冲突的调解工作；杜尔的政治主张和竞选口号比较符合马里的国情，他主张实行"和谐的、和平的、可参与的、非冲突型的民主"，建立超越党派和民族的广泛的爱国阵线。当杜尔宣布参加选举之后，立即有几十个党派团体表示将联合支持他参加竞选，而在第二轮选举中，第一轮投票得票第三的候选人、前总理凯塔也转而支持杜尔。

2002 年 4 月和 5 月，经过两轮投票，独立候选人杜尔最终以 65.01% 的得票率（见表 3 - 1）胜出，成为马里新任总统。杜尔上任后，组成以艾哈迈德·穆罕默德·阿格·哈马尼（Ahmed Mohamed ag Hamani）为总理的过渡政府，主要负责组织立法选举。7 月和 10 月，马里举行立法选举。随后，杜尔总统改组政府，哈马尼总理留任，新政府由 11 个政党组成。

表 3 - 1　2002 年马里总统选举结果

单位：%

总统候选人	第一轮投票	第二轮投票
阿马杜·图马尼·杜尔(独立候选人)	28.71	65.01
苏迈拉·西塞(马里民主联盟候选人)	21.31	34.99
易卜拉欣·布巴卡尔·凯塔(马里联盟候选人)	21.03	—
梯比拉·德拉迈(非洲复兴党候选人)	3.99	—
蒙塔咖·塔尔(全国民主创议大会党候选人)	3.75	—
穆萨·保拉·库利巴里(民主发展同盟候选人)	3.21	—
曲古尔·麦嘎(复兴爱国运动候选人)	2.71	—
马马杜·桑加莱(社会民主公约候选人)	2.21	—
曼德·西迪白(独立候选人)	2.01	—

资料来源：The Economist Intelligence Unit Limited, *Mali*, 2004, p. 6。

杜尔执政后继续实行多党民主制度，致力于维护国家主权、民族团结、社会稳定和经济发展，并将创造就业机会、发展教育、医疗、提高购买力作为优先解决的四个问题，将发展农业、加大对人力资源投资、改革行政体制作为政府的三大政策。

杜尔政府实行的民主政策令马里政治经济获得了稳定的发展，2007年马里举行新一届总统大选，杜尔为寻求连任，再次参加总统选举。5月4日，负责组织本次大选的领土管理和地方行政部公布了大选最终结果，杜尔大获全胜。他以68.3%的选票，遥遥领先于第二名总统候选人易卜拉欣·布巴卡尔·凯塔的19.15%。不过，凯塔和其他三名总统候选人认为此次选举存在暗箱操作，拒绝接受大选结果。然而此次大选的外国观察团则认为这是一次公正公平的选举。2007年6月8日，杜尔宣誓连任。2011年6月12日，杜尔在新闻发布会上明确表示，愿意维护宪法，为此他将放弃2012年的总统选举。

2012年1月，马里北部图阿雷格人分离主义武装分子组成的反政府组织——"阿扎瓦德民族解放运动"（Mouvement National pour la Libération de l'Azawad，MNLA）再次发动叛乱。反叛组织的领导人声称，马里政府大规模的采矿活动，破坏了图阿雷格人赖以生存的牧区，图阿雷格人始终处于边缘地位。实际上，直接参与这次叛乱的并不是处于边缘地位的图阿雷格人，而是常年流亡在外的少数图阿雷格人中的失业者和雇佣军。他们曾长期受到利比亚前领导人卡扎菲的资助，获得了大量的枪支弹药。卡扎菲灭亡后，他们带着这些枪支弹药回到了马里，成为这次马里北方叛乱的主要力量。叛乱初期，马里政府军与叛军进行了多次交火，由于武器装备以及后勤供给等问题，政府军屡屡战败，北方叛军却连战连捷。3月13日，叛军已经将战线推至马里中心的迪雷（Diré）和贡达姆（Goundam）一带。[①] 3月22日，在阿马杜·萨诺戈（Amadou Sanogo）上尉的领导下，一部分马里政府军官兵借口杜尔政府未能提供充足的武器装备和后勤补给，以及在对待图阿雷格人叛乱中无能，突然发动政变，推翻了杜尔政权。

① Ludovica Iaccino，"Mali Tuareg Rebellion：The Fight for Independence of the Blue People," *International Business Times*，May 19, 2014.

总体来看，杜尔领导的民主政府在执政的 10 年期间，维持了马里政局的稳定，保证了经济的持续增长，使马里成为当时非洲政治和社会最为稳定的国家之一。

六　萨诺戈政变时期（2012 年 3 月~2013 年 7 月）

　　2012 年 3 月 22 日，阿马杜·萨诺戈发表电视讲话，宣布成立由其出任主席的"民主复兴和国家重建全国委员会"（National Committee for the Restoration of Democracy and State），代行政府职责。萨诺戈领导的政变，进一步激化了马里内忧外患的局势。在外，包括联合国安理会、非洲联盟（AU）和西非国家经济共同体（ECOWAS）等在内的国际组织和机构拒绝承认政变的合法性，并宣布对马里实行禁运与经济制裁。世界银行和非洲开发银行则宣布暂停对马里的资金援助。在南方发生政变之时，北方的"阿扎瓦德民族解放运动"在 2012 年 3 月底 4 月初迅速攻占了北方三大重镇——基达尔、加奥和通布图，并于当年 4 月，宣布成立"阿扎瓦德独立国"（The Independent State of Azawad）。这一分裂行为同样没能得到国际社会的认可。非洲联盟和欧洲联盟等国际组织均对图阿雷格人的分离行为表示谴责。

　　图阿雷格分离主义分子发动的这场叛乱严重影响了马里国内的经济发展和社会稳定，是对马里国内人民的伤害。2012 年 4 月 3 日，叛军将联合国世界粮食计划署（WFP）位于马里北方三省救援仓库中的 2354 吨救援物资洗劫一空，联合国世界粮食计划署被迫停止对马里北部区域的援助行动。据联合国难民署（UNHCR）4 月报告，战争期间，每天有超过 400 名无家可归的马里人越境前往布基纳法索和毛里塔尼亚避难，加上前往尼日尔和其他地区避难的马里难民，总人数已经超过了 13.5 万人（见表 3 - 2）。① 应该指出的是，马里难民问题与邻国也有关系，这是利比亚战争的外溢效应。因为，美法等西方国家发动利比亚战争后，导致在利比亚的图阿雷格人携带武器返回马里，加剧了马里北方的动荡与不安。

---

　　① The UN Refugee Agency, "Mali Situation Map", http：//www.unhcr.org/4f9953019.html.

表 3 - 2　2012 年马里难民统计

单位：人

地区	难民数量		
	男人	女人	合计
卡　伊	1206	1014	2220
库利科罗	1703	2096	3799
锡卡索	6297	6390	12687
塞　古	14371	15265	29636
莫普提	19950	20106	40056
巴马科	23349	23943	47292
合　计	66876	68814	135690

资料来源：据中国驻马里大使馆经济商务参赞处网站资料整理。

　　马里内外的巨大压力，令萨诺戈政权举步维艰。2012 年 4 月 6 日，萨诺戈迫于形势压力，同意马里回归宪政，并宣布将政府权力让渡给原国民议会主席迪翁昆达·特拉奥雷（Dioncounda Traoré）。因为根据马里 1992 年宪法规定，一旦总统职位出现空缺，国民议会议长将出任临时总统，直到重新进行总统选举。4 月 12 日，特拉奥雷宣誓就任临时总统，并承诺尽快解决图阿雷格叛乱问题。由于马里国内形势严峻，原定于 4 月 29 日的总统大选被迫延期。5 月 21 日，一群亲萨诺戈的武装分子闯入特拉奥雷的总统办公室，羞辱并殴打了特拉奥雷。特拉奥雷脑部受伤严重，被送往法国医治。7 月 27 日，特拉奥雷在法国修养两个月后回国，继续执政。8 月 13 日，特拉奥雷任命谢赫·莫迪博·迪亚拉（Cheikh Modibo Diarra）为总理。12 月 20 日，联合国安理会通过 2085 号决议，决定向马里派遣一支为期一年的"非洲领导的驻马里国际支持特派团"（AFISMA）。这支"特派团"的核定人数为 3300 人，目的是在一年内帮助马里军队提高作战能力，助马里政府军队收复失地，减小地区内恐怖主义的威胁。

　　2013 年 1 月 11 日，应马里临时政府邀请，法国出兵援助马里平叛。

同年4月25日，联合国安理会通过有关解决马里问题的2100号决议，成立联合国驻马里多层面综合稳定特派团（MINUSMA，简称"联马团"），联合国先期驻马里国际支持特派团并入其中。联马团主要负责联合国和其他国家对马里的军事维和行动。在临时政府和联马团的共同努力下，政府军与叛军之间终于决定停火，商讨和平协议。6月18日，马里临时政府与国家北部武装代表在布基纳法索首都瓦加杜古签署了《总统选举与马里和平全面谈判初步协议》，决定停止对立并携手展开合作，为总统大选在马里全境举行铺平道路。此外，谈判双方同意大选后组织全面对话以签署最终和平协议，并即日起成立一个混合技术委员会，在一定期限内确定马里军队进入基达尔地区的步骤和北部武装的安置与缴械方式。除此之外，7月1日，联合国马里维和行动也正式启动，总兵力约为12600人。联合国及其他国家的马里维和人员长期以来为促进马里和平民主进程做出了巨大贡献，至2015年，约有9100名维和人员继续维持马里国内政治的稳定。

七 易卜拉欣·凯塔时期（2013年7月~ ）

2013年7月28日，马里总统大选拉开帷幕。这次大选是2012年马里内乱、政变以来的首次总统选举，马里临时政府以及北方的图阿雷格叛军都非常重视，联马团对这次选举给予最大限度的支持，联合国安理会、法国等国际组织和国家也十分关注。

马里联盟党候选人易卜拉欣·布巴卡尔·凯塔在第一轮的选举中赢得了39.23%的选票，与获票19.44%的共和民主联盟候选人苏马伊拉·西塞（Soumaïla Cissé）携手进入第二轮选举（见表3-3）。在第二轮的竞选中，凯塔保持了自己在第一轮的优势，成功击败西塞，当选马里新任总统（见表3-4）。9月4日凯塔宣誓就职。翌日，凯塔授命奥马尔·塔特姆·利（Oumar Tatam Ly）为总理，并组建新政府。

大选期间，活跃于马里北部的伊斯兰极端组织西非圣战统一运动（Movement for Unity and Jihad in West Africa）曾警告阻止马里人民参与投

表 3 – 3　2013 年马里总统大选第一轮主要参选人获票情况

参选人	所属政党	得票数(票)	得票率(%)
易卜拉欣·布巴卡尔·凯塔	马里联盟党	1222657	39. 23
苏马伊拉·西塞	共和民主联盟	605901	19. 44
德拉马内·当贝雷	非洲团结正义党	298748	9. 59
莫迪博·西迪贝	复兴变革力量	151801	4. 87
侯塞尼·阿米翁·金多	马里发展共识党	144336	4. 63

资料来源：http：//www. matcl. gov. ml。

表 3 – 4　2013 年马里总统大选第二轮结果

参选人	所属政党	得票数(票)	得票率(%)
易卜拉欣·布巴卡尔·凯塔	马里联盟党	2354693	77. 61
苏马伊拉·西塞	共和民主联盟	679258	22. 39

资料来源：http：//www. matcl. gov. ml。

票，并威胁将袭击投票点，但渴望和平的马里人民并没有被吓倒，在国内外各方的努力下，马里总统大选得以顺利结束，民选总统凯塔成功上台执政。

如何处理好新政府与图阿雷格叛军的和谈问题，成为凯塔政府的首要难题。9 月底，奥马尔·塔特姆·利总理的和谈计划意外破产，导致和谈继续被推迟。2014 年 4 月 5 日，奥马尔总理辞职，和谈问题仍然未有效解决。虽然凯塔随后邀请穆萨·马拉（Moussa Mara）接任总理一职，但 2015 年 1 月 8 日，马拉也因无法处理和谈问题而宣布辞职，在位还不到一年。此后，凯塔总统邀请在 2014 年 4 月担任凯塔政府与图阿雷格叛军首席代表的莫迪博·凯塔出任总理。在两位领导人的共同努力下，2015 年 6 月，凯塔政府正式与图阿雷格叛军签订停火和解协议。随后，联合国安理会通过决议，联合国特派团延期一年，并增加 40 名观察员，监督马里停火状况。

虽然马里交战双方签署了和平协议，马里内乱得以平息。但北方极端组织仍然频频制造恐怖事件，极端分子与恐怖主义威胁仍阻碍着马里和平进程的发展。2015 年 11 月 20 日，马里北部伊斯兰极端组织在首都巴马科的丽笙酒店制造了人质劫持事件，造成近 30 人遇难，[1] 其中包括 3 名中铁建高管。这一残酷的恐怖主义事件令世人震惊，严重影响着马里国内经济的恢复和社会的稳定。

到 2016 年 7 月，凯塔自 2013 年 8 月上任以来，进行了第五次政府改组，替换了 9 名部长。[2] 2017 年 4 月 9 日，凯塔任命阿卜杜拉耶·伊德里萨·马伊加（Abdoulaye Idrissa Maïga）为总理。

总体来说，促进与北方图阿雷格人的和解，推动马里政局的持续稳定，将继续成为凯塔政府工作的重心，这也是马里恢复经济发展的前提。

第二节　政治制度

马里自独立以来实行共和制，三建共和国，并实现从一党制向多党民主制的转变。独立之初建立的马里共和国实行一党制，执政党是莫博迪·凯塔领导的苏丹联盟党。1968 年 11 月政变以后实行特拉奥雷的军事独裁统治，直至 1979 年恢复宪政，举行总统和立法选举，成立第二共和国，执政党是特拉奥雷领导的马里人民民主联盟。1991 年 3 月，特拉奥雷政权被政变推翻，随后，马里实行多党民主制，1992 年通过新宪法，举行总统选举，成立第三共和国，国家元首为总统，政府首脑为总理，立法机构是一院制的国民议会。

一　宪法

1960 年国民议会通过了马里联盟党提出的宪法。1960 年宪法承认 1948 年人权宣言的原则。每个公民有劳动的权利和义务，除为了公众的利益外，任何人都不应被强制做某一项工作。宪法承认公民有罢工、集会和结社的自由。全国所有居民不论出身、种族、宗教信仰，都享有同等权利，负有同样的义务，男女一律平等。最高审判权属于国家法院和最高法院。宪法许可马里与其他非洲国家联合或结成联邦。

---

① *Mali Country Review 2016*，pp. 140 – 141.
② *Country Reports*：*Mali*，2016，p. 3.

1974 年宪法的许多条款与 1960 年宪法相近。宪法规定一党制，实行普选制，国家元首 5 年一任（后来改为 6 年），保留国会，其成员 4 年一选（1981 年改为 3 年）。

马里现行宪法为第三共和国宪法，于 1992 年 1 月经全民公决通过。1999 年 1 月经全民公决通过宪法修正案。该宪法规定：马里为共和制政体，实行立法、行政、司法三权分立。总统由直接普选产生，任期 5 年，可连选连任一次；总统是国家元首、全国武装力量最高统帅，拥有任免总理和部长、颁布法令、组织公民投票、解散议会、宣布紧急状态等重要行政权力。国民议会享有立法权和监督权，由 147 名议员组成，议员由普选产生，任期 5 年。政府是最高行政执行机构，向国民议会负责。司法独立。公民享有思想、宗教、信仰、言论、结社、劳动、休息、自由经营和社会救助等权利，私人财产不受侵犯。

二　总统

宪法规定总统是国家元首，代表国家统一，保障国家独立，监督遵守宪法，保证公共权力机构正常运转和国家的持续性。总统由直接普选产生，任期 5 年，可连选连任一次。现任总统是易卜拉欣·布巴卡尔·凯塔，于 2013 年 8 月 12 日当选，9 月 4 日宣誓就职。

三　政府

总理为政府首脑，政府总理和部长由共和国总统任命。政府成员不得兼任议员或其他公共或专业职务，必须在就职之日向最高法院申报个人财产。政府向国民议会负责。

本届政府成立于 2015 年 1 月，成员主要有：总理莫迪博·凯塔，农业部部长卡苏穆·德农（Kassoum DENON），经济和财政部部长布布·西塞（Boubou CISSE），外交、国际合作和非洲一体化部部长阿卜杜拉耶·迪奥普（Abdoulaye DIOP），国防和退伍军人部部长蒂耶芒·于贝尔·库利巴利（Tiéman Hubert COULIBALY），国有财产和土地事务部部长穆罕默德·阿里·巴蒂利（Mohamed Ali BATHILY），贸易和工业部部长阿布代尔·卡里姆·科纳泰（Abdel Karim KONATE），宗教事务和信仰部部长蒂耶诺·阿马杜·欧马尔·阿斯·迪亚洛（Thierno Amadou Omar Hass DIALLO），国土管理部部长阿卜杜拉耶·伊德里萨·马伊加（Abdoulaye Idrissa MAIGA），卫生和公共医疗部部长玛丽·玛德莱娜·多戈（女）（Mme Marie Madeleine TOGO），司法、人权和掌玺部部长萨诺戈·阿米娜塔·马雷（女）（Mme SANAGO Aminata MALLE），数字经济、信息和新闻部部长谢克尔·科卡拉·马伊加（Choguel Kokalla MAIGA），科研部部长阿塞杜·弗内·萨马科米加恩（Assétou Founè Samaké MIGAN），地方分权和国家改革部部长穆罕默德·阿格·埃尔拉夫（Mohamed Ag ERLAF），互助、人道主义行动和北方重建部部长阿马杜·科纳泰（Hamadou KONATE），劳动、公职部部长迪亚拉·拉奇·塔拉（女）（Mme DIARRA Raki TALL），能源和水利部部长马马杜·法卡里·凯塔（Mamadou Frankaly KEITA），体育部部长侯塞尼·阿米翁·金多（Housseïni Amion GUINDO），民族和解部部长扎哈比·乌尔德·西迪·穆罕默德（Zahabi Ould Sidi MOHAMED），矿业部部长谢克那·塞迪·阿哈马迪·迪亚瓦拉（Cheickna Seydi Ahamady DIAWARA），畜牧业和渔业部部长南戈·当贝雷（Nango DEMBELE），高等教育部部长蒙塔加·塔尔（Mountaga TALL），国民教育部部长科内克罗·巴尔特雷米·多戈（Kénékoro dit Barthélémy TOGO），城市一体化和住房部部长德拉马内·当贝雷（Dramane DEMBELE），促进投资和私营部门部部长科宁巴·西迪贝（Konimba SIDIBE），就业、职业培训、青年和公民建设部部长马哈马内·巴比（Mahamane BABY），侨务部部长阿卜杜哈马内·西拉（Abdourhamane SYLLA），妇女、儿童和家庭促进部部长桑加雷·乌姆·巴（女）（Mme SANGARE Oumou BA），环境、清洁和可持续发展部部长乌斯马内·科内（Ousmane KONE）。①

---

① "Composition du gouvernement de la République du Mali," France Diplomatie, http：// www. diplomatie. gouv. fr/fr/dossiers – pays/mali/presentation – du – mali/article/composition – du – gouvernement – 1657.

四 立 法 与 司 法

马里的立法机构为一院制的国民议会。国民议会是国家的最高权力机构，享有充分的立法权、广泛的监督权和完整的自主权，日常运作依据《议会内部章程》进行。议员由普选产生，任期 5 年。议会设议长、副议长及执行局、专门委员会和议会党团。议会负责制定法律，批准政府的各项法令及国家财政预算等。此外，议会还有权组成专门或临时调查委员会，就特定问题进行调查、评估并提出报告和处理意见。第五届国民议会于 2013 年 12 月选举产生，共有 147 名议员，其中马里联盟党 66 席、共和民主联盟 17 席、非洲团结正义党 16 席、复兴变革力量 6 席、马里发展共识党 5 席、非洲民主独立团结党 5 席、全国民主创议大会党 4 席，民族复兴党、经济发展和团结党、复兴爱国运动、团结马里联盟分别获 3 席，其他 8 个党派共获 12 席，独立议员 4 席。现任议长伊萨卡·西迪贝（Issaka Sidibé），2014 年 1 月 22 日当选。

马里司法独立，主张法律面前人人平等。其司法体制受法国影响较大，主要由宪法法院、最高法院、高级法院、行政法院、上诉法院、重罪法庭、一审法院、巴马科地区法院、商业法院和劳动法院等机构组成。

宪法法院：负责裁决法律、法规和法令是否违反宪法，监督选举和公民复决。马里第三共和国首次设置。

最高法院：系终审法院，负责审理涉及国家行政机关和国家财政的有关案件。下设司法院和行政财务院。司法院由最高法院主席主持，由刑事法庭、民事法庭、社会法庭和商业法庭组成，各庭设庭长 1 人、推事数人。

高级法院：负责审理涉及国家元首、部长等国家高级官员的诉讼案，由国民议会议员组成。为第三共和国宪法首创。

行政法院：为初审法院，审理涉及国家行政机关诉讼案件，设在巴马科、莫普提和卡伊三市。

上诉法院：下设民事、刑事、商业、诉讼程序、社会等法庭。民事庭设 1 名庭长、2 名推事；刑事庭由 1 名庭长、2 名推事组成，负责审理情节较轻的刑事犯罪案件，量刑为 3~5 年徒刑不等；诉讼程序庭受理有关初审法院保释决定的诉讼。

重罪法庭：为初审法院，负责审理有关杀人、武装叛乱等重大刑事案件，所判徒刑为 5 年至死刑不等。由庭长和 2 名推事组成。

一审法院：为初审法院，负责审理各种刑事和民事诉讼案件。由 1 名院长、1 名检察官、数名审判官、数名检察官助理及数名预审法官组成，设于全国各地。

商业法院：为初审法院，受理有关合同执行、贸易纠纷等商业诉讼案件。由 1 名院长和 2 名以上的非法官组成的陪审团组成。

治安法院：受理权限同一审法院。一般由 1 名法官主持，他身兼院长、检察官、预审法官等数职，设置于马里部分省区。

劳动法院：受理有关劳资纠纷的诉讼，由 1 名法官主持，2 名劳工代表和雇主代表组成的陪审团协助。

五 政党

马里的政党产生于第二次世界大战之后。1946 年，马马杜·科纳特和莫博迪·凯塔在马里建立了第一个政党——苏丹联盟党。苏丹联盟党及时提出了激进的反殖民主义的纲领，赢得了马里人民的支持，特别是在城市工人和知识分子中影响更大。在 1957 年 3 月的选举中，苏丹联盟党在国民大会的 70 个席位中获得了 60 个席位。独立后，马里实行一党制，苏丹联盟党成为全国唯一的政党，党的总书记莫迪博·凯塔任马里共和国第一任总统，集国家元首、政府首脑和军队最高统帅于一身。1968 年穆萨·特拉奥雷发动军事政变后苏丹联盟党被取缔。1979 年 3 月马里人民民主联盟成立，特拉奥雷当选为总书记。1991 年 3 月特拉奥雷政权被推翻后，马里开始实行多党制，随后一大批政党相继成立。1993 年 7 月全国会议制定和通过了《政党法》，2005 年 8 月，国民议会对《政党法》进行了修改，对政党的组建和运作等做出新的规定。马里现有政党 104 个。

马里联盟党（Le Rassemblement pour le Mali）　执政党，系由部分

原正义党成员于 2001 年 6 月成立。宗旨是在多党共和体制下实行社会民主，实现国家团结，全体公民最广泛地参与政治协商和国家管理，相互尊重，共同发展，建立自由、正义、团结、民主的社会；主张实行市场经济，国家对私营经济加以规范，强调社会发展应以人为本。该党成员来自社会各阶层。国内外均建有党部，国内党部下还建有分党部（市镇一级），全国每一个村庄都至少建立了一个基层委员会，党组织在全国的覆盖率超过 90%。2002 年 1 月，召开第一次党代会，选举出党的领导机构——全国政治局，共 53 名成员；党主席易卜拉欣·布巴卡尔·凯塔；总书记博卡里·特雷塔（Bokari Tréta）。在 2013 年议会选举中获 66 席，成为议会第一大党。党主席凯塔为马里现任总统。

非洲团结正义党（**Alliance pour la Démocratie au Mali-Parti Africain pour la Solidarité et la Justice**） 曾为执政党。成立于 1991 年 5 月，其前身为科纳雷于 1990 年 10 月创建的马里民主联盟，曾为推翻穆萨·特拉奥雷政权而斗争。后苏丹联盟党、马里社会党从该组织中分离出去，另组新党。1991 年 5 月 25~26 日，民主联盟召开全国大会，决定成立非洲团结正义党。大会制定了党纲，通过了《国家团结声明》和《致马里人民书》，并选举了新的领导机构，阿尔法·奥马尔·科纳雷（Alpha Oumar Konare）当选为该党主席，穆哈迈杜·迪科（Mouhamadou Dicko）当选为总书记。1992 年 3 月马里举行立法选举，该党获全部 129 个议席中的 76 席，成为执政党，随后在 4 月举行的总统选举中，该党主席科纳雷当选为马里第三共和国首任总统。

非洲团结正义党主张建立民主、繁荣、独立的新马里；巩固和扩大各领域的民主；建立法制、自由、公正、进步的社会；推动经济、社会和文化的发展，合理分配收入。"自由、劳动、团结"为该党箴言。当前的主要任务是促进农业发展，改善劳动者的生活条件；促进青年的发展，增强妇女在国家建设中的责任感。对外主张促进非洲团结和该地区的一体化。党的最高权力机构为全国代表大会，每三年召开一次；全国会议为全国代表大会闭会期间的领导机构，每年举行一次会议；中央执行委员会由全国代表大会选举产生，由 23 人组成，每周举行一次例行会议。党的地方机构有省委、县（区）委和基层委员会。下设妇女、青年等群众组织。2001 年 6 月，原党主席易卜拉欣·布巴卡尔·凯塔退党，该党出现较大分裂，力量受到削弱。2003 年该党再次出现分裂，原党第三副主席苏马伊拉·西塞（Soumaïla Cissé）及其追随者退党。2007 年，该党联合其他 42 个政党组成"民主进步同盟"，支持杜尔总统连任，并在议会选举中获 51 席，再次成为议会第一大党。2013 年议会选举，该党获得 16 个席位。现任代主席蒂耶默科·桑加雷（Tiémoko Sangaré），总书记马里芒蒂亚·迪亚拉（Marimantia Diarra）。

共和民主联盟（Union malienne pour la République et la Démocratie） 正式成立于 2003 年 6 月。系由原非洲团结正义党第三副主席苏马伊拉·西塞及其追随者脱离非洲团结正义党后创立，最初旨在支持西塞角逐 2002 年总统选举，后经过十几年的发展，成为马里政治中的重要力量。该党领导层多出身马里纺织发展公司，属于原非洲团结正义党中的"棉派"。主张建立自由、平等、公正和团结的社会，保障人民自由、民主权利，实现国家的全面发展和繁荣。2007 年，该党与非洲团结正义党结盟，支持杜尔总统连任，并在议会选举中获 34 席，成为议会第二大党。2010 年 12 月，马里民主和复兴党（PDR）并入共和民主联盟。该党候选人苏马伊拉·西塞在 2013 年 8 月总统选举第二轮投票中以 22.39% 的得票率负于现任总统凯塔。该党在 2013 年议会选举中获 17 席。现任党主席尤努西·杜尔（Younoussi Touré），总书记萨利库·萨诺戈（Salikou Sanogo）。

全国民主创议大会党（Le Congrès National d'Initiative Démocratique） 前身是全国民主创议委员会，1991 年 5 月成立。该党的宗旨是依据宪法，以民主的方式参与国家的政治管理；建立法治国家，实现政治、经济和社会的民主化；合理分配收入，公民享有平等竞争权；维护国家主权和民族团结，尊重少数民族的权利。1993 年 4 月参加以阿卜杜拉耶·塞古·索（Abdoulaye Sekou Soo）为总理的多党联合政府，1994 年 4 月退出，成为在野党。主要成员是年轻的知识分子。现任主席蒙塔加·塔尔（Mountaga Tall）。

苏丹联盟－非洲民主联盟（Union Soudanaise-Rassemblement Démocratique Africain） 1946 年成立，时称"非洲民主联盟苏丹支部"，亦称苏丹联盟党，由莫迪博·凯塔和马马杜·科纳特创建，其宗旨是为民族独立而斗争。该党为马里摆脱法国的殖民统治和民族独立发挥过重要作用。马里独立后成为唯一执政党。组织从农村一级、各城市居民区一级经过大区一级最终到全国一级。党的最高机构是代表大会，每两年召开一次会议。党书记处行使职权，制定党的政策；执行局监督政策的实施情况。该党下设马里工人全国联合会、马里妇女联合会、前线军人联合会、劳动妇女联合会、和平运动等群众组织。1968 年 11 月，穆萨·特拉奥雷中尉发动军事政变，推翻了莫迪博·凯塔政权，该党被宣布为非法政党，予以取缔，部分人员转入地下，直到 1990 年 10 月以后，才恢复公开活动。该党恢复活动后，首先同马里劳动党等联合，成立马里民主联盟。1991 年 3 月，特拉奥雷政权倒台后，民主联盟发生分裂，苏丹联盟党另组临时委员会，修改党章、党纲，于 1991 年 4 月 22 日正式重建党组织。该党宣称它不是马列主义政党，但要从科学社会主义中吸取某些原则，将科学社会主义与马里国情结合起来，主张在马里建设政治、经济、社会和文化高度发展的新社会，强调民族团结和统一，拥护《人权宣言》所规定的公民基本权利；鼓励企业自由竞争，保护公共财产，维护国有企业利益；提高人民生活水平。与其他一些党派一起，同当时的议会多数派政党——团结正义党签署了联合执政的《共和公约》，参加了第三共和国政府。该党支持重建国家权威，致力于人民和解。该党章程规定，全国代表大会是党的最高权力机构，每三年召开一次。1991 年 7 月 25～28 日，该党召开重建后的首届代表大会，选出了党的领导机构——全国委员会和执行局，马马杜·戈洛戈（Mamadou Gologe）任总书记。全国委员会每年召开一次例会，审查党的组织和活动情况；执行局负责党的日常工作，并向全国委员会报告。该党在地方和基层均建立了组织。现任总书记马马杜·巴穆·杜尔（Mamadou Bamou Toure）。

马里人民民主联盟（the Union Democratique du Peuple Malien）1979 年 3 月成立。1968 年 11 月，穆萨·特拉奥雷发动军事政变上台

后，宣布废除宪法，停止一切政党和群众组织的活动。1976 年 9 月，特拉奥雷宣布筹建新的政党，1979 年 3 月正式举行人民民主联盟成立大会，特拉奥雷当选为总书记。1981 年 2 月，该党举行全国特别代表大会，决定改革经济体制，调整经济政策；加强党的领导，整顿党的各级领导机构；扩大党内民主，吸收具有各种倾向的人入党，以增强党的活力。1982 年 2 月，该党举行第一次全国代表大会，重申坚持特别大会通过的政治路线和经济方针。1985 年 3 月举行第二次全国代表大会，提出为实现"粮食自给战略"而奋斗，优先发展农牧业，同干旱和沙漠化做斗争，进一步致力于经济改革。1987 年 3 月，该党召开第二次特别代表大会，通过了《国家指导宪章和公共生活准则》《党的内部章程和规定》修订草案，决定制订和实施国家经济复兴计划。1988 年 3 月，该党召开第三次全国代表大会，重申了第二次特别代表大会的基本路线和决策。

该党纲领规定，人民民主联盟是全体马里人民的党，党的总目标是在马里建立一个民主、正义的社会，坚持走以独立和有计划的民族经济为基础的发展道路。该党对外主张不结盟和睦邻友好，坚持反帝、反殖、反对种族主义和犹太复国主义，支持民族解放运动，强调区域性经济合作和非洲团结，主张在平等、互利和互不干涉内政的基础上同所有国家发展友好合作，重视同第三世界国家的关系。党的最高权力机构是全国代表大会，每五年举行一次；全国委员会为全国代表大会闭会期间的最高领导机构，每年举行一次会议；中央执行局由全国委员会选举产生，每周举行一次会议。地方组织有省党部、县党分部，基层组织为支部。机关报为《发展报》。1991 年 3 月特拉奥雷政权被推翻，人民民主联盟也随之解散。

其他政党还有复兴爱国运动（Mouvement Patriotique pour le Renouveau）、民族复兴党（Parti pour la Renaissance Nationale）、非洲民主独立团结党（Solidarité africaine pour la Démocratie et l'Indépendance）、马里民主党（Parti Démocratique Malien）、复兴公约党（Convention pour la Renaissance）等。

第三节　著名政治人物

一　莫迪博·凯塔（Modibo Keïta，1915～1977）

马里共和国第一任总统，政治家、思想家和教育家，非洲民族解放运动的先驱，泛非主义和不结盟运动的主要倡导者，被尊称为"马里国父"。

1915 年 6 月 4 日，凯塔出生于马里（当时称法属苏丹）首都巴马科郊区科拉的一个穆斯林家庭，父亲是班巴拉人，母亲属马卡尔人。受家庭影响，凯塔成为一个虔诚的穆斯林。他从小就崇拜马里帝国的缔造者松迪亚塔（Sundiata），并自称古代马里帝国凯塔王朝的后裔。身为穆斯林的凯塔从小就读于古兰经学校，长大后进入塞内加尔首都达喀尔的威廉·蓬蒂（William Ponty）师范学校，1936 年取得优异成绩毕业后回到马里，在巴马科、锡卡索和卡巴拉等地担任教员。

在教书育人的同时，凯塔还积极参加各种反对殖民主义的活动。第二次世界大战以后，马里国内反对殖民主义的呼声高涨，他同马马杜·科纳特一起于 1946 年组建了苏丹联盟党，科纳特任党主席，凯塔担任党的总书记。后因发表批判殖民统治的文章而被法国殖民当局逮捕，关押 3 周后获释，并于 1948 年当选为苏丹领地议会议员。1950 年因进行反对法国殖民者的活动再次被捕，并被流放到撒哈拉地区教书。流放期间，他于 1952 年再次当选苏丹领地议会议员并任副议长，随后回到巴马科。1953～1956 年任法属西非大议会和法国联邦议会议员、法国国民议会副议长，是第一位担任此职的非洲人。从 1957 年起，两度在法国政府中担任阁员。1958 年苏丹宣布自治，莫迪博·凯塔担任苏丹自治共和国总理。1960 年 9 月 22 日，法属苏丹宣布独立，改国名为马里共和国，并退出法兰西共同体。凯塔成为马里共和国第一任总统并兼任总理、国防和外交部部长，以及武装部队总司令，握有全国最高权力。

莫迪博·凯塔还是泛非主义运动的践行者，倡导非洲邦联主义，并极力促进非洲国家尤其是西非诸国的联合。1959 年 4 月，凯塔联合塞内加尔领导人列奥波尔德·塞达·桑戈尔（Léopold Sédar Senghor）共同建立马里联邦，并担任联邦总统和总理。1960 年 8 月，凯塔与桑戈尔分道扬镳，马里联邦解体。同年 12 月，凯塔与加纳总统克瓦米·恩克鲁玛（Kwame Nkrumah）、几内亚总统艾哈迈德·塞古·杜尔（Ahmed Sékou Touré）缔结西非国家联盟。凯塔与恩克鲁玛、杜尔等人一起为推动泛非主义思想传播、成立非洲统一组织做出了巨大贡献。

　　凯塔是"非洲社会主义"的主要创立者，其执政期间，在马里推行社会主义发展道路，在国内推行较为激烈的社会变革和国家发展计划。但由于急于摆脱殖民主义统治的束缚和对宗主国的依赖，希望在短时间内改变马里落后的面貌，反而导致马里国内经济不断恶化。执政后期，经济和财政困难，粮食供应不足，群众不满。1968 年 11 月一批下级军官在穆萨·特拉奥雷中尉的带领下，发动军事政变，推翻并逮捕了莫迪博·凯塔。1977 年 5 月 16 日，凯塔在狱中谢世。1995 年 5 月，马里政府决定为马里独立的奠基人莫迪博·凯塔恢复名誉，并于每年 5 月 16 日为其举行逝世纪念活动。1999 年 6 月 6 日，"莫迪博·凯塔"纪念中心在巴马科落成。

二　穆萨·特拉奥雷（Moussa Traoré，1936～　　）

　　马里著名的军事和政治领袖，军人独裁者。1968 年 11 月至 1991 年 3 月先后任全国解放委员会主席、共和国总统、政府首脑、马里人民民主联盟总书记，统治马里长达 23 年，是马里执政时间最长的总统。

　　1936 年 9 月 25 日，特拉奥雷出生于马里西部卡伊大区的一个农民家庭，属马林凯族，信奉伊斯兰教。他曾先后就读于马里卡蒂军人子弟学校和法国南部弗雷儒斯军事学校。从 1955 年起在法国军队中服役。

　　1960 年马里独立后，特拉奥雷回国参加组建马里军队工作。1962 年为少尉。1964 年被派往非洲统一组织解放委员会工作，后调马里卡蒂综合军事学校任教官、副校长。1968 年 11 月 19 日特拉奥雷率领一批青年军官发动政变，推翻前总统莫迪博·凯塔政权，解散了执政党苏丹联盟，废除宪法，解散议会，建立全国最高临时领导机构——马里全国解放军事委员会，任该委员会主席兼武装部队总司令，履行国家元首职责。1969 年 9 月兼任政府总理，1971 年 10 月晋升为少校，1977 年任西非国家经济共同体主席，1978 年兼任国防部部长，同年 9 月从上校晋升为准将。

1974 年以特拉奥雷为首的军人政权，决定恢复宪法，推行全国和解政策，同年 6 月通过新宪法。1979 年 3 月马里执政党马里人民民主联盟正式成立，特拉奥雷当选为总书记。同年 6 月 19 日当选为马里第二共和国总统，任期 5 年，仍兼任政府总理和国防部部长。1985 年 6 月 9 日，在马里进行的总统选举中，马里人民民主联盟总书记穆萨·特拉奥雷再次当选为马里第二共和国总统，任期 6 年。1988 年 5 月当选为非洲统一组织第 24 届执行主席。

特拉奥雷执政期间，放弃了莫迪博·凯塔时代的社会主义经济模式，致力于复兴经济，恢复自由市场。1981 年，由于马里国内经济持续萧条，特拉奥雷同世界银行、国际货币基金组织达成协议，实行经济体制改革，推动经济自由化政策，减少国家干预和控制。特拉奥雷寄希望于西方国家能帮助其恢复经济增长，实行"灵活的不结盟政策"：既要维持一个"进步国家"的形象，又要谨慎地向西方靠拢。改革初期，马里经济获得了一定发展，但由于自然环境和国际经济环境恶化等原因，马里经济改革仍面临重重阻碍，举步维艰。

特拉奥雷对外奉行不结盟政策，并维持与邻国的睦邻友好关系，反对帝国主义、殖民主义和种族主义，支持民族解放运动，坚持反对外来势力对非洲事务的干涉。特拉奥雷曾经回应访问马里妄图签署军事协定的法国国防部部长米歇尔·德勃雷（Michel Debré），"马里和法国之间足以建立合作关系，没有必要再签署任何东西"。特拉奥雷执政后期，因社会经济发展迟缓，人民生活长期得不到改善，加之政治上的专制统治，所以政局趋向动荡。

1991 年 3 月，马里发生反对特拉奥雷政权的社会抗议运动。特拉奥雷命令部队向支持反对党的示威群众开枪，造成 100 多人死亡。这次抗议

运动的暴力解决令本就处于风雨飘摇中的特拉奥雷政权更加岌岌可危。3月25日，以阿马杜·图马尼·杜尔中校为首的军人发动不流血的军事政变，推翻了特拉奥雷政权。1993年2月，马里共和国最高法院判处穆萨·特拉奥雷死刑，基于两大罪状：一是下令向示威群众开枪；二是在任总统期间大量侵吞国家财产。1996年3月，时任总统科纳雷将他特赦。1997年12月，被改判为终身监禁。1999年1月12日，巴马科重罪法庭以"侵吞公共财物及非法敛财"等罪再次判处穆萨·特拉奥雷死刑。2002年5月卸任前夕，科纳雷总统出于人道主义考虑，下达了一道特赦令，宣布释放特拉奥雷。

特拉奥雷曾于1973年6月、1981年8月、1986年、1989年1月四次访问中国。

三　阿尔法·奥马尔·科纳雷（Alpha Oumar Konaré，1946～　　）

1992～2002年担任马里总统。1946年2月2日出生于卡伊大区，先后在巴马科、达喀尔和华沙学习，获华沙大学历史系博士学位，曾任中小学历史教员，领导过学生运动。1978年出任青年和文化部部长。1979年7月任负责文化、体育、艺术等事务的青年部部长。1980年后任高等教育中心研究员。1983年创办马里首家私营新闻机构《雅马纳》杂志社。1990年10月创建马里民主联盟。1991年5月，以该联盟为基础创立非洲团结正义党并任主席。1992年4月首次当选总统，1997年5月连选连任。曾于1992年12月和1996年9月访华。著有《非洲政权观念》、《马里人文编年史》、《马里宪法》和《马里政党》等书。

科纳雷政府对内实行多党民主制和经济、贸易自由化政策，致力于维护国家统一和社会稳定，恢复和发展经济。他执政期间成功解决了北部图阿雷格人问题，平息学生运动，并与世界银行和国际货币基金组织合作推进马里的经济结构调整。奉行独立、和平、睦邻友好和不结盟的外交政策，强调外交为发展经济服务。

科纳雷曾于 1992 年和 1996 年两次以总统身份访华。2005 年 8 月 14 ~ 18 日，时任非洲联盟委员会主席的科纳雷对中国进行了正式访问。

四 阿马杜·图马尼·杜尔（Amadou Toumani Touré，1948 ~ ）

2002 ~ 2012 年担任马里共和国总统。1948 年 9 月 4 日出生于马里莫普提大区。曾就读于巴马科巴达拉布古师范学校、凯蒂综合军事学校、库利科罗军校和苏联里亚查伞兵专科学校，并多次赴法国军校进修、培训。从 1978 年起，历任伞兵营连长、总统卫队长、伞兵部队司令，1988 年晋升为中校军衔。1991 年 3 月 26 日，发动政变推翻穆萨·特拉奥雷政权，并先后任全国和解委员会和救民过渡委员会主席，执掌过渡时期国家最高权力。杜尔以全国团结、和解为重，积极实行有马里特色的多党制新宪法，并按新宪法举行选举后，于 1992 年 6 月将权力和平移交给民选总统阿尔法·奥马尔·科纳雷，还政于民。杜尔虽然将政权交还给文官政府，但仍继续在军中任职。1996 年 10 月晋升上将，2001 年 9 月从军队退休。

2002 年初，马里举行总统大选，退出政坛十年之久的杜尔以独立候选人的身份参加竞选，却获得 65.01% 的选票并于 5 月成功当选，6 月 8 日宣誓就职。2007 年 5 月，杜尔再次当选总统，连任成功。2009 年 3 月，第十三届西非经济货币联盟（Union Economique et Monétaire Ouest-Africaine，UEMOA）国家元首和政府首脑会议在布基纳法索首都瓦加杜古（Ouagadougou）召开，杜尔当选联盟执行主席，并于 2010 年 2 月连任。2012 年 1 月，马里北部图阿雷格分离主义武装分子发动叛乱，杜尔政府派兵镇压。但由于政府军屡屡战败，一些军人认为杜尔政府在镇压叛乱中毫无作为，并抗议政府没有提供足够的武器装备和后勤供给，3 月 21 日，一部分士兵在阿马杜·萨诺戈的带领下，推翻了杜尔政权，建立"民主复兴和国家重建全国委员会"代行政府职责。

杜尔执政以来，为马里的政治稳定、经济发展和民族团结做出了不懈努力。政治上继续推行多党民主制度，坚持多党协商，将提高人民生活水平作为政府施政的主要目标，并将发展农业、加大对人力资源投资、改革行政体制作为政府三大政策，重点解决就业、教育、改善医疗、提高购买力四大问题。杜尔推行市场经济，奉行经济自由化和私有化政策。在其统治期间，马里经济平稳发展，缓步增长。

同时，阿马杜·图马尼·杜尔热衷于和平公益事业，一生获授荣誉颇多。1992 年获马里国家大十字勋章，1994 年获三等法国荣誉军团勋章，1996 年获中非二等功勋奖章，2005 年获卢森堡阿道夫·拿骚勋章，2009 年获奥地利共和国之星最高荣誉勋章，2012 年获摩纳哥圣查尔斯大十字勋章。

五　易卜拉欣·布巴卡尔·凯塔（Ibrahim Boubacar Keïta，1945 ~　）

马里现任总统。1945 年 1 月 29 日出生于锡卡索大区的库佳拉（Koutiala）市。毕业于巴黎第一大学，拥有政治学和国际关系双硕士学位。毕业后在法国国家科学研究中心任研究员。

1992 年 6 月，时任总统科纳雷任命凯塔为高级外交顾问，并于 11 月担任马里驻科特迪瓦、布基纳法索、加蓬以及尼日尔大使。1993 年出任马里外交部部长。在担任外交部部长期间，凯塔很好地解决了马里海外侨民问题，并积极推动非洲一体化进程，获得了良好的声誉，影响力剧增。1994 年，凯塔当选为非洲团结正义党主席，并于 1994 ~ 2000 年担任马里总理。

2001 年 6 月，凯塔及其追随者退出非洲团结正义党，另行创建马里联盟党并任党主席。随后凯塔参加 2002 年马里总统大选，但最终不敌重返政坛的"民主战士"——阿马杜·图马尼·杜尔。2002 年 10 月，当选非洲议会联盟执行委员会主席。2007 年，凯塔再次竞选总统失败。2013 年 8 月，凯塔第三次参选总统，在第二轮竞选中获得了 77.61% 的选票，以绝对优势击败共和民主联盟总统候选人马伊拉·西塞（Soumaïla Cissé）赢得竞选，9 月，正式出任马里共和国总统。

第四节　军事

一　建军简史

马里的军队是 20 世纪 60 年代随着国家的独立而建立起来的。独立后，政府召回在法国外籍军团中的本国青年，并征召一小部分原先在法国殖民时期退伍的老兵复役，以此为基础组建了军队。1961 年 1 月 20 日，马里要求法国撤走驻军，后将这一天定为建军节。据后来担任总统的杜尔回忆，彼时马里军队仅有 1232 人，但这支数量稀少的青年军在马里的政治生活中发挥了重要作用。马里军队建立以后，军队人才的培养以及相关武器装备的配置主要依靠苏联方面的支持。1968 年，穆萨·特拉奥雷中尉发动军事政变，军方开始在此后的马里政局中扮演举足轻重的角色。1992 年根据政府和图阿雷格达成的《全国协议》，许多图阿雷格游击队加入马里正规部队。马里军队参加过在安哥拉、海地、利比里亚和卢旺达的维和行动。1999 年马里军队与西非其他国家的军队一起参加了在塞拉利昂的维和行动。

马里军队的任务，除积极承担联合国的维和行动外，主要负责镇压北方图阿雷格人的叛乱活动，2012 年图阿雷格叛乱双方的参战人数如表 3 - 5 所示。马里现任国防和退伍军人部部长为蒂耶芒·于贝尔·库里巴利（Tiéman Hubert Coulibaly）。

表 3 - 5　2012 年图阿雷格叛乱双方参战人数

单位：人

	马里政府军	图阿雷格叛军
正规军	7000 ~ 7800	3000（号称 9000）
准军事部队	7800	约 300

资料来源：International Institute for Strategic Studies（IISS），*The Military Balance 2014*，London：Routledge，2014，pp. 446 - 447。

二 国防体制

总统为国家元首兼全国武装力量最高统帅,通过国防部和总参谋部对武装力量实施指挥和领导。国防部是军队最高行政机构,总参谋部是最高军事指挥机构。武装力量由正规军和准军事部队组成。正规军只设陆军1个军种,陆军下辖海上联队和航空联队;准军事部队包括宪兵、警察、共和国卫队和民兵。马里实行义务兵、志愿兵及合同兵相结合的兵役制度,义务兵役期为2年。

马里领导人十分重视对军队的领导。马里首任总统莫迪博·凯塔积极加强执政党对军队的领导,要求军人必须参加执政党。1968年11月,政变上台的穆萨·特拉奥雷既是国家元首又兼国防部部长,并将军官安排到党和政府部门任职。在马里独立后的30多年时间里,2/3时间是军队左右国家政局,"民主"之风吹到马里后,马里虽然是文官政府,但是军队仍然是一支重要的政治力量。马里的兵力部署重内地、轻边防,主要兵力部署在首都巴马科和中心城市,大部分国境线基本不设防。广大农村地区只有少量宪兵和警察维持治安。

三 军事力量

建军初期马里军队只有单一的步兵,现在建成了一支以陆军为主体,辅以一定数量空军、坦克兵的合成部队。

马里武装力量由陆军、空军、宪兵、警察、共和国卫队和民兵组成,包括陆军、空军、海军在内的正规军6000名,其他准军事部队7800名,合计军队人数为13800名(见表3-6)。其中高级将领59人,包括50名准将,7名少将和2名上将。2名上将分别是陆军出身的前总统穆萨·特拉奥雷和阿马杜·图马尼·杜尔。总参谋长为马哈曼·杜尔(Mahamane Touré)准将。

马里军队虽然人数有限,但是积极参加了数次联合国在西非、中非地区的维和行动。近年来,主要为联合国刚果特派团提供了28名人员(包括27名观察员),为联合国利比亚特派团提供了252名人员(包括27名观察员)以及为联合国驻塞拉利昂提供了3名观察员。

表 3 - 6　**2014 年马里军事力量**

正规军（Army）	6000	宪兵队（Gendarmerie）	1800
陆军	5500	共和国卫队（Republican Guard）	2000
空军	400	国民自卫队（Militia）	3000
海军	100	警察（National police）	1000
辅助军（Paramilitary Forces）	7800	总　计	13800

资料来源：International Institute for Strategic Studies（IISS），*The Military Balance 2014*，London：Routledge，2014，pp. 446 - 447。

四　国防预算

马里军队因规模较小，所以国防预算占国内生产总值（GDP）的比重较小。2014 年，国防支出为 1.7 亿美元，占国内生产总值的 1.4%。进入 21 世纪以来，马里国防支出占国内生产总值的比重基本不变，但军费支出额却从 2000 年的 4370 万美元增长到 2014 年的 1.7 亿美元（见表 3 - 7）。马里的国防支出之所以能在支出额大幅增长的同时保持占国内生产总值比重的相对稳定，主要有两方面的原因：一方面是马里自身军事规模有限，另一方面则源于马里国内经济的持续稳定发展。

表 3 - 7　**马里国防支出及比重**

单位：百万美元

年份	国防支出额	占政府财政百分比（%）	占国内生产总值百分比（%）
2000	43.7	7.6	1.6
2002	49.4	6.4	1.6
2004	77.4	6.5	1.6
2006	96.0	6.3	1.6
2008	143.0	7.7	1.6
2010	147.0	7.7	1.6
2012	149.0	7.7	1.4
2014	170.0	5.4	1.4

资料来源：斯德哥尔摩国际和平研究所（SIPRI）统计的马里数据（2014）。

五　武器装备

目前马里尚不具备武器自主生产能力，所以政府军队的武器装备皆购自他国，其中又以原先从苏联方面购入的武器为主，整体更新换代较为缓慢。

据统计，马里陆军现有各类坦克80辆、火炮80门、装甲车及其他军事车辆202辆。其中包括苏联制造的 T－54 及 T－55 型主战坦克12辆、T－34 型中型坦克30辆、PT－76 轻型水陆坦克20辆、BTR－40 型装甲输送车30辆、BTR－60 型装甲输送车54辆、BTR－152 型装甲输送车10辆、BRDM－2 型装甲侦察车20辆、D－30 型122毫米榴弹炮8门、D－44 型85毫米反坦克炮6门、M1944（BS－3）型100毫米反坦克炮6门和 M43 型120毫米迫击炮30门。另外，配有中国制造的62式轻型坦克18辆、埃及制造的 Fahd 型装甲输送车5辆、南非制造的 RG－31 Nyala 型防地雷反伏击车5辆，以及保加利亚制造的 BRDM－2 型装甲运输车44辆、BTR－60PB 型34辆、BM－21 型火箭炮30辆。[①]

空军方面，马里更显薄弱。现有各类战斗机12架、教练机15架、其他机种3架。分别是前苏联提供的米格－21型战斗机9架，美国提供的 BT－67 型多用途机1架，俄罗斯提供的 Mi－24 型直升机1架，法国提供的 AS350 型直升机1架、LH－10 型教练机7架，意大利提供的 SF－260 教练机2架，以及捷克提供的米格－21型战斗机3架。[②] 2015年，马里向巴西方面购入 EMB－314 型轻型攻击机/教练机6架，并为此向加拿大购买了同等数量的 PT6 型涡桨发动机。

---

① 斯德哥尔摩国际和平研究所（SIPRI）：《贸易记录（军事）》，http：//armstrade. sipri. org/armstrade/page/trade_ register. php，最后访问日期：2016 年 10 月 30 日。

② Glenn Sands, "Mali's Depleted Air Force," *Air Forces Monthly*, No. 326, May 2015, pp. 71－73.

第四章

经　济

第一节　概述

一　经济发展水平

马里位于西非，是撒哈拉沙漠南缘的一个内陆国家，约有2/3的领土为沙漠或半沙漠地区，其经济结构以农牧业为主，且集中在尼日尔河流域，约占国土面积的1/15。直至今日，农业仍然吸纳马里85%的国内劳动力。[①] 在历史上，马里曾是加纳、马里、桑海帝国的中心地区，农牧业比较发达，曾享有"西非粮仓"的美誉。1895年沦为法国殖民地后，经济命脉掌握在法国殖民者手中。经济活动以粟、高粱等粮食生产和牛羊放牧饲养为主，农产品的商品化率较低。马里工业基础薄弱，全国仅在巴马科、塞古、锡卡索、莫普提等主要城市分布有小型电厂，以及机械修理、碾米、轧花、榨油等小型工厂，工业制成品大部分不能生产，主要依靠进口。出口物资主要为花生、牲畜和鱼类等产品。自独立以来，马里为发展民族经济进行了不懈的努力和有益的探索。独立之初，马里选择"非资本主义"发展道路，实行国家对经济生活的全面干预。自1988年开始，马里实施经济结构调整计划和国有企业改革计划。1992年，马里接受世界银行和国际货币基金组织的经济结构调整计划，推行经济自由化政策，

---

① African Development Bank Group, *Mali Country Profile 2015*, p. 21.

优先发展农业。马里国内生产总值的年均增长率由 1994 年的 3% 上升到 1999 年的 4.6%，通胀率由 1995 年的 12.4% 下降到 1999 年的 2.5%，但 2001 年又回升到 4.5%。①

进入 21 世纪以来，马里的国内生产总值处于稳定发展之中。20 世纪 90 年代的国内生产总值平均增长率为 3.6%，② 2001～2015 年，马里国内生产总值的年均增长率为 4.9%，其中 2001 年增长最快，国内生产总值增长率达到 11.9%。2002～2012 年，马里在杜尔总统的领导下，政治稳定，经济平稳发展。2012 年 1 月，马里北部发生图阿雷格人叛乱，严重影响了经济的发展。2012 年，马里国内生产总值增长率仅为 0.02%，经济发展基本停滞。2012 年 9 月，易卜拉欣·布巴卡尔·凯塔总统上台，政府军与叛军签订停火协议，马里经济得以恢复发展。2014 年，马里国内生产总值增长率为 7.22%（见表 4-1）。2015 年马里经济增长好于预期，接近 6%，2016 年增长率为 5.3%，2017 年预计为 5.4%。③

表 4-1　马里主要经济指标

年份	2011	2012	2013	2014	2015
国内生产总值(亿美元)	129.7	124.4	132.4	143.8	131.0
国内生产总值实际增长率(%)	2.73	0.02	1.70	7.22	5.54
人口(万人)	1564	1611	1659	1709	1760
出口(百万美元)	2375	2610	2339	2779	2532
进口(百万美元)	3352	3524	3807	4009	3167
外债(百万美元)	2922	3057	3430	3416	—
汇率(美元/西非法郎)	—	497.16	475.64	540.28	630.73

资料来源：World Development Indicators Database, World Bank, October 2016。

由于经济基础薄弱，马里仍是世界上最贫困的国家之一。据世界银行 2015/2016 年发展报告，2014 年马里年人均收入为 720 美元，在世界上排

---

① *Mali Country Review 2016*, p.19.

② *Africa South of the Sahara 2002*, London: The Gresham Press, p.616.

③ "Mali 2017," Http://www.africaneconomicoutlook.org, 最后访问日期：2017 年 5 月 30 日。

第 147 位，在非洲国家中排第 32 位。2015 年马里人均国民总收入（GNI）只有 790 美元，世界排名 193 位，排在西非塞内加尔、乍得和贝宁之后。[①]联合国开发计划署（UNDP）的人类发展指数排名表上，马里在 188 个国家中名列第 179 位。

二　经济结构

马里是一个传统的农牧业国家，农牧业在国内生产总值中的比重一直很高。1965 年马里农业产值占国内生产总值的 50.9%，直到 2015 年，农牧业占国内生产总值的比重仍有 46.4%。[②] 在农业方面，除了粮食生产，棉花、花生都是马里传统的出口商品。畜牧业也是马里的重要产业，是马里国内尤其是北部地区牧民的重要生活来源，牛、羊等牲畜是马里重要的出口商品。

马里工业基础薄弱，主要工业有食品加工、纺织、卷烟、建筑材料、机修和制药等，2015 年工业占国内生产总值的比重约为 17.5%（见表 4 - 2）。近年来，马里黄金产量增长很快，迅速成为马里最主要的出口商品。2012 年，黄金出口量为 44.9 吨，出口额约为 17.1 亿美元（见表 4 - 3）。[③]

表 4 - 2　马里的经济结构

单位：亿美元

年份	2012	2013	2014	2015
第一产业	57.1	59.0	64.5	60.8
农业	47.4	48.7	53.7	48.7
畜牧业	9.7	10.3	10.8	12.1
第二产业	24.7	24.7	27.2	22.9
第三产业	42.6	48.8	52.2	47.3
国内生产总值	124.4	132.5	143.9	131.0

资料来源：World Development Indicators Database，World Bank，July 2016。

[①]　World Development Indicators Database，World Bank，July 2016.

[②]　World Development Indicators Database，World Bank，July 2016.

[③]　"Mali Trade Summary 2012 Data," World Integrated Trade Solution（WITS），http：//wits. worldbank. org/CountryProfile/en/Country/MLI/Year/2012/Summary，最后访问日期：2016 年 10 月 30 日。

表 4 - 3　2012 年马里主要出口商品

排名	出口商品种类	出口量(吨)	出口额(百万美元)
1	黄金	44.9	1709.3
2	棉花	143934.5	372.2
3	化肥或金属原料	156793.9	99.5
4	牛类牲畜	48487.0	84.2
5	活羊	13395.5	26.1

资料来源："Mali Trade Summary 2012 Data," World Integrated Trade Solution (WITS), http://wits. worldbank. org/CountryProfile/en/Country/MLI/Year/2012/Summary，最后访问日期：2016 年 10 月 30 日。

三　基本经济制度及其演化

独立以来，马里的经济发展战略经历了从以国家干预为核心的"非资本主义"发展道路向以经济自由化为核心的结构调整战略的转变过程。独立之后，马里先后制订了经济社会发展第一个五年计划（1961～1965）、经济社会发展三年计划（1971～1973）和经济社会发展第二个五年计划（1974～1978）等经济计划，实行社会主义的计划经济。20 世纪 80 年代，因国内经济日益困难，马里接受世界银行和国际货币基金组织提出的结构调整计划，实行经济改革，经济调整计划使马里的经济获得了短暂快速发展。1999 年，由于国际市场棉花、黄金价格下跌，以及油价上涨等影响，经济增速放缓。进入 21 世纪后，杜尔总统上台，推行经济自由化和私有化政策，改善投资环境，使马里经济持续较快增长。

（一）独立之后走"非资本主义"的发展道路

1. 经济社会发展第一个五年计划（1961～1965）

1960 年独立以后，马里摆脱了殖民主义统治，莫博迪·凯塔领导的苏丹联盟党政府选择"非资本主义"的发展道路，制订经济与社会发展计划，实行社会主义计划经济。苏丹联盟党在一次特别大会上提出了马里经济社会发展的"一五"计划。该计划要为马里的经济和社会革命奠定基础，并保证国家有步骤地发展，使国家直接从殖民阶段过渡到社会主义阶段。1963 年 1 月，马里国民大会通过了马里 1961～1965 年经济社会发展的第一个五年计划，规定马里全国总产值的年增长率为 8%。该计划的主要目标有：动员一切力量，在经济上着手非殖民主义化，实现真正的经济独立；努力发展经济，加速改变不发达的现状；建立一个将殖民势力排除在外的所有新兴国家参加的非洲货币联盟。

"一五"计划总共投资 2.56 亿美元，对交通的投资占第一位，达 48.6%，农业居第二位，达 25.6%（见表 4-4）。为了充分保证国内的需要以及扩大出口，马里将发展农业作为首要任务，计划建立农产品加工及为农业提供装备的企业，提出了进行矿物及动力资源勘探的任务，并宣布动力和采矿工业由国家垄断，但在加工工业中，规定国营经济成分和私营经济成分并存。为了保证资金的供应，政府实施强硬的价格和工资政策，即稳定物价、冻结工资。

表 4-4 1961～1965 年马里投资计划

单位：百万美元，%

项目	投资额	占比
交通	124.4	48.6
农业	65.6	25.6
社会、管理事业	29.6	11.5
制造业	16.0	6.25
电力	16.0	6.25
探矿	4.4	1.8

资料来源：William Irvin Jones，*Planning & Economic Policy in Mali*，Washington，D. C.：Three Continents Press，1976，p. 119。

"一五"计划期间，在农业方面，棉花和水稻的产量增加，还种植了一些新的经济作物（甘蔗、烟草和茶叶）。在工业方面的投资达 120 亿马里法郎，建成 30 个工业企业。在巴马科、塞古、尼奥诺等地区新建一些皮革、卷烟、纺织、制糖、榨油等农牧产品加工企业。此外，重视基础设施，特别是道路网的建设，"一五"计划期间，用于发展交通运输的投资为 150 亿马里法郎。在能源方面，巴马科附近的索图巴水电站（容量为

5400 千瓦）是马里"一五"计划的大型建设项目。这项工程花费 28 亿马里法郎，于 1966 年投产。1959～1968 年，国民经济各部门总产值年增长率达 2.35%，几乎与人口的增长率相等。特别是工业产值，约增长 1 倍，农产品产值增长大约 30%。

马里在执行"一五"计划的过程中，得到了总额 5.6 亿美元的外援，其中已支付的金额达 3.76 亿美元，人均援助额约 84 美元。

2. 经济社会发展三年计划（1971～1973）

1968 年军事政变以后，马里建立了新的计划机构——最高计划会议，领导计划委员会、经济及社会委员会和部门经济委员会，其任务是编制和执行 1971～1973 年经济社会发展三年计划。该计划于 1970 年 9 月通过。

"三年"计划确定的目标是：全国总产值年平均增长 5%，农民和小手工业者的收入年平均增长 4.1%，工人工资年平均增长 8.3%，行政部门的职员工资总额年平均增长 5%。

为了实现预定的发展计划，需要投资 776 亿马里法郎，其中 106 亿马里法郎依靠国内拨款，670 亿马里法郎的投资靠外援，而且 70% 以上的外援期望来自赠款，其余作为贷款。

在"三年"计划中，农业的发展具有头等重要的意义。农业生产的提高主要通过三项"运动"（棉花、花生及稻）来实现，计划集中加强 4 个地区的耕作业投资：尼日尔河上游河谷，"尼日尔河开发管理局"所属耕地，尼日尔河中游的迪雷—贡达姆湖区，塞林格区（需在尼日尔河上游的塞林格兴建水坝）。此外，经济作物甘蔗和烟草的产量计划增长 1 倍。

在畜牧业方面，继续灌溉干旱区的牧场，并在扬福利拉建立繁殖良种牲畜的畜牧站。

在能源方面，"三年"计划规定要扩建索图巴水电站及巴马科、马尔卡、库利科罗、萨恩、库佳拉和法拉的热电站，充分利用太阳能，以及研究尼日尔河上游桑卡拉尼河上的塞林格水电站的建设方案。

在工业方面，同"一五"计划一样，将农产品加工及为农业服务（农具和化肥）的企业置于优先发展的地位。在运输及基础设施方面，继续进行已经开工的道路建设，完成巴马科塞努国际机场的建设，实现铁路运输的现代化。

在执行计划的过程中，由于计划投资总额及其在各个经济部门的分配发生了变化，曾对计划进行修订（见表 4 – 5）。

表 4 – 5 1971 ~ 1973 年马里"三年"计划在各个部门的投资分配

单位：亿马里法郎

经济部门	最初计划方案	最终计划方案	投资来源			实际执行情况
			国内	国外	合计	
第一部类	199	265	36	196	232	126
第二部类	149	303	35	242	277	183
基础设施	247	330	51	212	263	157
运输业	31	51	13	23	36	32
社会需要	101	153	19	70	89	60
调查部门	49	56	2	37	39	29
总计	776	1158	156	780	936	587

资料来源：〔苏〕拉钦科：《马里共和国》，商务印书馆，1981，第 122 页。

"三年"计划期间，全国生产总值的年增长速度为 4.75%，略低于计划规定的 5%，扣除 2.5% 的人口年增长率，全国生产总值的人均实际增长率为 2.25%。每个居民的平均收入从 1969 年的 2.38 万马里法郎增至 1972 年的 2.95 万马里法郎。

农业方面，虽然在水稻、棉花、花生及洋麻生产上取得了显著成绩，但是，持续的干旱给农业和畜牧业带来了严重损失，谷物短缺 40 万吨左右，牲畜约死亡 80%，约有 200 万马里人处于饥饿和贫困之中。

工业方面，创立了 16 个新企业，其中较大的企业有：自行车和轻便摩托车装配厂（1970 年投产）、农具厂（1972 年投产）、巴马科纺织联合企业（1972 年投产）、锡卡索茶厂（1972 年投产）、香料厂（1972 年投产）。此外，完成了巴马科塞努国际机场的建设，扩大了沥青路面公路，开始了铁路运输的现代化，增加了学校及医疗机构的数量。

3. 经济社会发展第二个五年计划（1974～1978）

1974 年，马里开始执行第二个五年计划。"二五"计划确定的目标是：国民生产总值年平均增长速度为 7.1%，其中第一产业的年平均增长速度为 4.5%，第二产业为 12.4%，服务行业为 7.9%。到 1978 年，人均收入计划达到 3.8 万马里法郎（1972 年为 2.95 万马里法郎）。"二五"计划总投资约 5000 亿马里法郎（见表 4-6）。

表 4-6　马里第二个五年计划（1974～1978）的投资分配

单位：亿马里法郎

部门	国内拨款	外援	最初方案	最终方案
农业	251	1079	1330	1330
工业	90	1016	1106	1385
运输及建筑业	218	921	1139	1685
社会及文化需要	35	342	377	470
合计	594	3358	3952	4870
占比（%）	15	85	100	—

资料来源：〔苏〕拉钦科：《马里共和国》，商务印书馆，1981，第 123 页。

"二五"计划重视农业，主要任务是减少自然灾害——旱灾及水灾对马里的影响，使谷物同其他粮食及经济作物获得丰收，此外，还要稳定牲畜数量。"二五"计划 1/3 的投资用于发展农业，其中 970 亿马里法郎用于提高农业生产，257 亿马里法郎用于发展"尼日尔河开发管理局"。到"二五"计划期末，花生的产量要增加 1/3，棉花产量增加 1 倍，甘蔗产量增加 3 倍。

在能源建设方面，在距巴马科不远的尼日尔河支流上的塞林格建设水坝及水电站，以此作为主要的动力发展计划。

此外，"二五"计划期间，要为 1.6 万人提供就业岗位。行政机关的工资开支应从 1972 年的 160 亿马里法郎增至 1978 年的 270 亿马里法郎，同期企业中职工的工资应从 126 亿马里法郎增至 170 亿马里法郎。

马里的国民生产总值从 1972 年的 1653 亿马里法郎（约合 3.6 亿美

元），增长到 1978 年的 2134 亿马里法郎（约合 4.6 亿美元），平均每年增长 4.3%。

（二）20 世纪 80 年代初马里的经济改革

20 世纪六七十年代，马里经济发展取得了一定成就。国家通过行政手段对有限的资源和资金进行有效配置，创办了 50 余家国有企业，使得工业产值在国民生产总值中的比重有了较大幅度的提高，由独立前夕的 2% 提高到 1978 年的 16%。国民经济获得了一定程度的发展，1959~1968 年马里国民生产总值年增长率为 2.35%，1970~1973 年为 4.75%，1972~1978 年为 4.3%。

但是 20 世纪 70 年代末至 80 年代初，马里与多数非洲国家一样发生经济危机，原有的经济体制弊病逐渐暴露出来。由于国家对经济控制得过死，经济缺乏活力，国有企业亏损严重。20 世纪 70 年代末，马里的国有企业亏损达国民生产总值的 6%。片面重视工业，忽视对农业的投入，造成粮食严重短缺。20 世纪 70 年代以来，在非洲几次旱灾中，马里是重灾区；再加上人口增长过快，以致粮食严重短缺。1980 年，只有 700 万人口的马里粮食亏空高达 26 万吨。为此，马里政府实行经济改革，总统特拉奥雷提出建设"独立的有计划的民族经济"的口号，实行国营、合营和私营三种经济形式并存的混合经济体制。

1981 年 2 月，执政党马里人民民主联盟举行了全国特别代表大会，会议决定在经济领域进行重大改革，调整政策，推行"自由化"。主要内容有：（1）取消国有企业对国内主要产品和对外贸易的垄断，允许私商直接购销农、工业产品，开放粮食自由市场；（2）实行以私营经济为主体的国有、私营、合营三种企业并存的经济体制，将绝大多数亏损严重的国有企业和公司改为私营或公私合营，鼓励和扶植私人兴办中小企业；（3）调整农业政策，号召和动员人民兴建中小农场，提高农产品收购价格；（4）修改投资法，吸引和利用外资；（5）决定重返"西非货币联盟"。1982 年 2 月，马里政府制定了以实现本国粮食自给为目标的农业发展战略，成为撒哈拉以南地区第一个制定粮食战略的非洲国家。1985 年，马里宣布私人经济将在马里经济发展中起"决定性"作用，并采取了开放粮食市场、逐步实行自由价格等鼓励私人经济发展的措施。

（三）1988 年后的经济结构调整期

由于历史遗留的严峻的外部环境，20 世纪 80 年代初马里的经济改革收效不大，经济仍然处境艰难：财政状况令人担忧，外债负担沉重，自然灾害接连不断，企业亏损严重以及失业队伍日益扩大。特拉奥雷执政后期，加大经济改革的力度。1988 年 5 月，马里人民民主联盟五中全会进一步提出恢复经济是当前的 "中心工作"，将实现年平均增长 3.4% 作为经济恢复的目标，并为此采取了以下具体措施。（1）进一步放开农产品价格，促进粮食商品化，以提高农民种粮积极性；限制大米进口以保护本国农业生产；继续同沙漠化进行斗争。（2）整顿国有企业，进一步调整经济结构。清理 15 家国有企业，并将其中 14 家改为私营，对保留下来的国有企业给予更大的自主权。为鼓励私人投资，马里颁布了更为优惠的新投资法和贸易法。（3）抓紧同国际货币基金组织和世界银行谈判，以求得符合马里国情的国际援助。1988 年 8 月，马里政府与国际货币基金组织签署了 "结构改革" 和 "备用信贷" 协议，并据此制定了 "经济结构调整计划" 和 "国有企业改革计划"，进一步发展私营企业和改革国有企业。

科纳雷总统执政后继续推行经济改革。1992 年马里政府同国际货币基金组织和世界银行签订了《1992～1995 年经济财政政策纲领意向书》。该计划有 3 个主要目标：恢复国内外市场的平衡，整顿国家财政，以私有部门为龙头推动经济增长。1994 年 2 月，同国际货币基金组织签订了有关 1994～1996 年结构调整计划强化方案的协议。据此，马里可获得 2070 亿非洲法郎的援助。

1996 年 2 月，马里与国际货币基金组织针对进一步实施经济结构调整计划进行谈判，双方签订了 1996～1998 年结构调整计划强化方案的意向书。3 年内，该基金组织将向马里提供 9100 万美元的优惠贷款，马里则承诺在此期间年均国内生产总值增长率保持在 4%～5%。1998 年 9 月，该基金组织和世界银行决定免除马里 2.5 亿美元的债务，并准予其享受第三期强化结构调整资金。据国际货币基金组织公布的数字，马里经济增长率 1997 年为 6.7%，1998 年为 4.6%，达到了其向世界银行和国际货币基金组织允诺的标准。尽管马里的棉花出口受到了亚洲危机的冲击，但对外贸易经常项目的赤字率由 1997 年的 9.25% 下降到 1998 年的 8.75%，预算赤字在国民生产总值中所占的比例则由 1997 年的 8% 下降至 1998 年的 7.5%。

1999 年 8 月 6 日，马里与国际货币基金组织签订为期 3 年的贷款协议，国际货币基金组织提供 6300 万美元以支持马里的经济改革，支持马里政府继续实施财政统一政策，包括建立现代税收制度，深化和加速经济结构改革。自 1999 年始，受国际市场棉花、黄金价格下跌以及油价上涨等因素影响，马里的经济增速放慢。

为实施结构调整，马里主要采取了以下措施。

第一，重视粮食与出口创汇农作物的生产。

特拉奥雷执政后期，尤其是在科纳雷政府成立后，马里政府重视和优先发展农业，将实现粮食自给、满足人民的基本需求等放在首位，注意利用发展农业的政策和措施调动农民的生产积极性。如调整粮食购销政策，将小米、高粱、玉米和稻米的收购价格提高 30% ~ 50%，激发农民的生产热情；同时，政府部分放开粮食市场，使私人参与粮食交易，活跃粮食市场；建立农业发展银行，减轻农民税务负担。这些政策实施后，马里粮食产量连年增加，小米、高粱的产量由 1996 年的 127.5 万吨增至 2000 年的 149.9 万吨；同期，稻谷的产量由 41.6 万吨增至 72.3 万吨。2000 年和 2001 年，马里粮食产量维持在 260 万吨左右。

重视农业的主要成效体现在出口创汇农作物的产量增长方面。棉花是马里最主要的经济作物。1959 年独立前夕，马里棉花产量只有 1.04 万吨；1970 ~ 1971 年，马里棉花产量为 5.72 万吨；1986 年马里棉花产量为 18.3 万吨。在经济结构调整期间，马里的棉花生产有了很大的飞跃，棉花种植面积增长了 15%，棉花产量也逐年增加。马里棉花产量 1995/1996 年度为 40.6 万吨，1996/1997 年度增加到 45.2 万吨，1997/1998 年度达到 52.3 万吨，2003/2004 年度棉花产量达到创纪录的 60 万吨，赶超埃及，一跃成为非洲最大的产棉国。棉花超过马里农业收入的 80%，其中

99%供出口，棉花出口创汇占马里出口总额的 50% ~ 60%。这得益于政府大力推行的支持和鼓励棉花种植的政策，如增加对棉农的援助，提高棉花收购价格，从而调动了农民的积极性。花生也是马里主要鼓励生产的出口农产品之一，1987 年的产量为 8.15 万吨。90 年代，马里花生产量有较大增加，由 1997/1998 年度的 16.1 万吨增加到 1999/2000 年度的 21.4 万吨。

第二，实行国有企业改革、推进经济私有化。

结构调整方案的重要内容之一就是实行国有企业的私有化，发展私人经济，以降低国家对国有企业的财政补贴。经过调整，马里原有的 50 多家国有企业保留了 17 家战略性企业，关闭了 15 家，其余则实行全部或部分私有化。国家对整顿后能恢复生产的企业给予支持，对有潜力的纺织工业公司，政府投资 6000 万非洲法郎给予支持。

马里对国有企业改革的主要成效体现在矿业方面。马里政府重视矿产资源的勘探和开采，大力吸引外资来马投资开矿。1991 年，修订了《矿产法》，给予外国投资者简化手续、减少税收等优惠；1999 年通过了新的《矿产法》，规定了一系列新举措，以刺激私人资本的投资。如规定国家在矿产开采公司中拥有的股份不得超过 20%；矿产开采许可证的有效期从 2 年延长到 3 年；允许开采的最大范围由过去的 8 平方千米扩大到 10 平方千米。此外，为增加国家收入，新《矿产法》还计划提高矿产开采税，增设矿产转让税等。

在新的政策下，马里黄金生产吸收了大量外资，两个最大的投资者分别是英美公司（2.5 亿美元）和兰德公司（1.4 亿美元）。马里主要金矿之一的斯亚马金矿隶属于斯亚马金矿公司，其资本的 75% 归南非兰德黄金开发公司所有。萨迪奥拉金矿隶属于萨迪奥拉采金公司（属 SEMOS 公司），资产由南非英美公司（38%）、加拿大亚姆黄金公司（36%）、马里政府（18%）和国际金融公司（8%）共同分享。外资的大量引进，使得马里黄金生产发展迅速，黄金产量由 1990 年的 4.3 吨增加到 2002 年的 66吨，成为非洲重要的产金国。

第三，进行金融改革。

马里是非洲法郎区西非货币联盟的成员（该联盟包括贝宁、布基纳法索、科特迪瓦、马里、尼日尔、塞内加尔和多哥），20 世纪 80 年代中后期，马里与法郎区的其他国家一样，经济陷入困境，资本流动被阻塞，连国际支付都变得十分困难。

1994 年 1 月，马里同西非货币联盟中的其他国家一起对非洲法郎（CFA）实行了贬值，使其同法国法郎的汇率由原来的 50∶1 降到了 100∶1。1994 年，非洲法郎贬值致使通货膨胀率为 40%，此后的年度通货膨胀率约为 5%。经济也逐步恢复。1994 年马里的经济增长率为 2.5%，1995 年增长率约为 7.5%，这比国际货币基金组织预设的 5.1% 高出 2 个百分点以上。

第四，实行对外贸易自由化。

在经济结构调整过程中，贸易政策日趋宽松，国营进出口公司的垄断经营权不断削弱。1988 年解散国营进出口公司。1989 年，新的《外汇条例》、《外贸条例》以及《进出口商品检验规定》相继颁布。至此，马里的对外贸易进入全面自由化时期。21 世纪初，马里进出口商有 400 多家，其中经营能力较强、资金雄厚的有 20 余家。对外贸易自由化促进马里进出口额的较快增长，进出口总额由 1990 年的 7.10 亿美元增加到 2003 年的 20.11 亿美元。

但是，结构调整没有解决马里经济的深层次问题，马里经济发展任重道远。首先，单一的产品经济结构没有改变。独立之初，马里农业人口所占总人口的比重超过 90%，花生、棉花和牲畜这三种主要出口产品占总出口量的 75%。结构调整仍以发展出口创汇农业和采矿业为重点，注重棉花的生产和黄金的开采，所以，自结构调整以来，马里的基本经济格局没有根本改变，仍然靠几种经济作物或矿物换取外汇，只是由原来的牲畜、花生、棉花变为黄金、棉花和牲畜。21 世纪初，马里出口商品的三大支柱为棉花、黄金和牲畜，这三大产品每年所占出口总额的比重几乎都超过 90%。

其次，外债沉重，财政上对外援依赖程度增加。世界银行和国际货币基金组织将经济结构调整与提供援助直接挂钩，使接受经济结构调整的非洲国家产生对外援的依赖性，与此同时，外债随之激增。1999 年马里外债达 32.05 亿美元，占国民生产总值（GNP）的 125.9%；2000 年和 2001 年，马里的外债分别为 29.74 亿美元和 29.11 亿美元，而同期国内生产总值分别为 27 亿美元和 28 亿美元；2002 年外债为 28.03 亿美元。1988 年马里接受结构调整后，尤其是在 1992 年以后，坚持“民主化”改革，得到了西方国家的认可，每年从国际金融机构和西方国家得到的外援为平均 4 亿多美元，约占其国内生产总值的 17%，与财政收入相当。2001～2005 年，27 个主要国家或机构向马里提供约 14.80 亿美元的援助。其中，2002 年，获官方发展援助共 4.72 亿美元，双边援助 2.57 亿美元，多边援助 1.62 亿美元。外援有助于马里国际收支的平衡和 GDP 的增长，但是，也造成了马里对国际援助依赖性的增强和外债的激增。

最后，马里人民生活水平仍然比较低。结构调整后，马里的国内生产总值虽然有较快的增长，但是经济基础薄弱，制造业和服务业发展缓慢，所以人民生活水平仍然很低，仍属世界上经济最不发达的国家之一。1994 年，人均国内生产总值仅 176 美元；1999 年，马里人均国民生产总值只有 240 美元，排在西非位于加纳、几内亚和塞内加尔之后；2002 年，64% 的人口生活在贫困线以下；2004 年国内生产总值仅为 49.14 亿美元，人均 367 美元。

（四）　自由化经济体制下的马里经济

结构调整计划为马里的经济增加了灵活性，出现了短暂的快速增长，但也带来了诸多的弊端，造成马里过分依赖黄金出口，经济结构失衡，国民经济畸形发展。1999 年，国际市场黄金价格下跌，加之传统出口商品棉花价格下降，以及原油价格上涨，令马里经济快速发展的势头减弱。近十几年来，马里在杜尔总统发展自由化、私有化经济的带动下，经济持续较快增长。

马里一直将农业作为国家的经济基础、实现经济腾飞的“发动机”。2006 年，杜尔政府颁布了《农业指导法》，依托“农业发展政策”和“国家农业投资计划”，大力发展农田灌溉，以摆脱“靠天吃饭”的农业发展障碍。另外，政府十分重视农业工业化和农产品加工业。2011 年，马里粮食产量为 641.8 万吨。棉花是马里重要的出口农产品，杜尔总统上台后，支持大力发展棉花加工业，以增加棉花加工产品的出口量。近年来，马里国内先后成立非洲棉纺织品股份公司、纺织厂以及外国与马里私人投资建设的 FANA 纺织厂和脱脂棉生产厂等。这些棉纺织厂的建立，提高了马里的棉花加工能力，使马里的棉纺织品出口量大大提升。2012 年，马里棉花产量为 44.5 万吨，出口量达到了 14.4 万吨，销售额为 3.72 亿美元。

杜尔政府延续了马里历届政府的经济改革措施。2007 年政府通过了《国家经济和社会发展计划》，有效调节社会经济结构，围绕基建、生产、巩固机构改革、强化社会服务、加快内地开发建设等工作重点，不断加大力度，确保规划的顺利实施。同年，实施《2007～2011 年增长与减贫战略框架》。2011 年，《2007～2011 年增长与减贫战略框架》顺利完成，实施效果良好，基本达到规划目标。据世界银行统计，2007 年，马里国内生产总值为 81.5 亿美元，到 2011 年，增长到了 129.8 亿美元，2007～2011 年，马里的国内生产总值平均增长率达到 4.5%。

2011～2012 年，马里的经济发展遇到了重大挫折。2011 年，由于气候异常，粮食歉收，国内生产总值增长率由 2010 年的 5.8% 跌至 2.7%。2012 年情况更加糟糕，北部图阿雷格人的叛乱造成国内局势动荡，经济发展环境遭到了巨大破坏，严重影响了马里的经济发展。据统计，2012 年马里全年经济基本没有增长，国内生产总值增长率仅为 0.02%。此外，3 月 22 日，马里国内发生军事政变，杜尔政府被推翻，许多国家纷纷停止对马里的援助，国际援助锐减 90%，国外投资也下降了 93%。

2013 年民选后的凯塔政府上台，推行了一系列恢复经济的措施，加之世界各国和国际组织恢复了对马里的援助和投资，马里经济得以继续发展。在经济重建中，国际技术和金融伙伴给予了广泛支持。国际货币基金组织董事会于 2013 年 6 月 10 日批准支付马里"快速便捷贷款"1000 万美元特别提款权，共 1500 万美元，以协助其稳定宏观经济，重振发展，并随后批准马里提出扩大便携贷款的申请，与其签订了为期 3 年的"扩大便捷贷款"协定，授予 3000 万美元特别提款权，共 4600 万美元。此外，凯塔政府还制订了《2013～2014 年可持续振兴计划》和《2012～2017 年增长与减贫战略框架》，争取将马里建设成一个新兴国家和农牧业强国。具体目标为：强化和平与安全；提高宏观经济稳定性；推动建立有利于贫困人口就业和致富、更强劲和可持续的发展模式；巩固长期发展所需的各项基础，提供公平、便捷和高质量的社会服务；改善行政管理。在改善经营环境方面，凯塔政府也采取了一些具体措施以促进和发展更具活力和竞争力以及多样化的私企产业。如：实施谨慎的预算政策，确保社会发展，减少贫困；改进公共财政管理，贯彻"改进和规范公共财政管理 2011～2015 年行动计划"；改善经营氛围，鼓励私企发展。

第二节　农林牧渔业

一　农业

（一）概况

马里是传统的农牧业国，农业在国民经济中始终占有重要地位。20 世纪 60 年代中期，马里农业人口占当时总人口的比重超过 90%，花生、棉花和牲畜这三种主要出口产品占总出口量的 3/4。20 世纪 70 年代末，83% 的马里人口从事农业，提供国民生产总值的 50% 以上。据《1998/1999 年世界发展报告》统计，1997 年马里农业在国内生产总值中所占比重为 49%。1999 年从事农业生产的劳动力占就业人口的 81.5%，农业产值占国内生产总值的 46.6%，农产品的出口额占全国出口总额的 75%。

近年来，由于矿业的快速发展，黄金产业在国民生产总值中所占比重迅速上升，导致农业比重有所下降，2013 年马里农业占国内生产总值的比例为 36.5%。

马里全国土地总面积 1.24 亿公顷，可耕地 2400 万公顷，仅占国土总面积的 19.35%。20 世纪 80 年代中后期，马里已耕地面积为 210 万公顷；据《世界知识年鉴（2002/2003）》统计，1996 年，全国已耕地面积增加到 350 万公顷。2013 年，马里已耕地面积达到了 641 万公顷，占可耕地总面积的 26.7%。耕地主要分布在萨赫勒带以南地区，以尼日尔河沿岸最为集中。锡卡索、巴马科、塞古、莫普提四个区的土地面积约占全国的 1/4，而耕地面积占全国耕地面积的比重却超过 80%。按气候和日照条件，马里农作物每年可一熟至三熟。由于劳动力缺乏、灌溉设施不足等，广大地区很少复种，普遍一年一熟。一般 6 月下旬播种，10 ~ 12 月收获。雨季耕种，旱季农闲。重要农产品有小米、高粱、稻、玉米、棉花、花生以及块根作物（如木薯、甘薯和山药等）。1988 年，马里农作物以小米、高粱和玉米为主，总产量为 127.6 万吨。但近年来由于出口型农作物的发展需求，棉花的产量迅速增加，已经成为仅次于黄金的第二大出口产品。尤其是 2011 年，棉花的产量达到了 44.5 万吨，比上一年增长了 81.6%（见表 4 - 7）。

表 4 - 7 马里主要农产品产量

单位：万吨

年份	2008	2009	2010	2011
粮食	481.5	546.7	641.8	577.7
棉花	20.2	22.9	24.5	44.5
水稻	160.7	183.2	230.8	174
其他旱田作物	320.7	359	411	403.6

资料来源：《马里 2012 经济和社会发展概况报告》，中华人民共和国驻马里共和国大使馆经济商务参赞处网站，http://ml.mofcom.gov.cn/article/ztdy/201309/20130900294633.shtml，最后访问日期：2016 年 10 月 30 日。

（二）农业经营方式

马里农村的土地属国家所有，不存在土地买卖关系。就农业经营来说，有五种方式。

1. 国家经营

由国家兴办农场，如"尼办"（即"尼日尔办公室"，又译为"尼日尔河开发管理局"）直接经营的水稻农场、甘蔗农场，巴马科的巴金达农场等。这些单位都有较好的水利条件，拥有一定数量的农业机械，招收工人定级发薪，产品由国家收购。

2. 租赁经营

由国家兴修水利，整好土地，租赁给农民耕种。如在"尼办"实行租赁经营的水稻生产区，由"尼办"向雇佣农民提供住房和土地，贷给耕牛、犁、耙等生产资料，借给第一年的口粮和种子。雇佣农民个体生产，自负盈亏，服从统一计划，接受监督指导，向"尼办"交售余粮。类似"尼办"水稻租赁经营的还有巴马科、塞古等地的棉花和花生租赁经营。

3. 个体经营

广大农民在大家族制度下，利用村庄附近的土地自行耕种，主要种植粟类、高粱、玉米和棉花、花生等。由于技术力量薄弱，无力经营水利设施，大多使用简单的生产工具，采用传统的生产方式。各地农民使用的生产工具普遍是短柄锄和砍刀，耕作方法一般是浅耕撒播，不施肥，不除草，不进行田间管理。全国 90% 左右的农户为个体农民。

4. 雇工经营

在巴金达农场，有部分土地雇用当地农民耕种，产品归雇主支配。

5. 外资经营

法国纺织发展公司在马里投资，大面积种植棉花，并在每个棉区派有专人监督指导棉农生产。

（三）马里最大的农场——"尼办"

"尼办"位于尼日尔河内河三角洲的冲积平原，总面积 245 万公顷，可耕面积 96 万公顷，总部设在塞古市，是马里最大的农工商企业。"尼办"使用现代化的农业机械和运输工具，采取科学的耕作方法，水利设施齐全，生产条件与个体农民截然不同。原是法国于 1919 年开办的农业企业，主要生产粮食和棉花。1922～1931 年先后易名为"殖民总局""纺织水利总局""临时灌溉局"，1932 年定名为"尼日尔河规划和开发办公室"，直属法国海外殖民部领导。殖民当局为了扩大棉花和水稻的种植，满足法国纺织业对棉花的需求和解决法属非洲的粮食供应问题，计划兴建尼日尔河灌溉工程。在此之前，一位名叫伯利姆的法国工程师发现，尼日尔河在很久以前曾经改道，留下一大片冲积平原，只要修建一座水坝和开挖一些灌渠，就可以对其进行开发。整治工作开始于1934年，先在马尔卡拉修建了一座大坝，将尼日尔河拦腰截断，蓄住上游河水，又在下游挖凿了各种渠道。到1947年，包括约200千米长的各种渠道和由几百道水闸构成的灌溉工程竣工，灌溉的面积达15万公顷。到1960年，种植面积3.5万公顷，其中水稻近3万公顷，棉花5000多公顷。仅1950～1960年，法国就掠夺了马里的水稻24万多吨，棉花3.4万多吨。马里独立后，将"尼办"收归国有，实现干部非洲化，使"尼办"成为马里最大的农业企业。1965年它有6000名工人，其中3000人是固定工，其余都是季节工。1965年在中国的帮助下，发展了甘蔗生产。1971/1972年度，"尼办"的种植面积达到38534公顷，比独立前最高的1958/1959年度增加20%。1971/1972年度"尼办"水稻产量为52915吨，占全国总产量的30%，向国家交售大米24000吨，占全国商品量的60%。目前，这个机构已经整治了5.5万公顷水浇地，其中4.5万公顷专门种植水稻，以解决国家的大米供应不足问题。它的任务是向稻田供水、维修灌溉渠道并向农民提供技术培训和其他服务等。"尼办"还设有农产品加工厂，如碾米厂、糖厂、轧花厂和榨油厂，此外，还有制砖、制管和木材加工厂等。

在农业生产方面，"尼办"主要有租赁经营和直接经营两种形式。租赁经营就是农民通过与"尼办"签订租佃合同，规定相应的权利和义务，取得土地的经营权。如"尼办"提供住房和土地，贷给生产资料，借给口粮和种子等，农民则服从"尼办"的统一安排和监督指导，并向"尼办"交售粮食等。直接经营是指"尼办"直接组织农业生产，有甘蔗农场、水稻农场等。

"尼办"有比较严格的管理体制。总部是"尼办"的总领导机关，设有总经理和副总经理，下设四室（秘书室、行政办公室、经济办公室、总研究室）、四处（生产处、工程处、供应处、会计处）共32个科组。

生产区是总部的派出机构,每个生产区设有区长、收购和商业三个办公室,负责领导管理本区的工农业生产、收购粮食等。生产队、农牧场、工厂均由生产区直接领导。生产队负责管理租佃经营,一般只设队长一人,起上传下达的作用。村庄是"尼办"租佃经营的基层生产单位。生产归生产队、生产区领导,每个村庄由"尼办"长期派驻一名辅导员,监督指导农民生产。行政归县领导,每个村庄由群众推选一名年高有威望或富裕户主为村长,任期5年,负责收税和调解民事。

"尼办"在扩大灌溉面积、整修灌溉渠网、推广优良品种种植等方面做了大量工作。1987年"尼办"与政府签订为期3年的承包合同,次年3月"尼办"制订了提高尼日尔三角洲生产能力的计划,包括维修水坝和部分灌渠,恢复3100公顷水浇地,增添新的农用设备,并与国际金融机构合作,实施新的整治土地计划等。在"尼办"开发的土地上,农民自己重新组织起来,买打谷机,开碾米厂,从刀耕火种发展到使用小型农具。因新的耕作技术和良种的推广,每公顷稻谷的产量已从2.3吨增加到4.5吨,有的稻田每公顷产量高达7吨。

"尼办"在马里农业发展中有着举足轻重的作用。总长2300多千米的各类灌渠和总长2800多千米的各类排渠,使这一工程区内的5万公顷稻田和5000公顷甘蔗田受益。这个拥有150个村庄、14000农户、18万人口的辖区,生产的粮食占马里全国稻谷总产量的一半以上。据英国经济情报所《国家概况——马里》2004年统计,2002年"尼办"生产稻米71万吨,2003年增加到96万吨。近年来,"尼办"的发展受到了一些限制,过度使用耕地、土壤盐碱化、农作物单产指数及复种指数低、农业技术推广以及投资不足等问题制约着"尼办"的发展。"整治耕地"是凯塔政府工作的重要内容,2012年马里共整治农田10万公顷,其中"尼办"占6万公顷。

(四)农产品

1. 粮食

马里农业发展潜力很大,尼日尔河纵贯马里全境,加上塞内加尔河及其大小支流,为农业灌溉提供了丰富的水利资源。主要粮食作物有粟类、高粱、稻、玉米、薯类等,粟类和高粱约占粮食作物播种面积的80%、产量的 3/4，普遍分布于尼日尔河河套以西、以南的广大地区。

稻米是马里人民的主要细粮，种植以水稻为主，主要产于塞古区（萨恩、尼奥诺等省）和莫普提区（莫普提、杰内、尼亚奋凯等省），二区约占全国水稻种植面积的 2/3。马里具有悠久的种植水稻的历史，莫普提在千年前就已开始种稻。20 世纪 50 ~ 60 年代，马里的稻谷生产发展非常迅速，一度成为西非各国稻米的供应地。为了进一步增加粮食产量，马里除在旱地扩种旱稻外，还在沿河地区兴修水利，开辟水田，兴办国有农场，设立研究试验站，重点推广水稻种植。在马里的主要河流的河谷及洪泛平原还长有一种奇特的浮稻。这种稻植株高达 3 米，顶部一般浮于水面，可以抵御洪水的冲击。马里在尼日尔河中游沿河地区种植浮稻 15 万公顷，占非洲浮稻面积的 70%。1964 年马里水稻种植面积为 20 万公顷，产量 16.5 万吨。到 2010 年，马里的水稻产量为 230.8 万吨。2011 年，由于气候异常，自然灾害频发，导致水稻的播种面积比上年减少了 12%，产量为 174 万吨。

玉米在粮食作物中所占比重较小，主要分布于西部和南部地区，锡卡索、卡伊和巴马科三区占全国种植面积的比例超过 90%。马里粗粮基本可以自给，需要进口的粮食主要是面粉等细粮。2003 年，马里玉米产量达 36.5 万吨。

马里是一个缺粮的国家。自 20 世纪 70 年代以来，非洲发生的几次旱灾中，马里是重灾区；再加上人口增长过快，以致粮食严重短缺。据1980 年的资料统计，只有 700 万人口的马里粮食亏空高达 26 万吨，进口粮食远不能满足需要，还要请求国际援助。在这个农村人口占 85% 的国家里，农业不景气严重阻碍着经济和社会发展，直接危及人民生活。从80 年代起，农业问题引起了马里政府的重视。在 1981 ~ 1985 年的五年计划中，农业被列为国家经济建设"优先中的优先"，全国努力重建"西非粮仓"。在这 5 年中，马里政府对农业的投资占 5 年总投资的比重超过30%，主要用于兴修水利，改善农业生产条件。到 1986 年底，马里建成灌溉能力达 1100 万公顷的塞林格大坝和可以灌溉 9 万公顷粮田的马南塔利大坝。此外，还兴建了 38 个中小型水利项目。

与此同时，马里政府稳步建立和推广农业合作性质的"村屯"组织，并通过提供信贷、培训人员、引进良种、供应先进农机具和指导改进耕作方式等，扶持和巩固"村屯"组织。采取了这些措施以后，马里粮食生产增产 15%～25%。此外，马里调整粮食购销政策，将小米、高粱、玉米和稻米的收购价格提高 30%～50%，激发了农民的生产热情。同时，政府部分放开粮食市场，使私人参与粮食交易，活跃粮食市场。

科纳雷政府成立后，马里政府继续重视和优先发展农业，将实现粮食自给、满足人民的基本需求等放在首位，注意利用发展农业的政策和措施调动农民的生产积极性。20 世纪 90 年代初以来，马里政府建立农业发展银行，减轻农民税务负担，允许粮食自由买卖，粮食产量连年增加，成为撒哈拉以南非洲第一个实现粮食自给的国家。据英国经济情报所《国家概况——马里》2001 年统计，小米和高粱的产量由 1996 年的 127.5 万吨，增至 2000 年的 149.9 万吨；同期，稻米的产量由 41.6 万吨增至 72.3万吨。1992 年产粮 213.9 万吨，1999 年增加到 225.9 万吨（见表 4 - 8）。2000 年和 2001 年，马里粮食产量维持在 260 万吨左右。

表 4 - 8 1992～1999 年马里粮食产量

单位：万吨

年份	小米和高粱	玉米	大米	合计
1992	149.4	23.6	40.9	213.9
1993	106.6	17.7	36.9	161.2
1994	133.6	26.1	38.5	198.2
1995	147.9	29.7	42.2	219.8
1996	127.5	24.3	41.6	193.4
1997	115.1	26.7	55.3	197.1
1998	108.0	31.1	51.2	190.3
1999	127.1	35.4	63.4	225.9

资料来源：中华人民共和国商务部网站，http：//www. mofcom. gov. cn，最后访问日期：2016年 9 月 1 日。

2002 年，由于降雨量减少和鸟类对农作物的侵害，马里粮食减产，西部的卡伊和东部的库利科罗是粮食危机最严重的地带。2002 年 12 月 26日，负责粮食安全的部长级代表伊卜拉希马·乌马尔·杜尔宣布，2002/2003 年度马里缺粮 44.2 万吨，是自 20 世纪 90 年代以来粮食短缺最严重的一年。据联合国粮农组织评估，2002/2003 年度马里谷物产量为 228 万吨，比上年报告的 258.3 万吨减少 11.4%。

杜尔总统执政的十年间，马里国内政局稳定，粮食生产稳步增加。2010 年，粮食总产量达到 641.8 万吨，2011 年气候恶劣导致粮食歉收，粮食产量比上年减产 10%，为 577.7 万吨。自凯塔政府重新整顿经济以来，粮食产量继续增长，据世界银行统计，2014 年，马里粮食产量再创新高，达到 698.1 万吨。

从马里的粮食生产和消费情况来看，玉米和水稻基本能够保持自给，而小麦需要大量进口。如 2015 年马里玉米产量为 165.03 万吨，玉米消费 161.07 万吨，余额 3.96 万吨。2015 年马里水稻产量为 213.34 万吨，水稻消费 194.72 万吨，余额 18.62 万吨。2015 年马里小麦产量为 4.05 万吨，小麦消费 28.38 万吨，需要进口 24.33 万吨。另外，从粮食生产情况来看，产量呈增长的态势。玉米产量由 2011 年的 129.58 万吨增加到 2015 年的 165.03 万吨；水稻产量由 2011 年的 174.27 万吨，增加到 2015 年的 213.34 万吨；小麦产量由 2011 年的 3.38 万吨，增加到 2015 年的 4.05 万吨（参见表 4 - 9）。

表 4 - 9 2011 ~ 2015 年马里部分粮食产量与消费量

单位：万吨

年份	2011	2012	2013	2014	2015
玉米产量	129.58	170.85	149.66	177.07	165.03
玉米消费量	129.96	172.18	150.33	174.59	161.07
差额/余额	- 0.37	- 1.33	- 0.67	2.48	3.96
水稻产量	174.27	191.48	221.10	216.60	213.34
水稻消费量	173.92	191.46	221.19	216.68	194.72
差额/余额	- 0.34	- 0.02	- 0.09	- 0.08	18.62
小麦产量	3.38	4.03	2.74	4.58	4.05
小麦消费量	13.78	19.08	25.48	33.56	28.38
差额/余额	- 10.40	- 15.05	- 22.74	- 28.98	- 24.33

资料来源：*Mali Country Review 2016*，pp. 170 - 171。

2. 棉花

长期以来，法国殖民主义者在马里片面发展经济作物，使马里仅仅依靠少数几种农产品作为出口的主要商品和本国国民收入的重要来源。马里独立后，这种单一产品经济结构并没有得到根本性改变。棉花仍然是马里最重要的经济作物，它是马里的主要收入来源，以 1/4 的劳动人口直接或间接地养活了 100 多万人口。

　　马里种植棉花的历史比较早，但主要供当地消费。自 20 世纪 30 年代开始，法国在马里的尼日尔河内陆三角洲扩大棉花的种植面积，至 1959 年，马里棉花产量达 10400 吨，产值 125 万美元。但是，大力发展棉花是在马里独立之后。棉花主要产于塞古、锡卡索和巴马科三区，尤以塞古、尼奥诺、萨恩、库蒂亚拉等省分布比较集中。棉花一般于 5 月下旬开始播种，10 月至翌年 3 月陆续收摘。马里棉花产区苗期雨水较少，花蕾期雨量集中，且多系阵雨；棉花絮期日照充足，相对湿度低，气候条件对于棉花生长、结铃、开絮非常有利。

　　以锡卡索为例，从温度、降雨量、降雨天数等方面展示马里主要棉产区的生长条件（见表 4 – 10）。

表 4 – 10　锡卡索农作区气温、降雨量和降雨天数平均值

月份	平均温度（℃）		平均月降雨量（毫米）	平均月降雨天数（天）
	日低温	日高温		
1	15.3	33.5	1.4	0.2
2	18.3	36.0	4.1	0.6
3	22.1	37.4	12.8	2.3
4	14.6	37.3	45.9	5.4
5	24.1	35.6	109.1	9.9
6	22.4	32.9	152.3	12.7
7	21.5	30.7	243.7	17.0
8	21.4	29.9	308.8	20.0
9	21.3	31.0	210.0	14.5
10	21.5	33.3	84.4	9.0
11	18.5	34.4	11.7	1.4
12	15.2	33.1	2.0	0.2
全年	—	—	1186.2	93.2

　　资料来源：农业部国际交流服务中心编著《非洲农业国别调研报告集》（第 3 辑），中国农业科学技术出版社，2013，第 161 页。

马里独立后，采取扶持棉农、改良栽培技术、推广优良品种等措施，使棉花种植面积和产量逐年扩大提高。1960/1961 年度，马里棉花种植 3.15 万公顷，籽棉总产 0.89 万吨。1970/1971 年度，马里棉花种植面积扩大到 7.23 万公顷，籽棉产量达到 5.72 万吨。1986 年马里棉花产量为 18.3 万吨。90 年代中后期，马里有棉田 32 万公顷，占可耕地面积的 24%，棉花产量超过 40 万吨，居西非地区第一位，在整个非洲地区仅次于埃及。

20 世纪 90 年代末，政府大力推行支持和鼓励棉花种植的政策。马里总统下令，在全国范围内大力发展棉花种植业与加工业，加大对棉农的援助，提高棉花收购价格，从而调动农民的积极性，棉花种植面积增长 15%，马里棉花产量逐年增加。据英国经济情报所《国家概况——马里》2001 年统计，马里籽棉产量 1995/1996 年度为 40.6 万吨，1996/1997 年度增加到 45.2 万吨，1997/1998 年度达到 52.3 万吨。2003/2004 年度棉花产量达到创纪录的 60 万吨。马里赶超埃及，一跃成为非洲最大的产棉国。棉花占马里农业收入的比重超过 80%，其中，99% 供出口，棉花出口创汇占马里出口的 50%～60%。1997 年上半年出口额达 927 亿非洲法郎，比 1996 年同期增长 5.5%，占出口总额的 59.5%。主要销往东南亚国家和地区，部分销往西欧和南美。

进入 21 世纪以来，马里政府继续发展棉花产业。2005 年 12 月，马里政府修改了棉花生产发展规划，总体目标是对棉花生产和纺织工业进行私有化改革，包括对棉花私人种植户建立支持体系，以促进种植户之间的合作和联合，政府为他们提供培训服务。此外，政府还计划设立一项保险基金，以保障棉农的利益，减少因国际价格的变化、国内干旱和蝗灾给棉农造成的经济损害，挫伤农民生产的积极性。另外，世界银行出台了一个商业性短期价格保险计划，以保护马里棉农的利益。近年来，由于马里黄金产量增加，棉花在马里出口总额中所占的比例有所下降，但仍是马里的主要出口产品。如在 2012 年的出口商品当中，棉花以 3.72 亿美元位于黄金的 17.09 亿美元之后，远高于牲畜等出口商品。据马里纺织发展公司公布的数据，2016 年马里植棉面积达到 1050 万亩，比上年增长 14%，棉花产量预计超过 65 万吨。①

---

① *Country Reports：Mali*，2016，p. 8.

3. 花生

花生是马里主要的出口农产品，1964 年产量为 13 万吨。巴马科、卡伊和塞古三区种植面积和产量约占全国的 90%。花生品种大部分是小粒种，果实含仁率 73.7%，含油率 48.69%。受国际市场价格波动和国内收购政策的影响，花生生产和出口量不稳定。如 1962～1967 年出口量由 4.2 万吨减至 2.4 万吨，减少了 43%。马里花生的产量 1986 年为 5.1 万吨，1987年为 8.15 万吨。进入 90 年代，马里花生产量有较大增长。花生产量1997/1998 年度为 16.1 万吨，1999/2000 年度达到 21.4 万吨。近年来，马里主要大力发展棉花种植业，虽然花生的种植面积相对较少，但 2008年，花生产量仍达 30.8 万吨。2016 年马里花生产量增长到 45 万吨。[①]

4. 甘蔗

甘蔗是马里独立以后新发展起来的经济作物，自 1963 年开始在尼奥诺地区试种。政府通过对当地气候和土壤特点进行调查研究，引进适应当地条件的甘蔗品种（中粤糖和华南 56/268、57/423、56/21 等），于 1963 年试种成功。在此基础上，1965 年又在尼奥诺县杜加布古建立第一甘蔗农场和糖厂，于 1973 年在该县锡里巴拉筹建第二甘蔗农场和糖厂。2007 年，马里生产糖蔗36.5 万吨。马里糖的产量由 2007 年的 3 万吨增加到 2016 年的 12 万吨。[②]

5. 芒果

芒果是近年来快速兴起的水果种植业，并迅速跻身马里出口商品前列。2007 年，马里芒果出口 8517 吨，2008 年更是达到了 12576 吨，2009年芒果产量不佳，但仍有 6857 吨出口。2010 年出口新鲜芒果 10410 吨，出口金额为 65 亿非洲法郎，约合 1.3 亿美元，还出口了 17 吨芒果干和 400 吨芒果酱。至此，芒果已成为继黄金、棉花和牲畜后的第四大出口商品。

马里芒果以品质佳著称，酸甜而少筋。马里拥有 109875 公顷芒果林，平均每公顷果林产芒果 5.2 吨，主要种植于西加索、严佛里拉、布谷尼、塞林格、巴金内达等地区。每年，马里都有 1 万多吨的新鲜芒果和芒果

① "Mali Peanut Meal Production," http：//www.indexmundi.com.

② "Mali Centrifugal Sugar Proeluction," http：//www.indexmundi.com.

干、芒果酱等芒果加工产品销往法国、德国以及荷兰等欧洲国家。另外，还有一部分出口利比亚和摩洛哥等非洲国家。

除了上述几种农产品外，马里还有烟草、茶叶、卡利特油果、阿拉伯树胶、剑麻和各种热带水果等。其中，卡利特油果是马里的一种很重要的油料作物，它的油可食用、燃烧，果核还可用来加工蜡烛、肥皂和化妆品，年收获量约 20 万吨，其果仁是马里的传统出口物资。

二 畜牧业、渔业、林业

（一）畜牧业

马里具有辽阔的草原牧场，牧草地占国土总面积的比重超过 60%，全国牧场面积约 3000 万公顷，具有发展畜牧业的优越的自然条件，是西非拥有牲畜存栏数最多的国家。主要的畜牧区在萨赫勒和马西纳周围地区。1972 年约有牛 545 万头、羊 1120 万只、驴 47 万头、骆驼 22 万头、马 14 万匹、猪 3 万头。全国约有 50 万人经营畜牧业。牲畜和畜产品不仅是北部和东北部牧民的重要生活来源，而且是国家的主要出口商品之一。20 世纪 70 年代初，畜产品出口额约占马里出口总额的一半。据《世界知识年鉴》统计，1984 年马里畜产品出口额占出口总额的 28%。到 90 年代中期，畜牧业仍为马里第二大出口产业，产值占国内生产总值的 20%。由于棉花产量和黄金产量的快速增加，畜牧业在马里经济中的地位有所下降。20 世纪 90 年代末，畜牧业生产总值约占国内生产总值的 10%，牲畜存栏数仍居西非各国之首。马里牲畜出口地区几乎涵盖西非所有国家，同时也向欧洲出口。近年来，马里的畜牧业稳步发展，牛的存栏数由 1999 年的 683.3 万头增加到 2012 年的 972.1 万头，从 2010 年到 2012 年，羊的存栏数由 1186.5 万只发展到 1308.1 万只。牛、羊以及家禽等牲畜产量的不断增长，也带动了畜产品的出口额增加。

马里的牧民既有定居的，也有游牧的。在北部地区，几乎所有的畜群都掌握在摩尔人、图阿雷格人和颇尔人手中。畜群随着季节从北到南往返迁徙。在马里中部地区，这里的牧主是定居的颇尔人，他们饲养牲畜只不过是作为他们农业劳动之外的一种副业。主要畜牧品种有牛、羊、驴、马

等。此外，北部还有骆驼，定居地区还有家禽和猪。马里的牲畜主要分布
于加奥和莫普提两区。这两个地区大约拥有全国牲畜数量的 75%。牛主
要分布于北纬 15°～16°以北的草原地区，而尼日尔河沿岸低洼积水地区
是萃萃蝇滋生之地，不适宜养牛。绵羊和山羊多牧养于北部干燥地区，在
塞古至通布图之间的地带畜养马西纳细毛绵羊。

表 4－11　2010～2012 年畜牧种类与产量

种类	2010	2011	2012
牛(万头)	916.3	943.8	972.1
羊(万只)	1186.5	1245.9	1308.1
马(万头)	48.7	49.8	—
驴(万头)	88.0	90.0	56.69
骆驼(万头)	92.2	94.1	—
猪(万头)	7.5	7.6	—
家禽(万只)	3675.0	3675.0	—

资料来源：《马里 2012 经济和社会发展概况报告》，中华人民共和国驻马里共和国大使馆经
济商务参赞处网站，http：//ml.mofcom.gov.cn/article/ztdy/201309/20130900294633.shtml，最后
访问日期：2016 年 10 月 30 日。

2009 年，杜尔政府颁布了西萨赫勒畜牧业发展计划（PADESO）。该
项计划覆盖卡伊、库利科罗和塞古三个大区，总面积约 75420 平方千米，
涉及资金 80 多亿非洲法郎（约合 1600 万美元）。包括挖掘 15 眼农用井，
建立 3 个牲畜市场、7 个牲畜疫苗接种站和 3 个小型奶制品厂等。这项计
划旨在提高农牧业人员的技术水平和进行农畜饲养和畜产品加工技术培
训，从而增加农畜牧业产量，提高该行业人员的收入，实现可持续发展。
2012 年，西萨赫勒畜牧业发展计划第一阶段顺利结束，共获得资金约
26.5 亿非洲法郎（约合 530 万美元），其中 20 亿非洲法郎（约合 400 万
美元）由石油输出国组织提供，另外 6.5 亿非洲法郎（约合 130 万美元）
由马里政府出资。

（二）渔业

马里虽是个内陆国家，但渔业在国民经济中占有重要地位，是西非第
三大产鱼国。鱼是马里居民的主要食品之一，也是主要出口商品之一。渔

业主要分布在尼日尔河、塞内加尔河及其支流和湖泊等地,莫普提、塞古和加奥是马里的渔业中心。其中,莫普提号称马里"渔都"。渔民们主要利用木船、网、笼、钩和叉等进行手工捕鱼,近年来已开始使用机动渔船。1963 年捕鱼量为 4.97 万吨,1972 年增加到 15 万吨。所产上尉鱼、马里鲑鱼肉味鲜美,驰名国内外。鱼产品除供应当地需求外,约有 60%加工为熏鱼、干鱼和咸鱼销往全国各地并出口国外。马里渔民约 26 万人,占农村人口的 3.6%,在尼日尔河三角洲地区,超过 1/3 的居民从事捕捞业。渔业产值约占国内生产总值的 4.2%。20 世纪 90 年代,马里每年捕鱼量稳定在 15 万吨左右(见表 4 - 12),据英国经济情报所《国家概况——马里》2004 年统计,马里的渔业产量有所下降,平均产量 10 万吨左右。又据中华人民共和国外交部网站资料,2013 年马里鱼产量为 7.1229 万吨。近年来,略有上升,平均年捕鱼量约 10 万吨。

表 4 - 12 1993 ~ 1999 年马里鱼产量

单位:吨

年份	1993	1994	1995	1996	1997	1998	1999
鲜鱼	27123	31197	27425	31644	31736	32237	32745
熏鱼、干鱼和咸鱼	10498	12072	10612	12245	12281	12474	12671

资料来源:中华人民共和国商务部网站,http://www.mofcom.gov.cn,最后访问日期:2016年9月1日。

(三)林业

马里是一个一直受干旱影响的国家,森林覆盖率很低。尽管国家采取措施保护森林,但农民依然依靠砍伐森林获得能源。到 20 世纪 80 年代,马里每年砍伐 60 万公顷森林用以满足家庭能源的需求,使有限的森林资源遭到破坏,森林砍伐已达到警戒线,森林覆盖率日趋下降。1963 年底,马里拥有 440 万公顷国营林区,其中 330 万公顷是禁猎区。到 20 世纪 90年代末,全国森林面积仅为 110 万公顷,覆盖率不到 1%,多集中于南部、西部和尼日尔上河谷地区,成为世界上森林最少的国家之一。1996年 3 月 11 日,马里在巴马科召开关于农村发展和环境问题的全国会议,会议通过了新的政策来保护马里有限的森林，防止环境进一步恶化。报告建议加强对农村的管理，使人民负起责任。大会通过了保护森林和野生动物的新的法律。

第三节　工矿业

一　概况

独立以前，马里仅在巴马科、塞古、锡卡索、莫普提等主要城市分布有少量的碾米、轧花、榨油等农产品加工企业及一些机械修理厂，工业产值在国民生产总值中所占的比重不到 2%，工业制成品大部分不能生产，主要依靠进口。

独立之初的马里选择了走社会主义计划经济的道路，先后制订了经济社会发展第一个五年计划、经济社会发展三年计划和第二个五年计划，新建马里工业企业 50 多家。

20 世纪 80 年代，马里实行了经济改革。1981 年执政的马里人民民主联盟举行了全国特别代表大会，决定在经济领域进行重大改革，实行以私营经济为主体的国有、私营、合营三种企业并存的经济体制，将绝大多数亏损严重的国有企业和公司改为私营或公私合营，鼓励和扶植私人兴办中小企业。取消国有公司对国内主要产品和对外贸易的垄断，允许私商直接购销工农业产品。80 年代中期，马里政府面临外债负担加重、自然灾害接连不断、企业亏损严重的经济困难，加快了对国有企业的改革，进一步调整经济结构。1987 年，政府清理了 15 家国有企业，将其中 14 家改为私营。为鼓励私人投资，马里颁布了更为优惠的新《投资法》和《贸易法》。从 1988 年开始，马里接受世界银行和国际货币基金组织提出的结构调整方案，加大对国有企业改革的力度。经过调整，50 多家国有企业保留了 17 家战略性企业，关闭了 15 家，其余则实行全部或部分私有化。国家对整顿后能恢复生产的企业给予支持，对有潜力的纺织业，政府投资6000 万非洲法郎。首都巴马科工业区内的马里纺织工业公司曾于 1992 年

6 月关闭，1994 年 8 月恢复生产，1994 ~ 1995 年营业额高达 70 亿非洲法郎，创造了可观的经济效益。2004 年以来，马里又陆续建立了马里非洲棉纺织品股份公司（Fitina S. A）以及私人投资建立的 FANA 纺织厂和脱脂棉生产厂等拥有现代化设备的毛纺织厂。

经过改革，马里的矿业获得了较快发展，成为拉动马里工业企业发展的新的增长点。据英国经济情报所《国家概况——马里》2001 年统计，自 1995 年以来，马里的黄金已成为继棉花之后排名第二的出口产品。2002 年黄金成为马里最大的出口产品，超过棉花和牲畜。90 年代以来，在矿业的拉动下，工业在马里国内生产总值中的比例又有了新的提高。1995 ~ 1999 年，马里工矿业的产值（按 1997 年的价格）分别为 1160 亿非洲法郎、1240 亿非洲法郎、1520 亿非洲法郎、1620 亿非洲法郎和 1650 亿非洲法郎，占马里国内生产总值的比例分别为 16.4%、17.0%、19.6%、20.2% 和 19.5%。2002 年马里工矿业占国内生产总值的比例更是达到创纪录的 29.7%，2003 年仍有 27%。[①] 近年来，马里的工作发展缓慢，由于基础设施落后、劳动力素质低、融资成本较高、工业税负较重和走私活动猖獗等，加之服务业占国内生产总值的比重不断上升，马里工业占国内生产总值的比例持续下降，到 2013 年仅为国内生产总值的 18.1%。[②]

二 制 造 业

马里的工业发展缓慢，独立前仅有少数几个农牧产品加工企业及一些机械修理厂，工业产值在国民生产总值中所占的比例不到 2%。独立后建立了纺织厂、糖厂、卷烟厂、火柴厂、皮革厂、碾米厂、茶厂、榨油厂等。此外，还有同法国合营的半导体收音机装配厂等。马里工业以轻工业为主，主要工业部门有纺织、食品、卷烟、建筑材料、机修和制药等。机械、建筑材料、化学制品、燃料和食品等都是马里主要的进口商品。马里工业发展中存在的主要问题是资金和技术短缺、对外依赖性大，以及交通不便、基础设施薄弱等。

---

① World Development Indicators Database，World Bank，August 2004.

② World Development Indicators Database，World Bank，August 2015.

马里政府利用盛产棉花的优势努力发展纺织工业。马里纺织工业有两家重要的企业：中马合资的马里纺织股份有限公司（COMATEXSA，简称"塞纺"）和以马里私营资本为主的马里纺织工业公司（ITEMA）。两家企业生产能力：纱3600吨，线500吨，坯布1100万米，印花布2900万米。产品除25%左右销往周边国家外，75%左右在马里本国销售。两家企业产品在马里市场占有率约为40%。

2004年2月马里第一家棉纱厂——非洲棉纺织品股份公司建成投产。该棉纱厂占地1万平方米，由法国、马里和毛里求斯三国的股份组成，注册资本17亿非洲法郎。第一阶段年产5040吨棉纱，5年后达到年产15000吨。80%的产品出口欧洲及毛里求斯，20%在当地销售。

马里基础设施薄弱。基础设施建设是近年来马里经济发展的重要环节，因此对水泥这一主要建材的需求量不断增加。据马里官方统计，马里每年进口水泥约300万吨，主要从科特迪瓦和塞内加尔大量进口。

2012年11月，马里第一家水泥厂"马里钻石水泥厂"（DCM）建成。该厂是马里政府与印度公司建立的合资企业，其中印度公司占股70%，马里政府占股22%，其他马里社会资本占股8%。该厂位于库利科罗大区卡地市，设计产能为每年100万吨，2013年1月投产。投产以来产量逐年递增，已由2013年的31万吨增加到2015年的63万吨。目前，该厂正在向马里政府申请第二份生产许可，拟开设新厂，扩大生产，以满足马里市场所有需求并争取出口。2014年2月，马里第二家水泥厂——马里非洲水泥厂（CIMAF）举行奠基仪式，马里总统凯塔和摩洛哥国王穆罕默德六世共同出席。该厂系摩洛哥地产集团ADDOHA所建，预计总投资250亿非洲法郎，分两期建设，设计产能为每年100万吨。现工厂一期建设已基本完工，设计产能为50万吨，试生产的相关准备已就绪。

三 手工业

马里的手工业比较发达，全国各地都有织匠、鞋匠、铁匠、陶器工、裁缝匠、花边工、雕刻匠等，他们制作衣服、花边、毯子、席子、陶器、家具、皮鞋、金银细作等，深受本国人民和外国游客欢迎，特别是金银细作，曾在法国组织的国际博览会上获得很高的评价。

手工业为马里经济发展和解决就业做出了贡献，但是一直没有受到太多的关注和支持。目前，马里手工业者每年能生产价值 30 亿非洲法郎（约合 600 万美元）的各类工具，仅在农业（牲口）套车工具方面，马里不仅不需要进口，而且可以向邻国布基纳法索、毛里塔尼亚和尼日尔等国家出口。2012 年，马里政府制定了发展手工业的具体措施，主要包括：建立相关机构；修订手工业国家管理条例；寻找融资；召开手工业商会定期会议；创建手工业商品信息交换平台；建立手工业产品融资渠道；评估有关行动；建设手工业作坊；等等。

此外，马里的手工纺织具有悠久的历史，这种纺织方式在农村、集镇甚至城市的街巷随处可见。一般由妇女将棉花搓捻成纺线，男子用木架织布机织布，织成的布结实耐用。马里妇女喜欢穿用手工织成的布缝制而成的传统的裙子。全国手工业每年需用棉花 830 吨和羊毛 150 吨。目前，马里手工织布约占国内市场的 10%。

四　矿业

马里政府重视矿产资源的勘探和开采，大力吸引外商来马里投资开矿。1991 年，修订了《矿产法》，给予外国投资者简化手续、减少税收等优惠。1999 年和 2003 年又规定了一系列新举措，改善矿业投资环境，以刺激私人资本的投资，如规定国家在矿产开采公司中拥有的股份不得超过20%；矿产开采许可证的有效期从 2 年延长到 3 年；允许开采的最大范围从过去的 8 平方千米扩大到 10 平方千米。此外，为增加国家收入，新《矿产法》还计划提高矿产开采税，增设矿产转让税等。新《矿产法》还在环境保护、人员安全以及矿工培训等方面提出了一些严格的要求。

2005 年，马里政府制定和颁布了矿业发展十年规划，旨在加速矿产部门发展和促进国民经济振兴。主要内容包括一些矿产开发行动计划、改善法律和法规环境、加速基础矿产的普查、扶持小矿产企业发展等。

马里的地下矿藏品种较多，主要有黄金、钻石、铝矾土、锰、铁、锌、钼、铅、铀等。

黄金 马里是非洲第三大黄金出口国，黄金储量 900 吨。

钻石 凯涅巴地区有 21 处金伯利岩，其中多处含有钻石。加拿大和澳大利亚合资公司（MADE）正在对这一地区进行考察和开发。此外，大气磁场测量图显示古尔马地区也存有金伯利岩。

铁矿 马里矿产开采公司（SONAREM）和地质矿产局在 20 世纪 60 ~ 80 年代的勘探表明，马里西部铁矿储量约 3300 万吨。目前探明，马里铁矿石有 13.6 亿吨。

锰矿 安松戈（Ansongo）地区的储量约 1000 万吨。马里全国锰储量 1500 万吨。

铝矾土 主要分布在马里西南部，位于几内亚铝矾土省的延伸地区，储量有 12 亿吨，矿石中三氧化二铝的含量为 43.71%。

磷酸盐 主要分布在马里东北部地区，储量估计为 1180 万吨。

石灰石 主要分布在卡伊、洪波利、贡达姆、塔马德尼等地区，储量约 2180 万吨。

大理石 主要分布在马里西部巴富拉贝地区，储量约 1000 万吨。

锂矿 布古尼地区的储量达 400 万吨，二氧化锂含量为 0.6% ~ 6.5%。

铝锌矿 加奥地区的储量为 1700 万吨，矿石中含锌 5% ~ 10%、铅 2%。

褐煤和油母页岩 加奥地区褐煤储量为 130 万吨，热值为 4600 千卡/千克，页岩储量为 8.7 亿吨。

盐矿 泰萨利（Tessalit）地区的储量为 37 万吨。

石膏 储量 4 亿吨，主要分布在陶德尼地区。

硫酸钠 储量为 1.98 亿吨，主要分布在陶德尼地区。

钙芒硝 储量为 3.36 亿吨，主要分布在陶德尼地区。

铀 储量为 5200 吨，主要分布在加奥、凯涅巴地区。

除以上探明的矿产外，有许多迹象表明马里其他地区也分布有钻石、铀、铜、锡、镍、石油等矿产。

马里矿业的支柱是采金业。马里黄金总储量达 900 吨，黄金矿藏分布及主要采金企业有以下几个地区。

卡伊地区 萨迪奥拉地区储量为 120 吨，其中氧化矿的品位为 3 克/

吨。萨迪奥拉金矿开采公司已于 2001 年开始工业化开采。该公司为股份有限公司，股份结构为加拿大亚姆黄金公司占 36%，南非英美公司占38%，马里占 18%，世界银行占 8%。

卡拉那地区 储量约 60 吨，品位为 15 克/吨。1984～1991 年由苏联援建的国有卡拉那黄金开采公司进行开发，由于困难重重，公司于 1992 年解散。加纳的阿散蒂金矿集团公司（Groupement Ashanti Goldfields）和南非约翰内斯堡英奈斯菲奈奈特联合公司（Johannesburg Consolidated Innesfinenet）通过国际招标获得此地区的金矿开采权。

西亚玛地区 这一地区的金矿同分散在断裂火山岩中的硫化物混合在一起，根据西亚玛黄金公司（BHP）的测定，储量约 100 吨。西亚玛黄金公司在这一地区开采，其股份分配为 BHP 占 65%，马里占 20%，世界银行占 15%。

凯涅巴地区 根据马里矿业研究和开发公司 20 世纪 60 年代的勘测，梅蒂南迪（Medinandi）地区的储量约 4 吨，品位为 11.14 克/吨；鲁罗（Loulo）地区储量约 44 吨，品位为 5 克/吨。目前，BHP 公司在该地区开采。

基达尔地区 储量约 3 吨。

马里黄金生产发展迅速，黄金产量由 1990 的 4.3 吨增加到 2002 年的 66 吨，成为非洲重要的产金国。自 1995 年以来，马里的黄金已成为继棉花之后排名第二的出口产品。1997 年，马里黄金产量约达 16 吨，出口额高达 1274 亿非洲法郎，约占马里出口额的 40%。当年，马里在非洲黄金生产国中排在南非、津巴布韦、加纳之后，居第四位。

2000 年马里的黄金产量接近 30 吨，成为继南非、加纳之后非洲第三大产金国。2001～2003 年，马里黄金产量连续三年超过 50 吨，稳居非洲第三大产金国的地位。随着西部、南部以及东南部五个金矿的启动，马里在未来的几年内将有可能成为非洲第二大产金国。2002 年黄金成为马里最大的出口产品。近年来，黄金的年开采量稍有回落，2010 年黄金开采量为 36.4 吨，2011 年为 35.7 吨，但在 2013 年，马里黄金年产量再次突破 50 吨，达到了 51 吨（见表 4-13）。

表 4-13 2009~2013 年马里黄金产量

单位：吨

年份	2009	2010	2011	2012	2013
黄金产量	42.4	36.4	35.7	44.9	51.0

资料来源：世界黄金协会马里黄金概况，http://www.gold.org/cn，最后访问日期：2016 年 9 月 1 日。

马里金矿业的快速发展得益于大量引进外资。投资马里金矿业的公司中，两个最大的投资者分别是英美公司（2.5 亿美元）和兰德公司（1.4 亿美元）。马里主要金矿之一的斯亚玛金矿隶属于斯亚玛金矿公司，其资本的 75% 归南非兰德黄金开发公司所有。萨迪奥拉金矿隶属于萨迪奥拉采金公司，资产由南非英美公司（38%）、加拿大亚姆黄金公司（36%）、马里政府（18%）和国际金融公司（8%）共同分享。

矿业的发展为马里带来巨大的经济效益。2011~2013 年黄金出口额分别为 8407 亿非洲法郎、9129 亿非洲法郎和 10656 亿非洲法郎。但是，马里矿业的发展也面临许多问题：勘探计划的停滞不前；在矿业、税收和海关等方面行政管理薄弱；当地政府的要求不断提高；当地基础设施不完善，使得投资成本增加；黄金出路单一，其收入的高低完全取决于世界行情；等等。为了克服这些不利因素，进一步挖掘矿业的发展潜力，并实现可持续发展，马里政府制定了国家矿业发展的 10 年计划。该计划于 2005 年 11 月由马里部长会议审议并通过。马里矿业发展的 10 年计划的主要内容有：进一步改善有关司法规定和组织机构；进一步探明和完善矿区地质基础情况；加强矿产开发的环保管理，减少负面影响；推进黄金产品开发的多样化；促进小矿业及手工业者的发展；等等。

近年来，马里金矿开采业形势仍不乐观。10 年矿业发展计划对马里金矿业的发展起到了一定作用，但由于实施过程中资金、设备以及外界条件的影响，矿业发展阻力增加。2012 年发生马里北部叛乱，国内政局动荡混乱，对于马里矿业的正常发展也产生了不利影响，但随着凯塔政府继续大力支持黄金等矿业发展，马里矿业的发展前景良好。据《马里国家展望》（*Country Outlook*：*Mali*）2016 年预测，2017 年马里的黄金产量将达 77 吨。[①]

五 能 源

马里不产石油和煤，能源绝大部分依靠进口，本国的资源是水力和木材。独立之后，政府在巴马科、凯斯、塞古、加奥、莫普提、布古尼和锡卡索等城市建有火电厂。1964 年，这七个地区发电厂的总发电量为 2500 万千瓦时，其中仅巴马科一家发电厂就占 83%。生产电力所需的能源 96% 是进口柴油，只能为约 1 万家住户和 1000 家企业提供电力。为了缓解首都电力供应紧张状况，1963 年开始在索图巴建造一座水力发电厂。

马里电力普及率仍然很低，尤其是在农村地区，据非洲开发银行2015 年统计，2010 年只有 14.89%，城市用电普及率也只有 55.27%[②]。近年来，马里为解决能源问题，积极吸引外资，勘探石油，同时大力发展电力和其他能源，如太阳能。2014 年，全国有 16 个电站，其中火力发电站 12 个，太阳能电站 1 个，水电站 3 个。12 个火力发电站分布在布古尼、加奥、莫普提、锡卡索、马尔格拉、通布图、法纳、库加拉、库利科罗、塞古和巴马科；太阳能电站设在迪雷；3 个水电站是：巴马科索图巴水电站、塞林格水电站和费鲁水电站。1991 年马里发电量为 2.44 亿千瓦时，2001 年增加到 4.80 亿千瓦时，到 2012 年，马里发电量达到了 12.76亿千瓦时（见表 4 - 14）。近年来，马里的电力事业得到了长足发展。2014 年 4 月 30 日，由马里、塞内加尔、毛里塔尼亚和几内亚四国政府联合开发，中国水电建设集团承建的费鲁水电站（60 兆瓦）正式建成。该水电站不仅解决了马里在此区域的电力供给问题，而且通过区域电网输送到塞内加尔等其他 3 个国家，大大改善了四国在当地区域的电力供应紧张

[①] *Country Outlook*：*Mali*，November 2016，https：//eiu. bvelep. com/version - 2016811/cgi/temp.

[②] African Development Bank Group，*Mali Country Profile 2015*，p. 16.

状况。根据西非经货联盟的"区域经济发展计划",马里还将参与两个电网互联项目:科特迪瓦—马里,投资 808 亿西非法郎;加纳—布基纳法索—马里,投资 1023 亿西非法郎。2015 年马里发电量为 17.89 亿千瓦时。[①]

表 4-14　2010~2012 年马里电力生产及使用情况

年份	2010	2011	2012
用电普及率(%)	27.08	29.97	31.74
城市用电率(%)	55.27	59.63	64.01
农村用电率(%)	14.89	16.88	17.78
民用电费(一档、不含增值税)(非洲法郎)	59	59	59
生产电力(百万千瓦时)	1212.8	1298.4	1276.3

资料来源:《马里 2012 经济和社会发展概况报告》,中华人民共和国驻马里共和国大使馆经济商务参赞处网站,http://ml.mofcom.gov.cn/article/ztdy/201309/20130900294633.shtml,最后访问日期:2016 年 11 月 5 日。

　　马里的电力以火电、水电为主,2015 年火电和水电分别占马里总发电量的 59.9% 和 39.9%(见表 4-15)。近年来马里政府还充分利用太阳能,购买、引进太阳能发电技术和设备,大力发展太阳能发电产业。2012年,政府为学校、医院、乡镇政府和农村文化站安装太阳能发电设备 3000 多台(套),以用于照明、手提灯、抽水、冷冻等,并采购太阳能发热设备 500 多台(套),用于热水器、烘干机、炉灶等。

表 4-15　2012~2016 年马里电力构成及产量

单位:%

年份	2012	2013	2014	2015	2016
火电	39.9	47.0	55.7	59.9	60.6
水电	60.0	53.0	44.2	39.9	36.3
太阳能	0	0	0.1	0.2	3.1
发电量(百万千瓦时)	1276	1402	1629	1789	1966

资料来源:African Development Bank Group, *Mali Country Profile 2015*, p.26。

---

① African Development Bank Group, *Mali Country Profile 2015*, p.26.

第四节　交通运输业

政府在各个时期都将交通运输等基础设施的建设放在重要的位置。"一五"计划期间，马里在交通运输业方面投资 12440 万美元，占总投资的 48.6%。其中，基础设施实际投资 157 亿马里法郎，占总投资的 26.7%，居各行业的第二位。进入 21 世纪，马里的交通运输业获得了长足发展。1999 年，交通和通信的产值为 853 亿非洲法郎，占当年国内生产总值的 5.2%，而 2010~2012 年马里交通和通信的年产值分别为 2499 亿非洲法郎、2683 亿非洲法郎和 2971 亿非洲法郎，占国内生产总值的比重分别为 2.4%、2.0% 和 7.5%。

2011 年 12 月，马里政府出台了《2012~2017 年增长与减贫战略框架》，基础设施领域被列为三大优先发展领域之一。政府将加快公路、机场、水运等交通基础设施建设，以促进农村和城市基础设施建设的和谐发展，力争实现通信和互联网的全覆盖，早日建成与现代经济发展要求相匹配的基础设施网络。由于缺少资金投入，马里政府主要依靠国际组织（如世界银行、国际货币基金组织）和其他国家援助来建设重点项目。因此，尽管有政府规划文件，但项目资金落实情况却不尽如人意。

马里的交通由公路运输、铁路运输、内河航运和航空运输等构成，其中以公路运输最为重要。由于经济发展水平的限制，马里的交通还是比较落后的。

一　公路运输

马里是个内陆国家，交通运输不发达，进出口物资需经邻国港口转运，国内运输 80% 为公路运输。但马里的公路里程不足，严重制约了经济的发展，主要体现在两个方面：农业产区没有道路，农产品无法运出；运费较高，影响消费。

马里独立以来，政府重视交通基础设施建设，公路里程不断增加。

1956 年马里公里网总长 11150 千米，其中，5000 千米是几乎不能通车的
小道。到 1962 年，有 620 千米柏油公路和 2980 千米细石子公路；此外有
3600 千米全年可通车的小道，另有 7000 千米在雨季不能通行。1967 年
底，马里全国公路网总长 12080 千米，其中，永久性公路 7500 千米。在
永久性公路中，沥青路面公路 1155 千米。全国共有 3 条主要公路：巴马
科—库利科罗，巴马科—塞古—马尔卡拉，巴马科—布古尼—锡卡索。这
三条都是沥青路面公路。巴马科与全国主要城镇之间，都有公路相通。自
巴马科向东南可达布古尼、锡卡索；向东北经塞古、马尔卡拉可达尼奥
诺、贡达姆、通布图、基达尔，也可经过塞古、萨恩、莫普提至加奥；向
西北可通尼奥罗、卡伊等地。此外，马里还有三条连接邻国的主要交通干
线，分别是：巴马科—阿比让公路，长 1115 千米，是马里最重要的运输
通道，承担 60% 以上的进出口货物运输量，除此之外，货物运输还可利
用其他周边国家的运输线路，如多哥、几内亚、塞内加尔等国；巴马科
—洛美公路（途经布基纳法索），长 1600 千米；巴马科—科纳克里公
路，长 1100 千米。2014 年，马里公路总长 18709 千米，其中沥青路面
只有 3997 千米。公路运输担负着全国 75% 左右的客运量和 45% 左右的
货运量。另外，马里国内有各型机动车约 12 万辆，以摩托车和小型卡车
为主。

　　马里的公路中沥青路面太少，大部分是土路，因此，公路的维护
和改建成为马里政府的重要工作之一。近年来，马里每年都会对公路
进行修复和维护，如 2012 年马里完成道路修复总长达到 12342 千米
（见表4 - 16）。

表4 - 16　马里公路维护情况

单位：千米

年份	2010	2011	2012
完成沥青路维护	4320	4172	3412
状态良好的沥青路	4320	4424	3553
完成土路维护	7880	9692	6238

年份	2010	2011	2012
状态良好的土路	7880	10692	6253
新建或修复便道	971	1000	15
完成道路修复总长	12403	13864	12342
已建成沥青路总长	150	252	1

资料来源：《马里 2012 经济和社会发展概况报告》，中华人民共和国驻马里共和国大使馆经济商务参赞处网站，http://ml.mofcom.gov.cn/article/ztdy/201309/20130900294633.shtml，最后访问日期：2016 年 11 月 5 日。

二 铁路运输

马里只有一条铁路，是塞内加尔—马里铁路的一部分。这条铁路起自塞内加尔首都达喀尔，跨过塞内加尔河支流法莱梅河进入马里境内，经过卡伊、巴富拉贝、基塔、巴马科，终于库利科罗，全长 1287 千米，其中马里境内 641 千米。铁路轨距 1000 毫米，属于国际窄轨铁路，以内燃机车牵引，限制坡度 10‰，最大坡度 23.5‰，最小曲线半径 300 米，最高行车速度 60 千米/小时。

马里是个内陆国家，没有自己的出海口。马里曾经设想修建两条通往大西洋口岸的铁路：一是自锡卡索通往科特迪瓦的旺戈洛杜古联结该国铁路；二是几内亚—马里铁路（经科纳克里出海），其中巴马科至几内亚的库鲁萨铁路全长 350.8 千米，马里境内 154.1 千米。1968 年，中国曾与几内亚、马里就帮助修建铁路问题进行了协商，并派出了考察组进行考察。

马里境内铁路客货运量不大，沿线共有 30 个车站。1971 年旅客周转量 8000 万人/千米，货物周转量 14800 万吨/千米；马里的进出口货物和西部地区的物资交流，主要依靠铁路运输，年货运量 20 万~25 万吨。经铁路进口的主要货物为水泥、钢铁、石油产品、机械、化肥、糖、盐、纺织品等，出口主要货物为棉花、大米、花生、牲畜、皮革、鱼类、卡利特油果等农林牧渔产品。1999 年，马里铁路的客运量 77.8 万人次，货运量 53.6 万吨。

21 世纪初，马里对铁路的管理制度进行了改革，将铁路经营权出租。马里原铁路局（巴马科—达喀尔）负债 30 亿西非法郎，处于破产境地。2003 年 3 月，加拿大企业 CANAC - GETMA 报价 156.68 亿西非法郎，获得经营权。同年 9 月 23 日在巴马科签订了租赁协议，期限 25 年。CANAC - GETMA 公司持有 51% 的股份，马里和塞内加尔分别占 10% 的股份，职工持股 9%，另有 20% 为私人持有。马里原铁路运输只承担马里每年 250 万吨进出口货物的 10%，每月只有 2 万吨，出租后初期，铁路运营良好，2003 年 10 月货运量达到 5 万吨，客运盈利 1.21 亿非洲法郎。但由于 CANAC - GETMA 公司运营不善，加之公司内部财政状况恶化，2012 年，马里政府宣布与 CANAC - GETMA 公司的合作终止，铁路出租合作运营模式宣告失败。2012 年，铁路旅客运输量仅为 7.5 万人次，铁路货物运输 24.36 万吨（见表 4 - 17），占货运总量的 13%。

表 4 - 17　2009 ~ 2012 年马里铁路运输量

单位：万人次，万吨

年份	2009	2010	2011	2012
客运量	10.94	11.27	11.11	7.50
货运量	58.97	43.99	38.06	24.36

资料来源：中华人民共和国驻马里大使馆经济商务参赞处网站，http://ml.mofcom.gov.cn/article/ztdy/201403/20140300527800.shtml，最后访问日期：2016 年 11 月 5 日。

目前，巴马科—达喀尔铁路存在严重问题。马里自独立以来，从未进行过维护和更新，路轨老化，发车数量不断减少，列车出轨事件时有发生。此外，铁路车站损毁严重，30 个车站中，有 14 个车站已经关门。铁路途经的桥梁损毁严重，信号系统已达使用寿命期限。马里现有 28 个机车车头，其中 5 个用于运营，11 个不能使用，930 节货车车皮包括属于私人的 83 节油罐车皮需要更新。机车车头大部分购置于 1983 ~ 1987 年，最新的也是在 1997 年添置的，这些机车耗油量很大，且牵引力明显不足。

2016 年，应马里和塞内加尔两国申请，欧盟批准通过了援助和改建巴马科—达喀尔铁路的法案，并提出了具体的改造建议。（1）短期内，改善铁路基础设施，提高车速；更新货车刹车装备，配置自动挂钩和空压刹车系统；统一养路段长度。（2）中长期内，实现集中控制；装备无线电安全闭塞系统和相匹配的车站安全设施；将货车车轴负载能力从 17 吨提高到 21 吨；提高车头油箱载油量至 7000 升，以避免机车中途（在卡伊）加油；购置牵引力更强的 3300 马力车头和集装箱平板车厢；修复或更新现有车厢；统一车厢和车头停放场地；不断提高生产效率；简化通关手续；扩大招工，加强培训。整个改造过程长达 16 年，短期内欧盟将投资 3360 亿非洲法郎（约合 5.12 亿欧元），随后，欧盟将在中长期计划中继续投入 7240 亿非洲法郎（约合 11 亿欧元）以提高吨公里运能。

三　内河航运

马里的内河水运起着较大作用，内河航线总长 12700 千米。尼日尔河是非洲最大的水上运输动脉之一。尼日尔河干流除了巴马科—库利科罗段 57 千米被瀑布急流所阻外，其余均可通航。通航河段有二：一段自几内亚的库鲁萨至巴马科，长 350 千米，每年 6 月 15 日至 12 月 15 日半年通航；另一段自库利科罗以下直至尼日尔境内均可通航，其中库利科罗至马里北部安松戈一段长 1408 千米，是马里主要的内河航线。但由于旱季和雨季水位比差较大，航行具有季节性变化。旱季 50 吨船只仅能通航至马尔卡拉，雨季开始后的 6～12 月通航条件较好。6～8 月，80 吨船只可行驶至莫普提，9 月以后，库利科罗—安松戈全段可通行 150 吨船只。尼日尔河除了干流外，支流巴尼河萨恩至莫普提段雨季亦可通航（225 千米）。

库利科罗、塞古、莫普提、尼亚奋凯、布雷姆和加奥是尼日尔河的内河港口，其中库利科罗最大。库利科罗是塞内加尔—马里铁路的终点、尼日尔河中段航线的起点、马里水陆运输转运站。

塞内加尔河在马里境内有一段坡陡流急，有费卢瀑布等阻隔，缺乏航行条件，但自加伊以下全部河段可通航，可沿河进入塞内加尔，抵达大西洋口岸圣路易市，只是通航时间较短，每年仅有 3 个月时间（8～10 月）。

内河航运的主要缺陷是，马里境内的河流缺乏水坝调节设施，降水量不均匀，因而不能保持正常水位，通航的时间是季节性的。近年来，尼日尔河沙土淤积严重，使水路运期大大缩减。此外，马里国内的运输船只破烂不堪，许多无法使用，大大降低了运航能力。

马里航运公司负责内河航运的经营和管理，其总部设在库利科罗。目前该公司拥有 3 艘混合型的客货船、3 艘汽艇和拖轮、27 艘平底驳船。受干旱影响，加上船只陈旧，内河运输业发展迟缓。2011 年，马里政府修复多处水运港站，使内河航运量有所提升。当年全年客运量为 7858 人次，货运量 8859 吨，主要运输粮食、岩盐、石油制品、水泥等物资。

四　航空运输

马里航空公司于 1960 年成立，除了国内航线外，还有每周一班次的巴马科—马赛—巴黎航线、巴马科—拉巴特—巴黎航线和 5 条非洲内陆航线（阿比让、阿克拉、尼亚美、科纳克里、蒙罗维亚）。巴马科拥有为所有国际航空常用飞机起降的设备。马里的机场除了巴马科、塞古、尼奥罗、莫普提、贡达姆和加奥外，还有凯斯、通布图、耶利马内、顿察、尼奥诺和尼亚奋凯。1964 年，巴马科的航空客运量为 4.6 万人次，货运量为 1250 吨。70 年代中期，国内有巴马科—塞古—通布图—加奥以及巴马科—加伊等航线，由马里航空公司经营。国际航线有巴马科—拉巴特—巴黎（马里经营）；巴马科—拉巴特—苏黎世—布拉格（捷克经营），每周一次；巴马科—阿尔及尔—贝尔格莱德—莫斯科（苏联经营），每周一次；巴马科—阿克拉（马里经营）；巴马科—巴黎（法国经营）；巴马科—达喀尔（法国经营）。1983 年马里空运的客运量为 14.08 万人次，货运量 6117 吨。因亏损严重，马里航空公司于 1988 年被解散。

1990 年，国家参与 20% 的投资，成立马里塔斯航空公司（MALITAS），共有 5 架飞机，主要经营国内航线。1992 年 5 月，马里获准加入非洲多国航空公司。1993 年 10 月，建立股份制航空公司，资产 5 亿非洲法郎。首都市郊有巴马科塞努国际机场，跑道长 3200 米，宽 45 米，可起降各种大型客货飞机。马里有从巴马科分别至巴黎、达喀尔、瓦加杜古、阿比让、拉各斯、尼亚美、阿克拉、利伯维尔、科纳克里、卡萨布兰卡、阿尔及尔等地的国际航线。法国、阿尔及利亚、布基纳法索、埃塞俄比亚、摩洛哥、几内亚、毛里塔尼亚等国的航空公司有班机在巴马科起降。国内其他地区小型机场 20 多处，全国机场大小跑道 22 条，航线总长 25000 千米。1993 年，客运量为 29 万人次，货运量为 5925 吨。

21 世纪初，马里为了加快发展航空运输业，积极寻求国际社会的合作。2003 年 11 月，马里通过国际招标选择航空运输的合作伙伴，最后选中 AGA KHAN 集团的 AKFED/IPS 公司（一家巴基斯坦跨国公司）。2005 年 2 月 25 日，马里装备和运输部部长、工商部部长、经济和财政部部长、国有资产和地产部部长等出席了与 AGA KHAN 集团代表签署有关成立马里航空公司协议的仪式。

新的航空公司（CAM）注册资本 30 亿非洲法郎，国家占 20%，马里私人投资占 29%，AGA KHAN 集团占 51%。新航空公司的运输业务分三步走：2005 年 6 月起开发国内航空运输；然后开通与西非地区国家首都的航线；第三步发展国际航空运输，用空中客车飞往巴黎奥利机场。

马里航运的主管部门是装备、交通和联通部下设的国家民用航空管理局（ANAC），成立于 2005 年 12 月 26 日，主要职能是：根据国际民航组织的标准，制定本国相关规则，监督航空安全与可靠规定的实施，规划、协调民航的运营等。此外还有国家气象局（DNM）、马里机场国营管理公司（Aéroports du Mali）以及马里机场地勤支持有限责任公司（ASAM S. A）负责马里航运的气象、商业运营和地勤服务等工作。马里航运体系中还有一个重要组织，即非洲及马达加斯加航空飞行安全管理局（ASECNA），成立于 1959 年 12 月 12 日，共有 18 个成员，包括 15 个中、西非国家和马达加斯加、科摩罗、法国，主要职能是向在非洲及马达加斯加空域飞行的航班提供安全服务。

马里目前有 27 个机场，其中 8 个机场有永久性跑道，分别是：巴马科机场（跑道 2700 米）、加奥机场（跑道 2500 米）、莫普提机场（跑道 2500 米）、泰萨利特机场（跑道 2500 米）、马南塔利机场（跑道 1500 米）、尼奥罗机场（跑道 1500 米）、通布图机场（跑道 1500 米）、卡伊机场（跑道 1200 米）。① 国际航线主要由法国航空公司和比利时航空公司经营。有 5 个城市拥有国际机场。巴马科塞努国际机场可起降各种大型客货飞机，2006 年运送旅客 53.36 万人次，该机场于 2015 年 12 月 31 日更名为莫迪博·凯塔国际机场。马里北方危机和"3·22"政变②给马里航空公司带来严重损失，马里航空公司自 2012 年 6 月 11 日起开始裁员，减少飞机数量，取消部分航线。12 月，马里航空公司宣布中止营业 9 个月，并解聘公司核心员工。受国内政局影响，2012 年马里全年空运旅客 52.88 万人次，下降 10%；抵离港飞机 9716 架次，减少 3086 架次；空运货物 7669 吨，减少 544 吨。

目前，中国往返马里的主要航线有：法国航空（北京/上海/武汉/广州/香港—巴黎—巴马科）、埃塞俄比亚航空（北京/广州/上海—亚的斯亚贝巴—巴马科）和肯尼亚航空（广州/上海—内罗毕—巴马科）、土耳其航空（北京—乌鲁木齐—伊斯坦布尔—巴马科）。

第五节　旅游业

一　概况

马里是西非地区的文明古国，是中古时代加纳、马里、桑海三大帝国的核心地区，有着丰富的历史文化古迹。杰内、通布图都是最重要的古都，这里有著名的清真寺，还可以看到 19 世纪欧洲探险家的住宅。毗邻尼日尔河的莫普提市河网密布，号称"马里的威尼斯"，邦贾加拉则有举世闻名的多贡文化遗迹。其中，杰内古城、通布图古城、多贡遗迹和加奥阿斯基亚王陵被列入联合国教科文组织世界文化与自然遗产保护名录。每年 10 月至次年 2 月是旅游旺季，月平均气温不超过 30℃，夜晚较凉爽。

---

① *Country Reports*：*Mali*, 2016, p.34.
② 2012 年 3 月 22 日，阿马杜·萨诺戈领导马里一部分士兵发动军事政变，推翻马里总统杜尔政权。

旅游者多来自法国、德国、比利时、意大利、美国。1997 年约有 7.5 万名游客到马里游览，给马里带来 2600 万美元的旅游收入。1999～2000 年有 9 万名游客访问马里，旅游收入达 9000 万美元。

进入 21 世纪后，马里旅游业发展迅速。目前，全国有 109 家旅行社、244 家旅馆饭店、3492 间客房。2007 年接待外国游客 25 万人次，创汇 1.75 亿美元。2012 年马里发生叛乱，旅游业受其影响严重，旅客人数和创汇产值大幅度下滑，并且许多旅馆倒闭。2012 年，马里入境游客人数从 2011 年的 16 万人降至 13.4 万人（见表 4-18），旅馆从 2011 年的 600 多家骤降至 244 家。北部古城通布图也遭到伊斯兰教极端分子破坏，16 座列入世界文化遗产的陵墓中有 14 座被毁。2012 年 6 月，通布图被联合国教科文组织列入濒危世界遗产名录。2014 年 3 月，联合国教科文组织开始修复被毁陵墓。

表 4-18　2010～2014 年马里旅游业概况

年份	2010	2011	2012	2013	2014
入境游客人数（千人）	169	160	134	142	168
年产值（亿西非法郎）	2495	2480	2500	2490	2600
占国内生产总值比例（%）	4.50	4.13	4.39	4.25	4.30

资料来源：World Travel & Tourism Council，*Travel & Tourism Economic Impact 2015 Mali*。

二　主要旅游资源

马里旅游资源丰富，在历史上马里是西非文明的中心地区，文化积淀深厚，留下了丰富的人文景观；马里的自然风光丰富多彩，沙漠、草原、平原、河谷、山地一应俱全。杰内古城、通布图古城、邦贾加拉陡崖和阿斯吉亚王陵被列入世界文化遗产名录，这些都是马里境内的旅游胜地。

杰内古城以独特的摩尔式建筑和灿烂的伊斯兰文化闻名于世。在中世纪，杰内是撒哈拉商道上的重要城市，参与了黑非洲、马格里布以及欧洲之间的贸易往来。15～16 世纪，它是伊斯兰教在西非的传播中心。城内古建筑约有 2000 座，被完好地保存下来。古城建筑风格统一，是西苏丹建筑艺术的代表。用灰泥涂抹的捣实黏土块是常见的建筑材料，绘有装饰的壁柱、筑雉堞以及护墙是其主要的建筑特色。杰内古城被世人誉为"尼日尔河谷的宝石"。城内最著名的建筑是 1907～1909 年按 15 世纪苏丹建筑风格重建的杰内大清真寺。该建筑没有一砖一石，而是用一种特殊的黏土、以椰树树枝为骨架建成的，建筑面积达 3025 平方米。100 根粗大的四方泥柱支撑着大厅的屋顶，高大宽阔的寺门十分壮观。杰内古城周围自然风光优美，坐落在尼日尔河三角洲的最南端、尼日尔河支流巴尼河的左岸，碧绿的巴尼河缓缓流过市区，市内沟渠纵横，流水潺潺，绿树成荫。

通布图是马里的一座历史名城，是中世纪撒哈拉商道贸易重要的枢纽，也是著名的伊斯兰文化中心。从 14 世纪中叶起，它先后成为马里帝国和桑海帝国的重要城市，城市的基本格局就是在这个时候确定下来的。在阿斯吉亚王朝（1493～1591）时期，它成为西非文化和宗教中心，世界各地的伊斯兰教学者纷纷到这里讲学布道，使这座城市与当时的开罗、巴格达和大马士革齐名。通布图的古建筑大部分保持完好，最著名的建筑是穆萨清真寺。这一著名的伊斯兰建筑群于 1325 年初建，经过几次扩建才形成现在的规模。这座清真寺由两座宣礼塔和三座内院组成，两座宣礼塔中较高的那座是市内最高的建筑。市内另一座著名建筑是创建于 14 世纪的斯科尔清真寺，寺中耸立着一座装饰精巧的宣礼塔。16 世纪斯科尔清真寺是著名的伊斯兰高等学府，学者在寺内研究《古兰经》以及法学、文学、历史和天文、地理等学科。

阿斯吉亚王陵是桑海帝国著名的国王阿斯吉亚·穆罕默德一世的陵墓，于 1495 年建于首都加奥。这座王陵令人印象最深刻的是 17 米高的金字塔形建筑。雄伟的王陵反映了 15～16 世纪桑海帝国的强大、富裕和繁荣。当时，帝国控制了撒哈拉商道贸易，特别是盐和黄金。王陵包括金字塔形坟墓、两座平顶清真寺建筑、清真寺公墓和露天的集会场地，这些都是阿斯吉亚·穆罕默德从麦加回来定伊斯兰教为国教并将加奥作为首都后建造的。

独特的多贡文化是马里最负盛名的旅游资源。

多贡高原位于尼日尔河大河曲南边，从西边的邦贾加拉陡崖到东边的洪博里山，绵延400余千米。这是世界罕见的丹霞地貌奇观，加之世代居住在那里的多贡民族，积淀了著名的多贡文化，故有"世界丹霞奇观""人类高贵遗产"之称，早在1989年就被列入世界文化与自然遗产保护名录，属自然与文化兼备的"双料"人类遗产。这一带是著名的多贡人的聚居地，悬崖峭壁间布满了蜂窝状的多贡人的住宅。这里的居民有着独特的社会制度和文化艺术，经常举行假面舞会。多贡人的习俗和传统生活方式保留至今，他们居住的房屋多建在岩石峭壁上，尖顶泥屋，层层叠叠，别具一格。政府近年不断拨款，修路打井，建造旅店，使这里成为马里的旅游胜地。

丹霞地貌是在红色岩系地质基础上发育成的一种地貌类型。在阳光的照射下，呈现耀眼的红色或紫色。多贡高原的丹霞景观有几大突出特点。一是年代悠久，红色岩系的年代从5亿多年前的晚前寒武纪延续到2.5亿年前的古生代末期。二是红色地层的厚度深，即使是海拔1155米的洪博里山，它下面的红色岩系至少还有1500～2500米。整个高原都由这种地层组成，从而形成规模宏大的丹霞景观，多贡高原的丹霞景观往往超过1000平方千米。三是大悬崖气势宏伟，高原南面的邦贾加拉陡崖，由古生代后多次造山运动中产生的大断层发育而成，最高海拔791米，与南面平原的相对高差为200～400米，而且弯弯曲曲延伸250千米，成为西非最大的悬崖。

多贡高原因自古以来多贡族聚居此地而得名。多贡族据说是非洲苏丹族系中最早定居的一个民族，他们原生活在南方遥远的肥沃平原上，以务农为生。为躲避游牧民族的侵袭，早在中世纪西非处在大小帝国纷争和交替的时期，多贡族就陆续迁入高原。正是在强大的游牧民族的长期包围之下，多贡族成为西非一个富有特色的定居民族，造就了独树一帜的定居文化。多贡文化内容丰富，富有民族特色，而且因高原的封闭性而带有一定的神秘色彩。

首先，聚落选址、房子式样和建筑材料都很独特。充分利用地势条件抵御外族入侵是多贡人聚落选址的首要原则。因此，他们的村庄或分布在陡崖上面，或坐落在台地之中，或建在山顶上，甚至在悬崖峭壁间，布满了犹如蜂窝状的多贡族的住宅，成为多贡文化的一景。另外，出于集体防御考虑，村庄规模一般比较大，有 100～200 户人家。多贡族的房屋有几个共同特点：房子矮小，面积一般只有几平方米，高 2 米左右；全部用红色石块砌成，呈方块状；平顶小屋；房子一般都建得密集、紧凑，而且顺着地势高低上下错落呈不规则分布。为了盖这种房子，他们搬动大石头，在石头上支起杆子、柱子，再抹上一层黏土。墙是用石块或烧制的黏土块砌成的，外面抹上一层黏土。有的房子高两三层。建在岩石峭壁上的尖顶泥屋，随着山势起伏，层层叠叠，煞是壮观。

其次，特殊的环境造就了多贡族独特的农业文明。那里有古老的梯田，形成牲畜饲养与积肥、施肥相结合的精耕细作的农业。尽管高原上地势起伏大，石多土少，但周围仍然随处可见狭小而零散的"山坳田"，以及高低不等、零星或小片分布的梯田。除了种稻、黍类、高粱、木薯，还有棉花、烟叶、洋葱、辣椒和其他蔬菜、水果。为充分利用土地资源，林粮间作的方式很普遍，农牧结合、林牧结合也构成一道独特风景。

多贡人还有他们独特的播种节，即翁东菲勒节。多贡族居住的班迪加拉山区，自然条件十分恶劣，严重缺水，因此，多贡人历来对水都很珍惜。多少年来，多贡人形成了一些与水有关的习俗。每年 4 月第一场春雨过后的第三周，他们都举行"翁东菲勒"，意即播种节的庆祝活动。节日庆祝活动的主力是青年男女。年轻人不仅将播种节视为盛大的节日，而且将其当作一次富有教育意义的重要活动。小伙子们戴着光怪陆离的面具，由全村男子陪同，集体到丛林中模仿原始人的生活、劳动、狩猎、嬉戏几天，而后在某个晚上，他们伪装成"强盗"突然下山，包围自己的村子，大喊"敌人把村子包围了！"，村中的妇女应声而出。于是这些年轻人便在妇女面前跳起"战士舞"，模仿打仗的动作。妇女们加入舞蹈的人群中，欣喜若狂地跳起舞来，整个节日进入高潮。节日过后，村民们纷纷到田里播种。

再次，多贡族的文化生活、服饰和手工艺品都十分具有民族特色，反映出一种独特的文化氛围。如化装舞会，既是民族节庆日的一种文化盛会，又是民间婚丧庆典和祭祀活动的一种礼仪表示，其区别在于舞者的面具和服饰及表演动作。多贡人的特色工艺品多种多样，有各式各样的面具，有式样与花色纷呈的服饰和饰品，还有品种繁多的编织和雕刻工艺品等。多贡族的面具有 90 多种，用以表现不同的舞蹈内容。

最后，多贡人重视葬礼，他们有独特的洞葬。马里多贡人世世代代居住在山区，他们在人死后，采用奇特的"洞葬"方式。在多贡人的世界里，没有什么地方比他们的墓洞更神圣了。葬尸的山洞就设在村庄附近的山顶端，洞旁是用石块垒成的小型尖塔。人死后，多贡人通过假面舞那放纵的舞蹈动作表达他们的悲伤。葬礼在夜幕降临后开始。死者生前好友带着小米、水果等物品向死者致哀。与此同时，村上的一群男子戴上面具，来到死者住所，在激昂的鼓声中跳舞。他们还用火枪对空射击，并模仿战斗动作，以示对死者的敬意。接着全村村民都来参加葬礼。年长的妇女敲着大葫芦，年轻的妇女随着节拍跳舞，这样一直延续到第二天傍晚。最后，死者躺在木棺里，在妇女们的哀哭声中，被高举过头顶通过全村，然后，亲友们小心翼翼地用猴面包树皮做的绳子将死者升到悬崖上的一个山洞里。

马里的沙漠旅游业也别具一格。在马里北部的撒哈拉沙漠，灰褐色的沙丘，沙砾极细，在炎热的季节，沙丘的表面温度多超过 60℃。在这里做"沙疗"的游客，一排排躺在沙坑里，将患病的部位埋在沙堆里，身体的其他部分用布蓬遮住，身旁放着水壶，不断地喝水。每个患者根据身体状况或遵医嘱每天做 2~3 次沙疗。到马里进行"沙疗"的人来自世界各地，主要是那些患有严重风湿性关节炎的人。撒哈拉沙漠的沙砾中含硫、铁、钾等矿物质，加上非洲炎热的气候和沙子本身的特性，所以对湿热病有特殊疗效。近年来，知道"沙疗"疗效的人越来越多，法国和马里北方的一些生意人纷纷投资，修建旅馆，建立诊所，发展旅游业。其中，斐巴摩纳的沙漠旅馆最负盛名。斐巴摩纳是马里最热的地方，最高气温可达60℃。为了给滚滚热浪中长途跋涉的旅客提供一个凉爽的休息之地,当地居民开设了一种"井中旅店"。他们在高坡上打3米多深的干井,然后在井底四周挖出一个高2米、面积40平方米左右的空洞,用小木梯上下。在空洞里,安置20~30个铺位。在这种井中旅店中,气温只有13℃~14℃,非常凉爽。大的井中旅店设有餐厅和其他生活设施。斐巴摩纳最有名的井中旅店是"兹勒库井中旅店",备有大井12个,小井11个,住宿、餐厅、游艺一应俱全。

此外,马里旅游资源还有大象保护区、尼日尔河三角洲的鸟区,总面积超过380万公顷,为旅游者提供了观光生物多样性的机会,也使马里的旅游业呈现多样化的特点。

第六节　通信

一　网络

马里于1997年开始引入互联网,2001年,国内已有13家网络服务供应商,由马里国家电信公司(SOTELMA)统筹管理。马里的网络运营成本较高,维护难度也比较大。主要的私营电信企业有Ikatel和Malitél等,经营范围较广,后者在2011年后逐渐展现出价格竞争优势。马里国家电信公司是马里最主要的网络服务供应商,能够提供X. 25标准上网和拨号上网服务,其他一些运营商也能够提供拨号上网和无线互联网服务。许多网络运营公司都位于首都巴马科,可以提供各类网络连入服务。

2011年马里网络用户人数为414985人,约占总人口的2.9%,在世界上处于很低水平,网络使用率在世界125个接入网络的国家中排第123位。高校学生和各类企业是主要的网络用户,很多学生拥有电子邮箱,并能享受到相对简捷和廉价的网络服务。马里的网络服务收费较高,不过近年来也呈下降趋势。当前,马里网络使用者占总人口的比例已经上升到10%,但是,仍然大大落后于世界平均水平。

二　电话

近年来，马里的电话使用量快速增长，尤其是移动电话的使用量增长更快。2010年，马里电话登记总数达748.4万部，同比增长62.25%；2011年，马里电话登记总数为1092.7万部，同比增长46.01%。当然，马里电话覆盖率还有较大的提升空间，2010~2012年，马里电话覆盖村镇率分别为68%、69%和70%（见表4-19）。

表4-19　2010~2012年马里电话使用情况

项目	2010年	2011年	2012年
全国电话密度(线/人)	50	70	73
电话覆盖村镇率(固定和移动,%)	68	69	70
移动电话覆盖地点(个)	8950	9256	9765
固定电话覆盖地点(个)	998	1054	1156
电话登记总数(部)	7483724	10926696	10967876
电话登记增长率(%)	62.25	46.01	3.77

资料来源：《马里2012经济和社会发展概况报告》，中华人民共和国驻马里共和国大使馆经济商务参赞处网站，http://ml.mofcom.gov.cn/article/ztdy/201309/20130900294633.shtml，最后访问日期：2016年11月15日。

第七节　财政与金融

一　政府财政

马里独立后，经济虽有一定发展，但仍属世界上经济最不发达的国家之一，农牧业依然占国民经济主导地位。1994年人均国内生产总值仅176美元；1999年马里人均国民生产总值为240美元，位于加纳、几内亚和塞内加尔之后；2009年仍有44%的人口生活在贫困线以下；2015年人均国内生产总值为744美元。

1994年1月非洲法郎贬值后，马里的财政状况有所好转。1993年，马里的财政预算为940亿非洲法郎，2000年、2001年分别为5.54

亿美元和 5.81 亿美元,其中外国赠款分别占 27% 和 24% 左右,外援在国家预算中占有重要的位置。2015 年,马里的财政预算达到了 28.2 亿美元。

2000 年,马里的外汇储备（不含黄金）为 3.81 亿美元,2015 年,外汇储备（不含黄金）达到了 6.24 亿美元。但是,2015 年,马里的财政赤字高达 1477 亿非洲法郎（合 2.41 亿美元）,马里的财政形势依然严峻（见表 4 - 20）。

表 4 - 20　2011～2015 年马里政府财政预算收支情况

单位：亿非洲法郎

年份	2011	2012	2013	2014	2015
收入	10445	9543	10030	16600	17320
支出	12474	10669	13788	18200	18797
赤字	2029	1126	3758	1600	1477

资料来源：《马里国家概况》,中华人民共和国外交部网站,http：// www. fmprc. gov. cn/web/gjhdq_ 676201/gj_ 676203/fz_ 677316/1206_ 678140/1206x0_ 678142,最后访问日期：2016 年 11 月 6 日。

2016 年下半年,马里经济和财政部起草了《2017 年财政预算草案》。该草案通过马里部长理事会审议,并由议会核准,于 2017 年正式实施。与往年相比,此次预算草案呈现以下特点：（1）政府支出较 2016 年增加 10.8%,达到 2.27 万亿非洲法郎,系独立以来首次突破 2 万亿非洲法郎大关；（2）国防与安全支出首次突破 15%,其他重点集中在民生（25%）、农业（15.1%）和法治国家建设（13%）领域；（3）政府支出重点由消费转为投资,优先保证凯塔总统确定的 14 个大型基础设施建设项目。该法案通过后,马里经济和财政部表示,财政赤字只占马里国民生产总值的 4%,在预计 2017 年经济增长达到 5.4% 的情况下,政府完全有能力保证收支平衡。而且,2015 年马里宏观经济表现受到国际货币基金组织的肯定,马里从国际金融市场融资的难度降低。

二　国际金融

经常性账目是国际收支平衡的重要考察环节。近几年来，马里经常性账目的赤字额有所下降，由 2011 年的 6.56 亿美元下降为 2013 年的 3.75 亿美元，占国内生产总值的比例也由 2011 年的 5.06% 下降到 2.83%。黄金产量的快速增长带动了出口额的迅速上升，使近几年马里国际收支的总形势好转，进出口贸易差额由 2011 年的 - 9.77 亿美元降至 2015 年的 - 6.35 亿美元（见表 4 - 21）。

表 4 - 21　2011 ～ 2015 年马里国际收支指数

单位：亿美元

年份	2011	2012	2013	2014	2015
进口	33.52	35.24	38.07	40.09	31.67
出口	23.75	26.10	23.39	27.80	25.32
外贸平衡	9.77	- 9.14	- 14.68	- 12.29	- 6.35
经常性账户平衡	- 6.56	- 2.73	- 3.75	—	—
经常性账户平衡占国内生产总值的比例(%)	- 5.06	- 2.19	- 2.83	—	—

资料来源：World Development Indicators Database, World Bank, August 2015。

马里外债沉重。1991 年马里外债 25 亿美元，1999 年增加到 31.89 亿美元。1991 年马里外债占国内生产总值的 104.9%，至 1999 年这一比例提高到 126.3%。马里沉重的债务负担引起了国际社会的关注，2003 年，中国取消了马里欠中国的 370 亿多非洲法郎的债务。2003 年 3 月 12 日，巴黎俱乐部债权国代表在巴黎宣布，减免马里 7000 万美元的债务余额（按净现值计算，截至 2003 年 3 月 1 日，马里欠巴黎俱乐部国家的债务总额为 1.69 亿美元）。减免援助将用于支持实施"经济稳定增长和全面减贫计划"。十几年来，虽然众多债权国纷纷减免马里的部分债务，但随着马里不断地接受援助和贷款，2014 年，马里依然还有 34.16 亿美元外债。但同时马里的国内生产总值也在不断增加，2014 年，马里的国内生产总值为 143.88 亿美元，外债占国内生产总值的 23.7%，比例大幅下降。2010 ～ 2014 年，马里外债指标如表 4 - 22 所示。

表 4 – 22　2010 ~ 2014 年马里外债指标

单位：百万美元

	2010	2011	2012	2013	2014
外债总额	2456	2922	3057	3430	3416
长期外债	2263	2499	2781	3087	3090
多边	1782	1992	2135	2407	2377
双边	481	507	646	677	713
短期外债	6. 09	193. 22	38. 80	67. 20	62. 30
外债占 GNI 的比例（%）	27. 28	28. 66	31. 17	32. 12	29. 49

资料来源：World Development Indicators Database，World Bank，August 2015。

三　税 制 改 革

马里政府欢迎和鼓励外国公司或个人在马里投资，除了对矿业、石油领域有一定的限制外，对其他投资领域和建立实体的控股比例都没有限制。

根据马里《投资法》，得到经营许可的企业都可以申请享受税收优惠政策，优惠政策因所设企业的性质、规模和投资地点的不同而异。

投资分为三类：A 类，中小型企业，营业额在 1 亿非洲法郎（约 14 万美元）以下；B 类，大型企业，超过 1 亿非洲法郎；C 类，免税区内出口型企业，80% 的产品用于出口。此外，在国企私有化过程中参与企业的整顿和复兴的投资也可视情享受 A 类或 B 类的优惠政策。

优惠政策如下。

（1）A 类企业，5 年内全部免除工商利润税和营业许可税；B 类企业，8 年内全部免除上述税费。

（2）A 类和 B 类企业，5 年内免除新建企业地税和不可转让的法人财产税；房地产企业可延长至 10 年免除上述税费。

（3）企业成立过程中有关登记注册税费可分 3 年支付，再增资时免除此项税费。

（4）免税区内出口型企业全部免除各种税费（内销产品除外）。

另外，通过延长免缴工商利润税和营业税的期限来鼓励在巴马科以外的地区建立企业。延长免税期限按地理区域确定:一类地区巴马科;二类地区库利科罗、锡卡索和塞古,免缴工商税和营业税的期限延长 2 年;三类地区莫普提、通布图、加奥和基达尔,免缴工商税和营业税的期限延长 4 年。

对外国投资保护方面,《投资法》规定,外国投资者与本国投资者享受同等优惠条件。任何自然人和法人在马里的外汇投资及其所得的转让权受保护,也就是说,在马里进行投资或在马里工作的外国人只要遵守换汇规定,就有权转移外汇投资中所产生的股息,其他各种形式的收益,清算时的收入、财产收入、工资等。

申办建立企业的手续相对简单易行,在"统一窗口"可以享受一条龙式的服务。一般行业的申请 3 天内即可得到答复。

1995 年 12 月 31 日生效的马里《税法》共有 994 条,分直接税、间接税、注册税、印花税四编。1999 年 4 月 1 日,马里共和国总统科纳雷以总统令颁布了马里国民议会于 1999 年 3 月 11 日修改的马里《税法》。《税法》规定:在马里注册经营的公、私、合资企业、公司及个人收入,均需按规定向马里国家税务部门纳税。包括直接税(所得税、营业许可证税、所得定额税、其他直接税)、间接税(营业税、特别产品税、消费税)、注册税、印花税。

2002 年马里就税务开始进行改革,将国家税务局改称为税务总局,下设 5 个地区税务局,权力下放,培训税务人员,扩大税基,以便提高税收在国内生产总值中的比重(西非经贸联盟的最低标准为 17%,马里只有 15% 左右)。改革后的马里税种包括直接税和间接税。直接税主要包括:个人所得税,依据收入多少累进缴纳(0 ~ 42%);公司所得税(35%);工商利润税(35%);地产收益税(10%);有价证券收益税(18%);农业利润税(10%);最低包干税(营业额的 0.75%);综合税;经营贡献税(CPL);地区税;牲畜税;等等。间接税有:增值税(18%)、金融收益税(15%)、特别商品税、国内石油产品税等。

另外还有注册登记税、印花税。注册登记税是部分原始文契和私署证书在注册登记、变更时缴纳的税费（如注册资本的建立、延长、增加，资产合并和投资、土地证变更、占用许可、长期或短期租约、租赁承诺、动产的变卖、商业资产转让、合同等）。注册税费分固定征收、按比例或累进缴纳。按比例（5%～20%）主要针对有偿变更；累进缴纳针对无偿变更（如继承或生前赠予）；不在这两种情况内的文契要缴纳固定税费，统一为6000非洲法郎。印花税是对公、私文契课税。

　　近年来，马里的税收改革已经取得了良好效果。2003年马里的税收比上一年多收300亿非洲法郎，达到1531亿非洲法郎。海关税收也成倍增加，2003年为1860亿非洲法郎。到2013年，马里的国家税收达到8524.29亿非洲法郎，占当年国内生产总值的13%。其中，据世界银行统计，关税及其他进口税为1117.6亿非洲法郎。

　　四　货币

　　马里主要货币为非洲金融共同体法郎（Franc de la Communauté financière d'Afrique），简称"非洲法郎"或"西非法郎"（FCFA）。

　　马里原来通用非洲法郎，1962年退出法郎区后，发行马里法郎。1967年马里同法国签订新货币协定，由法国国库提供保证，马里法郎可以同法国法郎及法郎区其他法郎自由兑换，但马里法郎需贬值50%，而且马里的外汇收支纳入法国国库开设的专门账户。马里法郎同法国法郎及非洲法郎的比值固定，1马里法郎＝0.01法国法郎；2马里法郎＝1非洲法郎。1984年马里重新加入西非货币联盟，从当年6月开始，国际收支用非洲法郎支付。马里中央银行成为西非国家中央银行的分支机构。

　　五　汇率

　　外汇管理由金融贸易部的对外事务局管理。非洲法郎对美元的比价变化如下（见表4-23）：

　　1989年，319非洲法郎＝1美元；

　　1990年，272非洲法郎＝1美元；

　　1991年，282非洲法郎＝1美元；

1992 年，264.7 非洲法郎 = 1 美元；

1993 年，283.2 非洲法郎 = 1 美元；

1994 年，546.5 非洲法郎 = 1 美元；

1995 年，479.6 非洲法郎 = 1 美元；

1997 年，583.67 非洲法郎 = 1 美元；

1998 年，589.95 非洲法郎 = 1 美元；

1999 年，615.7 非洲法郎 = 1 美元；

2000 年，712.0 非洲法郎 = 1 美元；

2008 年，471.34 非洲法郎 = 1 美元。[①]

表 4 – 23　2009～2015 年马里汇率（1 美元：非洲法郎）

年份	2009	2010	2011	2012	2013	2014	2015
汇率	472.19	495.28	471.87	510.53	494.04	494.41	591.45

注：表中汇率皆为当年平均汇率。

资料来源：World Development Indicators Database，World Bank，July 2016。

六　银　行

马里银行分为中央银行、商业银行和发展银行三类。

中央银行　西非国家中央银行（BCEAO），系西非经济共同体成员国（除马里外，还有贝宁、布基纳法索、科特迪瓦、几内亚比绍、尼日尔、塞内加尔和多哥）的中央银行。

商业银行　马里非洲银行（BOA），成立于 1983 年。萨赫勒商业银行（BCS-SA），成立于 1980 年。马里住房银行（BHM），成立于 1990 年。马里工商业国际银行（BICI-Mali），成立于 1998 年。马里国际银行（BIM），成立于 1980 年。

发展银行　马里发展银行（BDM），成立于 1968 年。马里农业发展银行（BNDA-Mali），成立于 1981 年。

---

① *Mali Country Review 2016*，p. 164.

第八节 对外经济关系

一 外贸概况

马里是一个传统的农牧业国家，工农业生产和人民生活需要的工业制成品主要依靠进口。主要进口商品有石油产品、机械、车辆、建材、化工制品、皮革制品以及食品等，主要出口商品有棉花、黄金、牲畜、皮革、鱼、花生、乳油木等。对外贸易在国民经济中居于举足轻重的地位。2013年、2014年、2015年马里进出口商品与服务占国内生产总值的比例分别为58%、53.7%、50.7%。据世界银行统计，1971年进出口总额为0.90亿美元，2003年增加到20.11亿美元，2015年马里进出口总额达到了74.44亿美元。同时也要看到，马里的对外贸易还存在较大的赤字，2011年贸易赤字达10.54亿美元，2015年仍然有7.7亿美元的贸易赤字（见表4-24）。

表4-24 2011～2015年马里对外贸易

单位：10亿美元

年份	2011	2012	2013	2014	2015
出口商品	2.813	3.264	3.475	3.781	3.337
进口商品	3.867	3.941	4.195	4.565	4.107
贸易平衡	-1.054	-0.677	-0.720	-0.784	-0.770

资料来源：*Mali Country Review 2016*, pp. 164-165。

独立以来，马里外贸政策和体制发生了很大的变化。独立前，马里对外贸易由法国公司控制，棉花和花生的出口全部由法商垄断。独立后，在计划经济的体制下，马里政府组建了国有贸易机构，建立了外贸管理制度，实行了进出口许可证制。1960～1980年，有关国计民生的重要商品的进口均由国营进出口公司垄断经营，并负责国内商场的批发和零售业务。同时，棉花和花生等大宗商品也由国有公司统一组织出口。国有贸易公司的进出口额占全国进出口贸易总额的 50% ~ 70% 。

1981 年 2 月，马里调整了进出口政策，放松了贸易管制，鼓励私商从事进出口贸易。此后，在经济结构调整过程中，贸易政策日趋宽松，国营进出口公司的垄断经营权不断削弱。1988 年解散了国营进出口公司。1989 年，新的《外汇条例》、《外贸条例》以及《进出口商品检验规定》相继颁布。至此，马里的对外贸易进入全面的自由化时期。目前马里有进出口商约 400 多家，其中经营能力较强、资金雄厚的有 20 余家。马里通用的贸易方式是签订货物买卖合同以及其他灵活的贸易方式，来件装配、补偿贸易以及对销贸易等基本没有。大宗进口商品则采取招标方式。还有些商品，如汽车等采取预定、试销或寄售等方式。

马里现行的进出口法规《对外贸易条例》规定，马里没有配额和进出口许可证等限制措施，马里对进出口贸易的管理根据政府通过的年度进口计划间接实施。每年由主管部门经济和财政部部长签署进出口贸易大纲，公布主要进出口商品额度和数量，以及详细的商品名称和数量。如 1990 年的大纲规定进口额为 4 亿美元，出口额为 3.1 亿美元，逆差 0.9 亿美元。

马里取消了进出口许可证和进出口数量的限制，尽管实行进口登记制，但一般情况下，大部分进口商品在登记注册后，便予以放行。药品、动植物、武器和军需品、香烟、烟草、火柴等商品属于禁止或限制进口商品。进口商品价值在 150 万非洲法郎以上，需经过 SGS 商品检验并出具检验证书。

总的来说，马里现行的进出口法规是比较开放和自由的，管理方式也比较简便，基本上没有非关税壁垒方面的限制。

马里政府通过年度进出口计划对全国的进出口贸易实行宏观的间接管理。对外贸易的主管部门为贸易部下属的经济事务管理局。该局负责向进出口商人发放进口意向书和出口意向书。凡是有营业执照的进出口商人，凭买卖合同或形式发票就可以向经济事务管理局申办进口或出口意向书。限制进口或出口的商品则先要得到有关部门的同意，方可申办意向书。

申办进口意向书要缴纳印花税，申办出口意向书除棉花和黄金外，则无须缴纳印花税。

凡申办进出口意向书，只要手续齐备，就可以领到。进口意向书的有效期为 6 个月，可延长 3 个月；出口意向书的有效期为 3 个月，可延长 1 个月。进出口意向书是进出口商人办理付款、结汇、海关和商检手续的凭证。

马里政府在 1989 年颁布了建立进出口商品检验制度的法令，委托瑞士 SGS 公司执行进出口商品检验。内容包括：商品的质量、数量、价格、商品与合同规定是否相符，并确定向马里海关纳税的税目号等。

马里外贸有如下特点：（1）进出口贸易额逐年增长；（2）贸易不平衡，出口商品主要是原料及初级产品，进口商品都是价格高的工业制成品；（3）消费水平及购买力低，廉价的小商品销量大，高档、豪华、价高的大商品销量低；（4）信赖欧美产品质量，青睐中国产品价格。

二　主要贸易伙伴

独立初期，马里最大的贸易伙伴是前宗主国法国，1961 年马里从法国进口的商品占进口总额的 3/4。随着经济的转型，马里选择了"社会主义"的发展道路，与法国的经贸关系迅速冷淡，1964 年从法国进口的商品仅占进口总额的 1/3。而在此期间，从苏联进口的商品在进口总额中所占的比例则从 0 上升到 1/4。向马里提供商品的主要国家还有科特迪瓦、中国和联邦德国等。在出口方面，向科特迪瓦出口的商品占出口总额的 1/4，其次是法国，再次是布基纳法索、加纳、利比里亚和毛里塔尼亚。到 70 年代，与马里有贸易关系的国家和地区有 80 多个，其中与法国、英国、美国、中国及非洲邻国之间的贸易额较大。80 年代末实行贸易自由化政策后，政府通过发放进出口意向书对贸易进行宏观管理。现同 100 多个国家和地区有贸易关系。南非、法国、中国、塞内加尔、科特迪瓦和贝宁等是马里主要的贸易伙伴。2012 年，马里主要向下列国家和地区出口：

南非，占马里出口总额的 51.79%；瑞士，占 11.63%；中国，占 7.78%；马来西亚，占 4.95%；科特迪瓦，占 4.34%。主要从下列国家和地区进口：塞内加尔，占马里进口总额的 25.06%；法国，占 10.81%；中国，占 10.61%；科特迪瓦，占 8.32%；贝宁，占 4.98%。① 2014 年，马里主要出口的国家有：中国，占 18.8%；印度，占 14.5%；印度尼西亚，占 11.1%；孟加拉国，占 9.3%（见表 4 - 25）。主要进口国家有：法国，占 11.8%；塞内加尔，占 10.7%；科特迪瓦，占 9.1%；中国，占 7.7%（见表 4 - 26）。

表 4 - 25 2014 年马里主要贸易伙伴（出口）

国家	金额（百万美元）	比例（%）	国家	金额（百万美元）	比例（%）
中国	87.1	18.8	澳大利亚	19.9	4.3
印度	67.0	14.5	布基纳法索	15.9	3.4
印度尼西亚	51.5	11.1	意大利	13.2	2.8
孟加拉国	43.3	9.3	法国	9.7	2.1
泰国	38.4	8.3	土耳其	8.7	1.9

资料来源：*Country Reports*：*Mali*, 2016, p. 29。

表 4 - 26 2014 年马里主要贸易伙伴（进口）

国家	金额（百万美元）	比例（%）	国家	金额（百万美元）	比例（%）
法国	497.1	11.8	德国	134.8	3.2
塞内加尔	451.6	10.7	比利时	95.3	2.3
科特迪瓦	382.3	9.1	荷兰	90.6	2.1
中国	326.6	7.7	意大利	75.6	1.8
印度	144.7	3.4	澳大利亚	73.7	1.7

资料来源：*Country Reports*：*Mali*, 2016, p. 29。

---

① "Mali Trade Summary Data," World Integrated Trade Solution (WITS), http://wits. worldbank. org/CountryProfile/en/Country/MLI/Year/2012/Summary。

三　主要进出口商品

独立之初，马里主要出口商品有牲畜、花生、鱼、棉花等，主要进口商品是食品、消费成品、工业制成品等。1963 年，马里出口额为 83.45亿马里法郎，进口额为 84.49 亿马里法郎。

20 世纪 70 年代，马里主要进口物资有石油产品、水泥、钢铁及其他金属材料、机械、食盐、木材、建筑材料、化工产品、粮食和日用百货。马里主要出口货物有棉花、花生、牲畜和畜产品、干鱼和熏鱼、卡利特油果等。

20 世纪 80 ~90 年代，马里主要出口产品有棉花、黄金、牲畜、花生、皮革和黄金等；主要进口产品有机械、建筑材料、化学制品、燃料和食品等。

目前，马里出口商品的三大支柱为棉花、黄金和牲畜，这三大产品几乎每年占出口总额的比例都超过 90%。自 2000 年开始，马里黄金首次超过棉花，居出口产品的首位；2002 年黄金的出口额高达 4120 亿非洲法郎，几乎是棉花出口额的 3 倍；2003 年、2004 年，马里黄金产量略有下降，但是它的出口额仍居第一位，分别为 3137 亿非洲法郎和 2796 亿非洲法郎；2013 年黄金出口额增长到 9129 亿非洲法郎。另外，马里的进口商品主要是石油产品、药品、机械类、汽车及交通工具、化肥、钢铁、电器、小五金、轻纺产品及食品等。石油产品是马里最重要的进口商品，2010 ~2012 年，马里石油商品的进口额分别为 12.01 亿美元、9.61 亿美元和 9.63 亿美元（见表 4 – 27）。马里进出口企业名录如表 4 – 28 所示。

表 4 – 27　2010 ~2012 年马里外贸

单位：百万美元

年份	2010	2011	2012
出口总额	1996	2374	2610
黄金	1578.66	1690.09	1709.31
棉花	139.36	204.91	372.16
矿物和化肥	30.02	100.46	99.52

续表

年份	2010	2011	2012
活牛	48.63	—	84.19
石油	28.42	55.52	—
进口总额	4704	3352	3463
石油	1201.25	961.11	963.33
水泥	179.68	197.61	168.10
药品	261.75	80.96	128.22
尿素	—	63.09	61.83

资料来源： "Mali Trade Summary Data," World Integrated Trade Solution (WITS), http://wits.worldbank.org/CountryProfile/en/Country/MLI/Year/2012/Summary。

表4-28 马里进出口企业名录

企业名称:Grand Grenier du Bonheur S. A.		
简称:G. G. B. SA	注册资本:100000000 F. CFA	成立时间:1987
地址:BAMAKO. LES 7 VILLAGES AV. MODIBO KEITA	邮编: BP. 467 BAMAKO	
总经理:M. BAKORE SYLLA	营业额:35000000000 F. CFA(TTC)	人员:52
业务范围:进出口贸易、运输、房地产		

企业名称:ETABLISSEMENT AMADOU DOUMBIA		
简称:< ALLO CENTRALE CASSE AUTO >	注册资本:	成立时间:1988
地址:NIAMAKORO CITE UNICEF	邮编: BP. 7085 BAMAKO	
总经理:MR. AMADOU DOUMBIA	营业额:1998:42635780 F. CFA	人员:
业务范围:一般贸易进出口、汽车配件、建筑机械		

企业名称:SGF&F COMMERCE GENERAL SARL		
简称:SGF ET F SARL	注册资本:4045000 F. CFA	成立时间:1999
地址:IM. BEN HAMOUD	邮编:BP. 5005 BAMAKO	
总经理:M. GARBA FOFANA	营业额:	人员:13
业务范围:一般贸易进出口		

企业名称:SOGECIM SA		
简称:TANTY SOLDE	注册资本:12500000 F. CFA	成立时间:1990
地址:BAMAKO MARCHE DOSSOLO	邮编:1894 BAMAKO	
总经理:MME. SANGARE MOUYE SANOGO	营业额:150000000 F. CFA	人员:11
业务范围:乳油木(KARITE)果仁和油进出口、布进口等		

续表

企业名称:REPRESENTATION GENERALE ET INDUSTRIELLE DU MALI		
简称:RECOMA-SARL	注册资本:	成立时间:1983
地址:BADALABOUGOU EST IM. WALY DIAWARA	邮编:BP. 424 AVENUE DE L'OUA	
总经理:MR. MOUSSA DIARRA	营业额:	人员:7
业务范围:进口工业、农业、中压(MT)电器、化工、食品等产品		
企业名称:ETS DJIGUE SA		
简称:ETS DJIGUE SA	注册资本:50000000 F. CFA	成立时间:1970
地址:RUE DU 18 JUIN	邮编:BP. 2147 BAMAKO	
总经理:MR. AMADOU DJIGUE	营业额:	人员:30
业务范围:一般贸易进出口		
企业名称:COMPAGNIE IMPORT-EXPORT-SARL		
简称:CIE-MALI-SARL	注册资本:	成立时间:1999
地址:939 PORTE 540 BAMAKO	邮编:BP. 4245 BAMAKO	
总经理:MR. SIDIBE AMADOU	营业额:	人员:40
业务范围:进口、销售建材、货物运输、公共工程等		
企业名称:SOCIETE MADALA KOUMA FRERE ET FILS SA		
简称:SOMAKOFF SA	注册资本:100000000 F. CFA	成立时间:1996
地址:NIRELA RUE ACHKABAD PORTE NO. 174	邮编:BP. 940 BAMAKO	
总经理:MRS. KOUMA OUMAR/KOUMA MAMADOU	营业额:14257329300 F. CFA	人员:74
业务范围:一般贸易进出口		

注: F. CFA 为非洲法郎。

资料来源:《马里进出口企业名录》,中华人民共和国驻马里共和国大使馆经济商务参赞处网站, http://ml. mofcom. gov. cn/article/catalog/201507/2015 070105 5548. shtml, 最后访问日期:2016 年 11 月 8 日。

四 关税

马里是西非经济货币联盟(成立于 1994 年,有 8 个成员)的成员。联盟协议规定统一的对外关税(CXT),因此,马里实际上有两种税制:

一是对西非经济货币联盟成员以外的国家征税标准，二是对联盟成员的征税标准。一般来说，马里对联盟成员的商品有的免除关税，有的征税减半。

马里也是西非国家经济共同体（简称西共体，成立于 1975 年，有 15 个成员）的成员。该组织计划在共同体内部取消进口税和配额，建立自由贸易区，建立统一的对非成员的共同关税制，并已取得实质性进展。2013 年 10 月 25 日，西共体在达喀尔召开首脑特别会议，批准成立西非关税同盟。2015 年 1 月，西共体关税同盟正式生效，15 国对外共同关税为 13.12%，高于西非经济货币联盟的 11.9%。自 2016 年 1 月 1 日始，西共体内部人员和货物完全自由流通。

马里的进口关税税则，按照商品的属性分类，共 21 篇 99 章 4100 多个税目。马里的关税税则规定，进口税有 9 种，分别是：关税、财政进口税、增值税、提供服务税、共同体提成税、区域合作税、递减保护税、进口行情税及某些产品特别税。其中基本税为五种：关税、财政进口税、增值税、提供服务税和共同体提成税。

（一）关税分类

马里的关税主要有一般关税、特别关税和优惠关税 3 种，同时还有其他一些如财政进口税、增值税等。

一般关税 税率为 3 种：最低税率，一般商品约为到岸价的 5%；普通税率，大约是最低税率的 3 倍；优惠税率。

特别关税 对某些商品征收从价税，根据到岸价格征收，包括购货价、运输费用、出口税、包装费、保险费、手续费，以及海运物资到港口所需的一切费用。某些商品由海关部门来确定固定市场价作为征税基准，并不考虑其实际购买价，这些商品数量少，如某些食品、水泥、石油制品、某些纺织品、旧衣服和鞋等。

优惠关税 对来自非洲法郎区的进口商品或免征关税，或征收最低关税。对欧盟国家根据洛美协议原则给予最惠国待遇。

财政进口税 对西共体成员进口商品，一般征收到岸价的 5% ~ 30%。有时为了保护本国的民族工业发展，有的商品要征收 70%。

增值税　增值税有 4 种税率，一般税率为 25%，低税率 11.1%，高税率 66.6%，最低税率近于免税。

（二）税率

综合各种税收，马里进口的一般商品的平均税率在 65% 左右，有的商品超过 80%，如大米 82%、香皂 98.1%、糖 99.1%、香烟 111.77%、酒类 158.57%。有些商品税率较低，平均约 6%，如化肥、农药、农用水泵、种子、拖拉机等。

马里的进口商品税率根据不同时期和情况予以调整，90 年代初曾做过一次大调整。1990 年 5 月 2 日，马里政府颁布关于调整部分商品税率的第 166 号法令，对大约 120 种商品的税率做了不同程度的调整，其中部分商品调整后的税率分别为：绿茶 27.12%；葡萄糖 16.1%；烟叶、香烟 71.6%；调料 42.5%；药皂 61.25%；焊接粉 21.66%；聚乙烯 16.1%；自行车轮胎 48.9%；普通包装纸 48.9%；人造纺织原料 61.25%；合成纺织纤维织物 61.25%；拖鞋、凉鞋 73.75%；玻璃器皿 48.95%；马口铁皮 16.1%；螺栓、螺母 29.21%；防风灯 42.5%；干电池 16.1%；等等。此次调低关税，主要目的在于减少走私的偷税漏税，增加政府财政收入。

马里的进出口商品的平均税率为 20% 左右，高于发展中国家的平均税率（13%～14%）。为了鼓励出口，马里政府从 1990 年 11 月起取消了出口关税、出口服务税、出口商情税和价格稳定税，不再对出口商品征税。

马里是西非经济货币联盟的成员，与其他成员一起协调贸易和海关政策，以建立共同市场，对外实行统一关税。从 1996 年 7 月 1 日起，马里同贝宁、科特迪瓦、塞内加尔、尼日尔、布基纳法索、多哥、几内亚比绍等其他 7 个成员实行未加工产品及手工业品自由流通。1997 年降低关税 30%，1999 年又降低 80%，直到 2000 年 1 月 1 日，全部取消关税并执行西非经济货币联盟统一对外关税。统一对外关税包括：共同体互助税（PCS）、关税（DD）、统计税（RS）。根据所收税额将商品分为 4 类，0 类——少数基本社会财产，税率 0%；1 类——生活必需品、原材料和初

级产品，税率 5% ；2 类——半成品，税率 10% ；3 类——最终消费品及
其他，税率 20% 。2015 年 1 月 27 日第 05 - 036/P - RM 号法令规定的关
税税率如表 4 - 29 所示。2013 年马里关税及其他进口税收入为 1117.6 亿
非洲法郎。

表 4 - 29　2005 年 1 月 27 日第 05 - 036/P - RM 号法令规定的关税税率

单位：%

类别	说明	关税税率	增值税税率	进口总税率
0	社会必需品、药品、外科医疗器械、书、报纸	0	0	0
1	第一需求品、初级原料、设备、特殊仪器	5	18	23
2	生产中间产品的元件	10	18	28
3	最终消费品、所有不包含在上述类别中产品	20	18	38

资料来源：中华人民共和国商务部：《对外投资合作国别（地区）指南：马里（2015 年版）》。

五　外国援助

外国援助对马里的经济发展以及收支平衡都起着非常重要的作用。
1986 ~ 1990 年的外援总额为 20.61 亿美元，平均每年 4.12 亿美元。1991
年获得外援 4.73 亿美元。马里的外援主要来自法国、美国、荷兰、加拿
大、联合国、欧洲联盟和非洲发展基金等。1995 年马里外援增加到 5.413
亿美元，其中捐赠 3.404 亿美元。2014 年，马里获双边发展援助共 9.872
亿美元，其中欧盟提供 3.088 亿美元，美国 1.553 亿美元，加拿大 0.999
亿美元，法国 0.963 亿美元，德国 0.747 亿美元，瑞典 0.331 亿美元以及
英国、澳大利亚等其他 17 个国家的 2.192 亿美元。此外，还有来自世界
卫生组织（WHO）、世界粮食计划署和联合国许多下属机构的多边援助。
其中，世界粮食计划署提供 0.163 亿美元，联合国儿童基金会（UNICEF）
提供 0.157 亿美元（见表 4 - 30）。

表 4 – 30　2010～2014 年马里接受外界援助情况

单位：万美元

年份	2010	2011	2012	2013	2014
双边援助	78348	91764	81810	101963	98720
美国	19821	26054	34227	15846	15529
欧盟	9852	14042	8571	29672	30880
加拿大	9604	11617	9385	6482	9990
法国	7756	7345	4116	8189	9625
德国	6032	3649	5228	6808	7466
瑞典	2700	3318	2913	4457	3309
多边援助					
世界卫生组织	0	113	133	166	131
世界粮食计划署	54	81	979	1163	1632
联合国艾滋病规划署（UNAIDS）	60	64	41	39	51
联合国儿童基金会	1322	1533	1098	1615	1568
联合国难民署	3	0	16	93	0
联合国开发计划署（UNDP）	788	518	302	297	472
联合国人口基金（UNFPA）	267	290	226	256	261

资料来源：World Development Indicators Database，World Bank，August 2015。

自 1992 年以来，马里坚持民主化改革，得到了西方国家的认可，每年从国际金融机构和西方国家得到大量援助。2001～2005 年，大约 27 个国家和机构共向马里提供了约 14.80 亿美元的援助。近年来，由于马里政局动荡，各援助国和国际组织加大了对马里的援助力度，2010～2014 年，马里共收到来自 34 个国家和机构约 46 亿美元的援助，为马里维持社会稳定和经济发展提供了大量帮助。

从近年来的援助情况分析，马里的外援有如下特点。

其一，从双边援助看，美国和法国是马里的传统外援大国。2010～2014 年，美国平均每年向马里援助 2.22 亿美元，是马里的最大外援国。近几年，加拿大成为马里外援国中的重要力量，以每年约 9400 万美元的援助额超过法国的 7400 万美元，在单个国家援助中仅次于美国。此外，德国、瑞典等 19 个国家紧随其后。五年双边援助总额为 45.3 亿美元，占马里外援总额的比重超过 90%。

美国提供援助的形式主要是无偿援助，其中 60% 是通过非政府机构执行的；培训、技术援助和扶持私营企业占 30%；还有 10% 直接提供给政府。主要援助领域为维和、紧急人道主义、基础医疗卫生和教育以及行政治理和农业开发等。

法国对马里的援助主要通过法国合作基金和法国发展署。前者主要为无偿援助，后者主要是贷款。近几年，法国对马里的援助主要以财政援助为主，几乎占到了总援助的 50%。另外，法国对马里援助的主要领域包括经商环境治理、环境与饮用水、农业开发、紧急人道主义和医疗、教育等方面。

近几年，加拿大增加了对马里的援助力度，其中主要以医疗援助为主，约占援助总额的 45%。另外，紧急人道主义、农业开发、环境和饮用水以及教育援助等都是加拿大援助的主要领域。

此外，欧盟近年来作为一个经济实体每年向马里援助约 1.86 亿美元，尤其是马里结束政变选出新政府后，欧盟对马里的援助额由 2012 年的 8571 万美元增加到 2013 年的 2.967 亿美元，2014 年的援助额更是达到了 3.088 亿美元。欧盟对马里的援助主要以财政援助为主，例如，2014 年欧盟对马里援助总额 3.088 亿美元中有 1.54 亿美元为财政援助。另外，欧盟还关注马里的维和、紧急人道主义、环境和饮用水以及交通等领域。

其二，从多边援助看，联合国下属各组织机构提供的援助最多，每年超过 4 亿美元。世界银行每年也有大约 1.5 亿美元的援助。另外还有非洲开发银行、伊斯兰开发银行、国际货币基金组织等国际组织向马里提供了大量援助。其中，联合国下属的艾滋病规划署、儿童基金会、难民署、开发计划署以及人口基金等机构都对马里相关领域给予援助。联合国对马里援助的领域十分广泛，涉及紧急人道主义、农业开发、医疗、选举、男女平等、儿童、难民救助等方面。

世界银行对马里的援助主要是带有条件的贷款，其援助领域主要包括财政、能源、农业开发、交通、行政治理以及环境和饮用水等方面。

其三，从受援的主要领域看，近几年，各主要援助国家和组织对马里紧急人道主义、维和、财政和行政治理等领域的援助大幅增加。尤其是自 2012 年马里北部发生叛乱以后，从军事政变、过渡政府到新民选政府的成立，马里国内持续动荡，紧急人道主义和维和的援助成为马里援助总额中的重要部分。此外，国际社会对马里的援助还包括环境和饮用水、农业开发、交通、经商环境治理、男女平等、卫生、教育和医疗等领域。

国际社会对马里援助中的维和军事培训、医疗、行政治理、选举、教育、男女平等、司法与反腐败、财政管理、文化等方面，被称为"软援助"，即不同于基础设施援助的非实体性援助。"软援助"是近年来国际社会各国家和组织实行对外援助的主要方面，它有以下几个方面的特点。第一，"软件"和"硬件"相结合，既提供装备，又派遣培训专家，不但教授技术，还传播"理念"。第二，专家来访采取定期和不定期方式，政府与民间双管齐下，兼容并蓄；同时，邀请受益单位人员前往援助方参观，或接受培训。第三，援助渠道的选择主要取决于项目的受益对象。比如维和、选举、司法与反腐败、紧急人道援助、行政治理、公共财政管理等主要是通过政府进行；而教育、医疗、文化、男女平等大都通过地方政府和非政府组织进行，援助方派出人员和设备，深入基层，直面百姓。"软援助"扩大了援助国家和组织对马里援助的领域，也在一定程度上提高了援助的高效性和灵活性。

马里政府努力采取措施以扩大外援，一方面积极建立公正、透明的法制环境，以及稳定、民主的政治环境，吸引国外援助；另一方面，根据调整政策，不断改善国家财政，逐步扩大税收，逐渐减少预算对外援的依赖，保证国家财政的信誉。在国家公共投资中，加强基础设施建设，促进农村发展，提高人力资源投入。

2014 年，共有 34 个国家和组织向马里提供了总额为 16.23 亿美元的援助（见表 4 - 31），援助国家众多，援助的种类范围也十分广泛（见表 4 - 32）。

表 4 – 31　2014 年马里援助的种类和所占比例

种类	金额（万美元）	占总援助额的比例（%）
紧急人道	40900	23.9
财政	28800	16.9
农业开发	23200	13.6
医疗	18900	11.1
环境和饮用水	10400	6.1
政府治理	7129	4.2
维和	5225	3.1
装备与交通	4066	2.4
能源	3893	2.3
经商环境治理	3006	1.8
选举	1267	0.7
男女平等	812	0.5
司法与反腐	618	0.4
文化	372	0.2
其他援助	13800	8.1
总额	162300	100

注：小数点后没有进位，占比不足 0.1% 的没有计入。

资料来源：《2013 年和 2014 年国际技术与金融伙伴援助马里情况分析》，中华人民共和国驻马里大使馆经济商务参赞处网站，http：//ml. mofcom. gov. cn/article/ztdy/201411/20141100781593. shtml，最后访问日期：2016 年 11 月 8 日。

表 4 – 32　2014 年马里"经济与金融合作伙伴"具体援助情况

国家或组织	总额（万美元）	援助领域
联合国	47200	紧急人道、农业开发、医疗、选举、教育、财政、经商环境治理、男女平等、能源开发
欧盟	30880	财政、紧急人道、交通、维和、行政治理
世界银行	16700	财政、能源、农业开发、交通、行政治理、饮用水、教育、医疗
美国	15530	医疗、农业开发、教育、行政治理
加拿大	9990	医疗、农业开发、教育、环境治理和饮用水
法国	9625	财政、环境和饮用水、农业开发、经商环境、医疗、教育、紧急人道、行政治理
德国	7466	农业开发、维和、紧急人道、政府治理、教育、医疗、环境治理和饮用水

国家或组织	总额(万美元)	援助领域
伊斯兰开发银行	7456	农业开发、环境和饮用水、能源、交通、财政
非洲开发银行	5968	农业开发、财政、环境和饮用水
世界基金	5055	医疗
日本	3881	紧急人道
荷兰	3639	农业开发、医疗、教育、司法与反腐
丹麦	3242	环境和饮用水、经商环境、行政治理、维和
瑞典	3095	环境和饮用水、紧急人道、行政治理、男女平等
瑞士	3010	农业开发、行政治理、紧急人道、维和
挪威	2786	维和、行政治理、紧急人道、环境和饮用水、男女平等、财政
比利时	2010	行政治理、农业开发
卢森堡	1255	环境和饮用水、教育、紧急人道、财政、医疗、文化、农业开发
国际货币基金组织	1178	财政
英国 AK 基金	1118	农业开发、经商环境
西班牙	888	医疗、紧急人道、农业开发
俄罗斯	865	财政
意大利	376	紧急人道
土耳其	205	维和

资料来源：根据中华人民共和国驻马里大使馆经济商务参赞处网站资料和世界银行国家数据·马里（2016）整理。

六　中马经贸关系

中国和马里自 1960 年建交后，两国经贸合作发展顺利。马里是中国在非洲重点援助国之一，从 20 世纪 60 年代末开始，中国向马里提供经济援助，帮助建设了数十个成套项目。从建交至 1996 年 5 月，中国先后向马里提供各种援助近 8 亿元人民币，帮助马里建立了火柴厂、卷烟厂、糖厂、纺织厂、甘蔗农场、碾米厂、茶厂、药厂和皮革厂等几十个工农业生产型项目。这些项目对于马里建立和发展本国工业与民族经济起到了重要作用。

20 世纪 90 年代以来，为适应马里的经济结构调整、经济自由化、企业私有化的新形势，中国在马里也开始进行援外方式改革，并取得了初步成效。马里对中国援建后又实行管理合作的塞古纺织厂、糖联、茶厂分别进行了合资和租赁经营,比较突出的是中国海外工程总公司与马方合资经营的纺织厂,合资后的第一年即取得良好业绩。

塞古两个纺织厂是中国 1968 年和 1975 年的援建项目,总投资 260 万英镑。由于企业经营不善,长期亏损,塞古纺织厂于 1993 年倒闭。中国海外工程总公司同马方对塞古纺织厂进行合资经营,期限 20 年,合资公司资本为 20 亿非洲法郎,中方占 80%。经两国政府同意,塞古纺织厂所需的 15 亿非洲法郎技术改造资金在中国政府援马贷款项下无息转贷给塞古纺织厂。合资后的塞古纺织厂改称马里纺织股份有限公司,公司于 1994 年 7 月成立,10 月正式投产。合资后的第一年(即 1995 年)就获得了显著成果:完成产值 47.7 亿非洲法郎,实现纯利润 5 亿非洲法郎,上缴各种税收 6 亿非洲法郎,成为马里第二大纳税企业,并为近 900 名马里职工发放工资和缴纳社会保险金 7.2 亿非洲法郎。自 1994 年中国海外工程总公司通过合资接于这个企业后,企业实力不断发展壮大,经济效益连年以超过 20% 的速度递增,1998 年销售额达 1.4 亿元人民币,实现利润1600 余万元人民币,固定资产总值比企业成立之初增长了 4.3 倍。到1999 年,该公司的漂染线和印花布已经分别占当地市场份额的 95% 和70%。2012 年 4 月,中国再次援助塞古两个纺织厂进行联合,并进行扩建,成立新的塞古联合纺织厂。

马里"糖联"是中国在 1965～1978 年援建的项目,包括 2 个甘蔗农场(面积 4753 公顷)和 2 个糖厂(杜加布古和西利巴拉糖厂,日处理甘蔗 2500 吨)。1995 年,经两国政府同意,"糖联"转变成合资企业,中方占股 60%,马方占股 40%,长期职工 1400 人,临时季节工 8000 人。2006 年,"糖联"产白糖 3.2 万吨,酒精 180 万升,每年上缴税款约 300万美元,实现利润约 300 万美元。中马"糖联"不仅生产白糖以获得利润,厂部还在杜加布古和西利巴拉两座城市整治了 2100 公顷农田让当地人民种植水稻和蔬菜,同时为恢复自然环境,开辟了 250 公顷土地种植桉树,城市的道路和基础设施及生活环境得到了很大的改善。2009 年 11 月20 日,中国将马里的甘蔗农场和糖厂整合,在巴马科成立马里新上卡拉糖联股份有限公司（简称"新糖联"公司）。"新糖联"公司为股份制，中轻对外公司占60%股份，马里政府占40%股份。2010年9月，中国在马里获得承包"新糖联"项目，即在塞古大区的杜加布古市新建一座具有日榨甘蔗6000吨、产品糖产量为103680吨/年、产品酒精（食用、燃料用）产量为960万吨/年的能力并包括热电联产自备电站的糖厂，于2012年10月投入使用。2012年，"新糖联"每年产白糖总产量达3.868万吨，生产酒精238万升，超额完成了生产计划。"新糖联"西利巴拉厂产糖量和甘蔗产量上更是双双打破了历史纪录，甘蔗单产达80吨/公顷，产糖率达到10.74%，创近年来的新高。

"贝瓦尼"农场是中国海外工程总公司在马里粮食主产区塞古地区的独资项目。根据1998年9月双方签订的协议，马方将"贝瓦尼"地区1000公顷荒地出租给中国海外工程总公司开垦兴办农场，开垦期3年，租期30年，每公顷地按不同季节收取一定的费用。租期满后，农场及其全部设施归马方所有。2002年11月25日，马里新当选的杜尔总统参观了"贝瓦尼"农场，高度评价了中马经贸合作。海外工程总公司将稻田出租给当地百姓，并派出中国农业技术人员指导当地人精耕细作。十几年来，较大的承租者获得得了大量粮食，小面积的租户也解决了自身温饱问题，数百个当地家庭从中直接受益，并且为当地培养了一批农业技术人才。通过这一项目，中国海外工程总公司以及当地人民不仅取得了较好的经营回报，而且树立了中国企业济民助人的良好形象。

租赁经营是中国在马里实施的一种新的经济援助方式。1993年10月，中国农牧渔业国际经济技术合作公司与马方签订租赁协议，对中国1972年援建的包括100公顷茶园和设计年产100吨茶叶的锡卡索茶厂实行10年租用，租金为9800万非洲法郎。经中马两国政府同意，在中国援马贷款项下支持其租赁经营所需技术改造资金150万元人民币。茶厂租赁经营从1995年1月1日开始，当年完成销售额1.64亿非洲法郎，实现利润1820万非洲法郎。

中马经贸开始于20世纪60年代初。在1987年以前，双边贸易额年均1000余万美元，中国多为顺差。1988年以后，马里实行贸易自由化，撤销国有公司，中国主要同私营进出口商进行贸易往来。1988～1991年，中国对马里出口平均每年336.8万美元（其中1988年只有155万美元）；从马里进口年均730万美元。1994年，两国贸易总额为1990万美元，其中，中国出口额为1081万美元，进口额为909万美元。1995年，中马进出口总额为6143万美元，其中，中国对马里出口2509万美元，进口额为3634万美元。中马贸易的迅速增加得益于中马成功的经贸合作。中国海外工程总公司与马方合资经营马里纺织股份有限公司之后，1995年马方就改从欧洲进口为从中国进口公司所需的原材料（染料）、半成品（坯布）、机电产品及其他商品（原来均从欧洲进口），金额达25亿非洲法郎，折合500万美元。1995年，中国有关的对外经贸公司向马里出口的商品额达742万美元，使当年中国对马里的出口额增加到2509万美元，比上年增长132%。2014年中马贸易总额达到3.93亿美元，其中，中国从马里进口额为9600万美元，向马里出口额为2.97亿美元。中国出口马里的商品主要以茶叶、纺织品、药品、化工器材为主。近年来又增加了机械、电气、营建设备、通信设备、农业机械等。从马里进口的商品主要是棉花和蓝湿皮，其中棉花占进口总额的比例超过60%。

综合来看，中国和马里有着稳定的经贸合作关系，但目前规模还较小。自建交以来，中国和马里的经贸合作可以分为3个阶段。第一阶段，1961～1978年为记账贸易，年均贸易额约1000万美元。第二阶段，1979～1987年为现汇贸易，中国主要同马里有进出口公司贸易，贸易额没有实质性突破。第三阶段，自1988年起，马里开始实行贸易自由化，1993～2004年12年中，双边贸易额总计5.2亿美元；2005～2007年3年中，双边贸易总额达到5.1亿美元。2009年中国向马里出口1.676亿美元，从马里进口3705万美元。2013年和2014年两年，中国和马里双边贸易总额分别达到4.28亿美元和3.93亿美元。中国与马里双边贸易额从2009年的2.0465亿美元增加到2014年的3.93亿美元（参见表4-33）。

表 4 – 33　2009 ~ 2014 年中马双边贸易统计

单位：万美元

年份	进出口总额	出口额	进口额
2009	20465	16760	3705
2010	30000	22959	7041
2011	44700	29800	14900
2012	62200	29000	33200
2013	42819	27452	15367
2014	39300	29700	9600

资料来源：中华人民共和国商务部：《对外投资合作国别（地区）指南：马里（2015 年版）》。

　　中国在马里开展承包劳务业务始于 1983 年，中国海外工程总公司、中国建筑工程总公司、中国地质工程公司、中国轻工对外经济技术合作公司、中农对外公司、河北国际公司等先后在马里开展业务。1983 ~ 1995 年，中国公司在建桥、修路、打井、土木建筑、农田整治等领域同马里签署了近 200 个承包合同，累计合同资金 2 亿多美元。经过 20 多年的创业，中国在马里的承包工程公司，现已拥有一支有 200 多名从业人员，300 多台（套）施工机械，业务涉及建筑、道路、桥梁、地质、勘探、打井以及农村土地整治等多个领域的成熟的外经队伍，是目前在马里经贸业务中最重要的一支力量。到 2000 年 6 月底，中国公司已在马里承揽了 477 个项目，合同额 6. 1495 亿美元，完成营业额 6. 2836 亿美元，这些项目主要以房建、路桥、打井和农田整治为主。

　　据中国商务部统计，2013 年中国企业在马里新签承包工程合同 13 份，新签合同额 1. 70 亿美元，完成营业额 2. 78 亿美元；当年派出各类劳务人员 884 人，年末在马里劳务人员 812 人。新签大型工程承包项目包括中兴通讯股份有限公司承建的马里国家安全网、湖南交通国际经济工程合作公司承建的“锡卡索高速公路”项目、中国海外工程有限责任公司承建的马里“塞纺”项目等。2014 年中国企业在马里新签合同额达 3. 52 亿美元，完成营业额 3. 41 亿美元。驻马里的中资企业如表 4 – 34 所示。

表 4 - 34　中资企业驻马里一览

序号	企业名称	经营范围和规模	经营地点	负责人
1	马里上卡拉制糖联合企业股份有限公司（简称"糖联"）SUKALA S. A.	从事食糖、酒精等产品生产和销售	塞古上卡拉地区	阎宝成
2	马里纺织股份有限公司（简称"塞纺"）COMATEX S. A.	生产棉纱、棉线、坯布、印花布	塞古	巫升根
3	中国海外工程公司马里股份有限公司 COVEC - MALI S. A.	工程承包等	总部在巴马科	梁莹
4	中国水利电力对外公司马里分公司 CWE S. A. - MALI	勘探、打井	总部在巴马科	黄芳
5	中国地质工程公司马里分公司（几内亚 - 马里经理部）C. G. C S. A. - MALI	承包工程	总部在巴马科	刘中华
6	中国河南建筑总公司马里经理部（C. HE. C. E. C - MALI）	承建房屋建设等工程项目	总部在巴马科	王来喜
7	河北国际经济技术合作公司马里分公司 CHIC S. A. - MALI	打井、农田整治等	总部在巴马科	冀红军
8	中兴通讯马里代表处（ZTE）	通信设备、器材	总部在巴马科	邓干金
9	华为技术有限公司马里代表处 HUAWEI TECHNOLOGIE	通信设备、器材	总部在巴马科	林啸
10	青岛建设集团马里总统府办公楼项目技术组	承建马里总统府办公楼扩建项目	总部在巴马科	丁月芹
11	齐鲁建设集团马里简易体育场项目技术组	承建马里 3 个简易体育场项目	总部在布古尼市	李广仁
12	金塞有限责任公司 JIN SAI S. A. R. L	贸易	巴马科	芦清芬
13	中国驻马里贸易投资促进中心	接待国内团组	巴马科	梁莹
14	浙江省茶叶进出口有限公司	茶叶贸易	巴马科	董斌

资料来源：中华人民共和国驻马里大使馆经济商务参赞处网站。

目前，在马里的中资承包工程企业主要有：中国海外工程有限责任公司、中地海外建设集团有限公司、中国葛洲坝集团公司、中国水电建设集团国际工程有限公司、中国路桥工程有限责任公司、中国土木工程集团有限公司、河南中建工程管理有限公司、青岛建设集团股份公司、北京建工集团等。其业务涵盖建筑、道路、桥梁、地质勘探、打井、农田整治和水利工程等多个领域。此外，随着中国"走出去"战略的不断深入，近几年中资公司的承包工程业务蓬勃发展，已占据了马里 1/3 的工程承包市场份额。

2006 年初，驻马里中资企业成立联谊会。2008 年 5 月 17 日，在此基础上成立了马里中国工商会。同年在当地政府登记，会长一直由中国海外工程有限责任公司梁莹同志担任。现有会员单位 26 家。商会协助使馆、经商处开展的主要活动包括：协助使馆组织高访活动；组织中国企业参加当地展销会；协助接待国内各类团组；组织向国内外灾区捐款；组织中资公司国庆、新年和春节等节日活动；宣传和促进中马友谊；引导中资公司遵守所在国法律法规等。

第五章
教育、科学、文艺、卫生

第一节 教育

一 概况

马里历史悠久，素有"西非文化摇篮"之称。早在 14 世纪的马里王国时期，许多城市就有了伊斯兰学术中心，其中通布图是与开罗、巴格达和大马士革齐名的国际伊斯兰学术中心。到 16 世纪的桑海帝国时期，文化教育事业又有新的发展，当时的通布图不仅是帝国的文化中心，而且是阿拉伯世界最重要的文化教育中心之一，有古兰经学校 180 余所。著名的桑科尔大学吸引着非洲和阿拉伯世界乃至一些亚洲国家的青年与学者，他们到这里求学，研究《古兰经》以及法学、文学、天文和地理等。但是，独立前长期的殖民统治，使马里的文化教育事业十分落后，全国没有一所正式大学，仅有几所中小学，而且几乎全是法国殖民者创办的教会学校，殖民主义的色彩浓厚。能够接受教育的人数非常少，1957 年马里适龄儿童入学率只有 8%，低于塞内加尔（24%）、科特迪瓦（25%）和贝宁（28%）；小学 277 所，学生 42052 人；中学 10 所，学生 1790 人；技术学校 11 所，学生 959 人。根据 1960~1961 年的调查，年龄在 10 岁以上的 230 万人中，识字人口只占 2.9%。

1960 年马里独立后，政府为复兴民族教育事业，清除教育领域中的殖民主义影响，采取了一系列措施，如进行教育改革，实行九年制免费义务教育；编写适合本国国情的教育大纲；建立国立师范学校，从事师资培训和进修工作；增加教育经费等。从 20 世纪 60 年代末开始，马里实施了大规模的成人扫盲计划，该计划在乡村和城市都获得了巨大成功。马里独立之初，成人识字率不足 3%，1985 年增加到了 19.2%，2015 年达到 38.7%①。

马里独立后教育事业不断发展，1970 年在校大、中、小学生近 24 万人，教师 7903 人（见表 5 - 1），学生人数比 1958 年增长超过 4 倍。

表 5 - 1　1970 年马里全国教师和学生数量

单位：人

教育机构	教师	学生	备注
小学	6614	229879	
中学	714	8444	
技术学院	332	3386	
师范学校	92	1551	
大专院校	151	731	
合计	7903	243991	

资料来源：*Africa South of the Sahara 2002*，London：The Gresham Press，p. 621。

经过历届政府的努力，马里教育事业有了显著发展，进入 21 世纪以后，马里的教育事业得到了更显著的发展。马里 15 岁以下的人口比例约占 47%。2004 年马里基础教育学校有 8627 所，在校学生 1676615 名，教师 31552 名。小学毛入学率 70.5%，初中 34.4%。小学毕业文凭（CEP）取得率为 56.5%，基础教育毕业证书（DEF）取得率为 51.6%。2006 年马里高中学校有 110 所，其中 66 所为公立学校，学生 63953 名，教师 2204 名，毕业率 33%。技校 107 所，其中只有 10 所为公立学校。② 2012 年马里小学生

① Education Policy and Data Center（EPDC），http：//www. epdc. org/.
② 中华人民共和国驻马里共和国大使馆经济商务参赞处网站，http：//ml. mofcom. gov. cn/article/ztdy/201405/20140500592429. shtml，最后访问日期：2016 年 11 月 8 日。

人数为 224 万，男生、女生入学率分别为 85% 和 77%。初中生人数 64.2 万，男生、女生入学率分别为 62% 和 48%（见表 5 – 2）。

表 5 – 2　2008～2012 年马里基础教育概况

年份		2008	2009	2010	2011	2012
小学	学生人数（人）	1823037	1926242	2018551	2114844	2240052
	入学率（男/女,%）	81/69	83/71	83/72	84/74	85/77
	毕业率（男/女,%）	56/42	56/44	59/47	59/48	61/51
初中	学生人数（人）	422124	461339	510651	582995	642334
	入学率（男/女,%）	49/33	51/36	53/39	59/44	62/48
	毕业率（男/女,%）	35/20	38/23	40/24	44/27	45/33

数据来源：Education Policy and Data Center（EPDC），http：//www.epdc.org。

　　马里的教育事业虽然取得了较大的发展，但与世界平均教育水平相比仍较为落后。例如，马里成人识字率虽较独立时有所提高，但仍处于较低水平。在 2015 年联合国教科文组织的统计中，马里成人识字率的世界排名仅为 153 位。此外，儿童的失学问题也长期困扰着马里的教育发展。2012 年马里北部图阿雷格人发生叛乱，造成大量难民儿童流离失所，令马里儿童失学问题更加严重。到 2015 年，马里国内的叛乱已使 140 万儿童受到影响，每六所学校就有一所关闭，在叛乱最严重的地区，79% 的学校关闭，近 600 名教师逃离叛乱地区。另外，内乱令马里北部大范围停课，导致儿童的福祉、教师业绩以及家庭和社区的复原力都受到了极大破坏。

　　教育领域中的城乡差别和贫富差距过大也严重阻碍了马里教育事业的进一步发展。在基础教育领域，城市地区儿童的受教育比例是农村儿童的 3～4 倍，较富裕家庭儿童就读小学的比例是贫困家庭儿童的 2～3 倍。

　　2012 年，马里基础教育入学率为 78.3%，在校人数 289 万，中等教育包括技校和职校学生 86 万，大学生在校人数 8.6 万。

二　教育方针

　　马里的教育事业受法国影响很大。独立之初，马里进行了教育改革，确立了自己的教育目标：（1）使大多数人接受较高质量的教育；（2）使马里人民的思想非殖民化；（3）使马里的教育赶上其他现代国家的水平；（4）促进马里与非洲和世界文明的交流；（5）满足国家经济发展对人才的需求。

马里政府于1999年制定了《十年教育发展计划》（PRODEC），确立了教育方针，并特别制定了《马里教育政策指导总方案》，通过11条纲领来确定教育的总体目标：为所有人提供优质的基础教育；根据经济需求制定职业教育；发展具有创新能力及竞争力的普通中等教育和中等职业教育；发展优质高等教育；在正规教育中，母语与法语并用；制定关于教科书的合理政策；制定教师培训的长期政策；在学校间建立真正的合作；针对教育体制改革进行必要的机构重组与调整；为所有合作者建立以对话和商议为主的交流机制；在权力下放的背景下，建立持久、平衡、合理的教育投资政策。①

除了《马里教育政策指导总方案》，2006年马里政府在其减少贫困战略中还简述了教育领域的具体发展规划。②（1）改革学校教育，提高学校教育普及度。保证各类乡村的学校建设，重点关注最贫困地区和欠发达地区的教育问题，提高家长对子女学校教育的重视程度（尤其是女儿）。保证教育基础设施建设和设备提供（如教具和校舍等）。增加发展教育中心（CED）和文化中心（CAF）的数量。（2）提高教育质量。结合各地区情况进行课程和教学改革，鼓励学前教育和继续教育建设，增加对教育从业人员的聘用，并加强管理。增加课堂学习时间，减小班级规模，提高教材效用，改进古兰经教学中心的培训质量，为有住宿困难的学生提供寄宿校舍。（3）跨领域多方面管理。制定相关政策促进教育领域的性别平等，增加女性参与教育管理的比例，加强学校卫生保障，支持私立学校发展。（4）调整教育领域人员和资金的配置与管理。加大基础教育投入，增加对欠发达地区和学校的补助，对困难地区的教育发展予以财政扶持。适当放权，增强教育管理的分散性、灵活性。

---

① 2006中非教育部长论坛：《马里教育概况》，https：//max. book118. com/html/2014/1202/10547810. shtm，最后访问日期：2017年1月8日。

② Mali Initiative, *Mali Education Needs Assessment*, December 2007.

三　教育行政管理

马里实行中央集权制，教育行政事务由国家教育部集中统一管理。随着教育事业的不断发展，马里政府也尝试着教育分权管理，结合地方特点，建设有地方特色的教育，并鼓励学生家长融入学校教育。1981 年，政府为加强地方教育，特别是人烟稀少、交通闭塞的偏远地区教育的行政管理，决定建立区域教育机构。马里的 9 个省各设 1 个教育局，负责管理本地的基础教育和中等教育。基础教育和中等教育的督导由政府委任的督学和学科督学具体分管。

目前国家教育部设有两个独立部门：一是国家语言文字和基础教育部，二是国家中等和高等教育及科研部。前者负责基础教育、校外扫盲计划以及"民族语言"（除官方语言法语以外的语言，如班巴拉语等）的标准化和推广活动。后者负责指导公立中学、职业技术学校、大学以及科研单位的工作。

进入 21 世纪以来，马里教育的分权政策更加完善，推动教育事业的发展以惠及更多普通民众。在此政策下，私立学校和社区学校获得了教育部的认可和保障，同时各公立学校和社区学校的管理责任也更多地落实到了地方政府。

此外，按照教育体系的不同层次，教育部还设有国家基础教育管理处、国家普通中等教育管理处、国家高等教育和科学研究管理处等部门，分管各级教育事务。

四　学　制

马里的教育制度基本沿袭法国体系，按层次和类别分为基础教育①、中等教育和高等教育。

（一）基础教育

凡 7~15 周岁儿童，不分性别，均实行 9 年义务免费教育。基础教育

---

① 殖民统治时期，小学实行 10 年制，并分为初小（6 年）和高小（4 年）两个阶段，1962 年的教育改革缩短为 9 年（前 5 年，后 4 年）。1968 年又改为初小 6 年，高小 3 年。

分为两个阶段：第一阶段学制 6 年，取得结业证书者，承认其学历；第二阶段学制 3 年，取得基础教育毕业证书者，承认其学历。由于基础教育毕业证书考试是一项难度大、淘汰率很高的考试，所以，升入下一阶段学习的比例不高。

马里基础教育的学制为 9 年，基础教育课程设法语、数学、历史、地理、音乐、美术、劳作、公民教育、体育、物理、实习课等。马里的基础教育发展较快。在殖民统治末期（1957 年 1 月 1 日统计），马里小学只有277 所，学生仅 42052 人，适龄儿童入学率仅为 8%。马里独立后，大力发展基础教育，到 1964 年，马里有 687 所小学，学生 111946 名，适龄儿童入学率上升到 14%。20 世纪 80 年代，马里约有 1558 所小学，在校学生 364382 人。2004/2005 年度，马里基础教育的学校达到了 9285 所，其中第一阶段学校 7776 所，第二阶段学校 1509 所，在校学生 1990765 人（其中男生1137787 人，女生 852978 人），教师 38109 人。适龄儿童中基础教育男生入学率为 77%，女生则为 65%。①

马里的基础教育仍然存在较多问题。首先，学生辍学问题比较严重，2003 年马里基础教育的毕业率仅为 36%，女生毕业率更低，很多学生在12 岁之前就辍学了。其次，基础教育设施不足也是影响教育事业发展的关键问题。马里大多数中小学的校舍简陋陈旧，没有围墙、大门，只是在空地上有两排教室，多数没有照明。即便如此，由于教室供应不足，每个教室都要容纳 100 名左右学生，有的学校条件更差。另外，师资的缺乏阻碍着马里基础教育的发展。马里国内通过师范学校毕业的小学老师数量有限，大多是通过教育部举办的短期培训班结业即开始任教，优秀教师相当紧缺。

近年来，马里的基础教育有了一定程度的发展。其中，小学教育入学率约为 80%，2010～2012 年分别是 79.5%、81.5% 和 78.3%。小学教育的毕业率超过 50%，2010～2012 年分别是 56.3%、58.3% 和54.1%（见表 5 - 3）。2013 年马里小学 1.4 万所，其中公立小学 6900

① 2005 中非教育部长论坛：《马里教育概况》。

多所，学生 270 多万人，教师 7.3 万人，小学入学率为 79.7%，毕业率 56.1%。[1]

表 5 – 3　2010～2012 年马里小学阶段教育情况

单位：%

年份	2010	2011	2012
小学教育总入学率	79.5	81.5	78.3
小学教育女生入学率	73.8	74	71.4
小学教育毕业率	56.3	58.3	54.1
小学教育留级率	12.9	15.3	19.2
小学教育女生与男生比例	0.9	0.83	0.8
小学教育学生与教师比例	50	49	40

资料来源：《马里 2012 经济和社会发展概况报告》，中华人民共和国驻马里共和国大使馆经济商务参赞处网站，http：//ml. mofcom. gov. cn/article/ztdy/201309/20130900294633. shtml，最后访问日期：2016 年 11 月 8 日。

（二）中等教育

马里的中等教育学制 3 年，毕业后参加会考，合格者进入高等学校进一步深造。

马里的中等教育发展较快，1964 年有 4 所中学，1 所技术学校，1 所培养公共事业人才的技术学校，7 所初级师范学校。20 世纪 80 年代，马里有 20 所中学，在校生 132227 人。到 2014 年，马里中学在校学生达到 961046 人，教师 50882 人。

马里的中学分为两种，一种是普通教育中学，另一种是职业教育中学，形成了以普通教育中学为主，职业教育中学为辅的双轨制中等教育体制。

普通中学和技术中学的学制均为 3 年，通过毕业会考，分别承认

---

[1]　《马里 2013 年经济与社会形势与 2014 年展望报告》，中华人民共和国驻马里共和国大使馆经济商务参赞处网站，http：//ml. mofcom. gov. cn/article/ztdy/201406/20140600638487. shtml，最后访问日期：2016 年 11 月 8 日。

其学历；中级职业技术学校，学制 4 年，毕业后发放技术员证书；初级职业技术学校，学制 2 年，结业后发放岗位合格证书；中级师范学校和初级师范学校，学制分别为 4 年和 2 年，招收初中毕业生，培养初中师资和小学师资；女子技术师范学校、国立艺术专科学校、国立艺术学校培养基础教育音乐、体育、美术、劳动技能的师资，学制均为 4 年。

普通教育中学的课程设法国文学、法国语言学、第一外语（英语）、第二外语（德、俄、阿拉伯）、史地、哲学、数学、理化、自然科学（生物）、选修课（音、美、劳作）、公民道德教育和体育。2007 年马里已有 121 所高中，其中 39 所为公立高中，剩下的 82 所私立高中中，有 74 所面向全国招生。2005/2006 年度，马里有 21225 名获得 DEF 文凭的学生进入普通中等教育阶段学习。2014 年，马里普通教育中学学生有 831931 人，占全部中学在校总人数的 86.6%。

职业教育中学开设的课程与普通教育中学不同，主要有文秘、财会、机修、电气电力学等，注重实用。有些私立职校也尝试配合第三产业的需求开设旅游管理等课程，但尚未获得国家认证。2005/2006 年度，马里共有 119 家职业技术学校，学生总数 47137 人，其中职业技术高中有 1666 名学生，26301 名学生获得了技工证书（第三产业部门），9213 名学生获得了工业部门技工证书，7338 名学生获得了第三产业部门就业能力证书，2625 名学生获得了工业部门就业能力证书。2014 年，马里职业教育中学在校生有 129115 人，占全部中学在校总人数的 13.4%，与普通教育中学的学生相比，接受职业教育的学生数量较少。

（三）高等教育

大学学制 4~6 年；研究生部，包括高等教育研究中心、农业应用研究中心、未来生产及管理研究中心等，学制为 3 年。除了上述 3 种教育外，还有成人教育和特殊教育。成人教育主要包括实用扫盲以及农村开发署组织的农业技术教育；特殊教育包括残疾人适应中心、青少年犯再教育中心及马里盲人学院。

目前，马里国内主要大学 8 所，包括 5 所综合性大学和 3 所专科学院。5 所综合性大学分别是：马里大学（University of Mali）、桑戈尔大学（University of Sankoré）、通布图大学（University of Timbuktu）、巴马科社会与管理科学大学、巴马科人文与社会科学大学。3 所专科院校分别是巴马科法语数字化学院（Campus numérique francophone de Bamako）、阿卜杜勒 - 拉赫曼·巴巴·杜尔国家工程学院（National Engineering School Abderhamane Baba Toure）、工程建筑与城市规划学院（School of Engineering Architecture and Urban Planning，ESIAU）。

马里大学　又称巴马科大学，是一所综合性大学，坐落于马里首都巴马科市，拥有 9 个校区，前身是创建于 1961 年的高等师范学院。1996 年 9 月，以高等师范学院为基础，同时合并其他 6 所大专院校的部分系和学科成立了综合性的马里大学。2000 年，马里大学共有 19714 名学生和 538 名教师。到 2007 年，在校学生增加到了 60000 名，教师 600 名。2011 年 12 月，马里大学拆分成 3 所大学，分别为马里大学、巴马科社会与管理科学大学和巴马科人文与社会科学大学。

马里大学下设 6 个学院和 2 个研究所。6 个学院分别是：科学与技术学院（FAST）、社会科学学院（FLASH）、法律和社会服务学院（FSJP）、医学院（FMPOS）、教育师范学院（ENSUP）以及国家工程学院（ENI）。2 个研究所分别为管理研究所以及高等培训和应用研究所。此外，马里大学还有一些其他核心部门以及独立机构，如规划与统计室（CPS）、行政与资金管理处（DAF）等，这些机构在考试和竞赛的管理、教育布局规划、资金人员分配等各方面发挥着重要作用。

马里大学的学生培养体制也十分完备。学校分为专科、本科和研究生 3 个层次。其中文科、法律、科技 3 个系实行分段教学，第一阶段是基础课，学制 2 年，不分专业，授予"大学普通学习文凭"（DEUG）；第二阶段是专业化学习，学制 2 年，第一年授予学士学位，第二年即本科毕业，但授予的学位称"硕士"。医学专业需要 6 年，继续学习 2 年专业课程以后，授予"医学博士"学位。

近年来，马里大学与国外一些大学合作开发教育网络，尤其是法语国家的高校。例如，2005 年，马里大学与巴黎第八大学合作，共同开展

"五大洲开放大学项目"。

桑戈尔大学 世界上最古老的大学之一，可以追溯到 15 世纪。位于马里的古城通布图。它由桑戈尔、金格瑞巴以及西迪·叶海亚三大清真寺组成，是一所伊斯兰大学。学校主要用阿拉伯语授课，学生大都是穆斯林。桑戈尔大学是北非乃至世界上重要的伊斯兰学术交流中心。

通布图大学 坐落于通布图市中心，并不是现代意义上的大学，只是一个松散的学术交流中心。没有专门的课程学习，教学实际上发生在清真寺庭院或私人住宅，主要研究《古兰经》和伊斯兰教的科目。另外有医学、天文学、数学、物理、化学、哲学、语言和语言学、地理、历史、艺术等学科。

巴马科社会与管理科学大学 是一所包括理科、工科、文科的公立大学，直属于马里高教部，于 2011 年 12 月 8 日成立，由原来的巴马科大学拆分而来，现有 177 名专职教师和 27268 名学生。

巴马科人文与社会科学大学 是一所文科综合性大学，直属于马里高教部，于 2011 年 12 月 8 日成立，由原来的巴马科大学拆分而来，是拆分后的 3 所大学其中之一。2014 年该校与中国的浙江师范大学合作开办了马里国内第一所孔子学院，开设汉语课程，加强了两国的文化交流。

马里高等院校的本科学生毕业后可继续深造，但须完成大学最后一年的实习任务，以获得学士学位。后经过 3 年研究生学习可获得硕士学位。此后，可再攻读国家博士学位。

由于马里政府目前仍沿用给大学生较高的助学金制度，加上毕业后失业的可能性极大，许多学生情愿留级，以拖延毕业时间。加之中小学生入学年龄普遍偏大，使大学生的年龄平均在 30 岁左右，而且一半的学生已成家，有的还有子女。由于马里长期沿用法国教育体制，所以要求大学授课教师具有博士学位，不具备博士学位的教师终身只能当讲师、助教或实验员。

马里没有高考，学生通过高中毕业会考即有资格入大学，但医学专业需要单独考试，各高校在招生时有较大的自主权。纳入高中会考的科目有科学、法国文学、哲学、历史、地理、数学、物理、化学、生物、第一外语（英语）、第二外语（俄语、德语、汉语、阿拉伯语、西班牙语）、体育。

马里的高等教育实行免费制，大学生只需缴纳报名费，其余全部由政府承担，大量的教育经费支出导致马里高等教育资金匮乏。学校中班级的规模也很大，通常一位教师要负责教授 1000 名学生的课程，教室里常常人满为患，有些学生只能站在室外听讲。2012 年，马里高等教育的入学率为 6.9%，其中男子入学率为 9.6%，而女子仅为 4.1%。此外，马里高等学校的淘汰率也很高。21 世纪初，马里的大专院校入学时每班一般为50～60 人，能升入二年级的为 35～40 人，升入三年级的为 30 人左右，毕业并能获学士学位者仅 15～20 人。2013 年，马里高等教育学生总数8.6 万。

五　教育经费

教育在国家发展过程中有着举足轻重的作用，马里政府十分重视推动教育事业的不断发展。马里的教育经费以政府拨款为主，近年来马里政府的教育投入逐年增长，2000 年政府的教育投入为 649.3 亿非洲法郎，占该年度国家预算的 15.6%，2001 年增长到 26.62%，2004 年又增长到30.6%。2012 年底，国民教育获得拨款总计约合 2.7 亿欧元，其中境外援助占 72%。[①] 2012～2013 年马里财政预算及占比如表 5－4 所示。基础教育经费除国家财政拨款外，相当一部分由地方财政负担。学生家长负担子女的生活费及资助学校添置设备。马里的高等教育实行免费政策，大学生只需缴纳报名费，其余全部由政府承担。外国援助和贷款，主要用于高等教育、技术中学、职业技术培训和成人教育，包括兴建学校、提供师资、购置教学设备、提供学生助学金和学生用品等。大部分由世界银行、美国、法国等提供。此外，法国、俄罗斯、阿尔及利亚、中国等每年为马里提供留学生或职业培养奖学金。

---

① Babacar Fall, *ICT in Education in Mali*, June 2013.

表 5 - 4　2012～2013 年马里教育预算及占比

单位：亿西非法郎，%

	2012 年预算	占比	2013 年预算	占比
基础教育	1661.06	17	1642.34	16
中高等教育	789.04	8	900.15	9
其他教育	7435.95	75	8030.08	75
总计	9886.06	100	10572.57	100

资料来源：《马里 2013 年经济与社会形势与 2014 年展望报告》，中华人民共和国驻马里共和国大使馆经济商务参赞处网站，http：//ml. mofcom. gov. cn/article/ztdy/201406/20140600638487. shtml，最后访问日期：2016 年 11 月 8 日。

六　教育国际交流

马里对外教育交流频繁。独立之初，马里青年主要留学社会主义国家，特别是苏联、波兰、罗马尼亚、保加利亚和南斯拉夫等；一小部分人在法国和美国学习。到东欧国家的大学留学较容易，因为东道国提供包括路费、学费和生活费在内的资助。直到 20 世纪 90 年代初，这种局面仍然没有改变。1900/1991 年度向国外公派留学生 2768 人，其中留学人数较多的地区有：莫斯科，1375 人；达喀尔，300 人；阿尔及尔，281 人；北京，105 人。攻读博士学位的有 372 人，攻读硕士学位的有 609 人。同年，马里国内高等学校共收外国留学生 390 名。1996 年，马里向国外公派留学生的人数增加到 1674 人。近年来，接收外国留学生的人数也有较大的增长，据统计，2002 年仅马里大学就招收 19 个法语国家的 853 名留学生。另外，2005 年，巴马科大学与巴黎第八大学合作，开展"五大洲开放大学项目"，共同开发教育网络。

进入 21 世纪以来，中国已经帮助马里培养了超过 700 名留学生和相关人才。2008 年 5 月，中国西南林业大学在马里阿斯基亚中学设立孔子课堂。2014 年，中国浙江师范大学与巴马科人文与社会科学大学合作，开办了马里国内第一所孔子学院，开设汉语专业，教授汉语课程，加强两国的文化交流。

第二节　科学研究机构

一　人文科学研究机构

马里的科学研究开始于殖民统治时期。二战前，法国热带农业研究所和热带医学研究所的分所是马里第一批科研机构。1944 年又创立了法国黑非洲研究所分所，从事非洲历史、地理、社会、语言等方面的研究。所内附设有资料室、图书馆、植物园和动物园。

1962 年，法国黑非洲研究所分所改组为马里人文科学研究所，归青年、体育、艺术和文化部领导。人文科学研究所设有考古、历史、民族、经济、语言和宗教等研究室，出版《马里研究》杂志。1967 年建立了全国最高科学技术研究委员会。此外，马里大学也设有人文科学研究所，即高等管理学院（IUG），对研究生进行公共领域和私营部门的管理学教学。

二　自然科学研究机构

马里除人文科学研究所外，还有巴马科的全国艺术研究所，通布图的研究阿拉伯文献的艾哈迈德·巴巴研究所。从事地质学方面研究的有全国矿产资源勘探和开发公司文献处。从事医学研究的有殖民统治时期遗留下来的法国研究所分支机构——热带眼科（砂眼）研究所、马尔舒研究所（研究和治疗麻风病）、植物疗法和传统医学研究所（建于 1968 年）以及研究马里常见病（寄生虫、细菌性和病毒性等热带疾病）的人体生物研究所（建于 1972 年）。从事农业研究的有 1968 年成立的马里农业研究所以及殖民统治时期遗留下来的法国各研究所在马里的分支机构，如棉花和外来纤维作物研究所、热带农业研究所、法国海外园艺研究所等。另外，马里大学的农业科学研究所（IPR）也是马里的自然科学研究机构，从事农业和林业方面的科学研究和宣传教育。

法国各研究所的分支机构都设有试验站：棉花和外来纤维作物研究所在姆佩索巴（库佳拉附近）设有灌溉棉花试验站，在科戈尼有旱地棉花试验站；热带农业研究所在伊贝特米（莫普提附近）设有水稻试验站，在多萨曼科（巴马科附近）有普通农业研究试验站；法国海外园艺研究所在季科罗尼（巴马科附近）有水果、蔬菜栽培试验站。

第三节 文学

马里文学既包括当地语言的口头文学，也包括书面文学。

口头文学的形式是丰富多彩的，既有神话传说、民间故事，又有历史故事，最具代表性的是曼丁哥人关于马里帝国的创立者松迪亚塔的长篇史诗。松迪亚塔由其父第九房妻室所生，因母亲不得宠，幼年经历了曲折而痛苦的童年。成年之后，又遭到邪恶势力的迫害，被迫逃亡。他克服了重重困难，战胜了入侵曼丁哥王国的苏苏国王，胜利返回故乡。松迪亚塔迁都尼阿尼，开创了马里帝国，人民从此安居乐业，帝国延续了两百余年。

撒哈拉以南的非洲的文学遗产，几乎全是以口头的形式，在民间流传下来。这种口头文学，不但通过一般群众，而且通过职业艺人代代相传。那些专门从事演唱、保存和传授口头文学的人在西非地区被称为"格里奥"（Griot）。

独立后，马里学者和作家阿马杜·阿姆帕捷·巴和阿利法·易卜拉欣·索对马里的口头文学加强了研究，并翻译成法文。

书面文学以用阿拉伯语和法语所写的文学作品为代表。阿拉伯文学是在通布图一带的伊斯兰教中心发展起来的，到18世纪，以阿拉伯字母和伊斯兰教规为基础发展起来的马里各族的书面文学达到全盛期。

用法语创作的马里文学作品，诞生于20世纪40年代，50年代进一步发展。最著名的代表人物是生于1924年的诗人马马杜·戈洛戈（Mamadou Gologo），他出版有《从酒中逃脱》《火山——我的心脏》《非洲风暴》等诗集。马里著名作家莫迪博·苏卡卢·凯塔曾获巴黎法语作家协会颁发的法语作家大奖，其代表作为《巴萨里的弓箭手》。

马林凯·格里奥特（口头历史学家）的后裔吉布里尔·塔姆希尔·尼亚奈（Djibril Tamsir Niane，生于1920年）整理出版的马林凯史诗《松迪亚塔》（1960，英文版出版于 1965 年），叙述了马里帝国的开创者松迪亚塔光荣的一生。马萨·马康·季亚巴特（生于 1936 年）将松迪亚塔的传奇重写为《卡拉·加塔》（1965）。季亚巴特既发挥他作为诗人与人类学家的才华，又在法语正文里不时地使用马林凯语言的词语和表达方式，企图取得马林凯诗歌的节奏效果。赛杜·库雅泰·巴迪安（生于 1928 年）的长篇小说《暴风雨下》（1963）考查了变化不定的社会中所出现的两代人的冲突。一对情人决定结婚向他们的父母提出挑战，他们把整个村子卷进了这场冲突。巴迪安的创作也转向非洲历史，从中汲取灵感。他写的剧本《恰卡之死》（1962）标志着马里戏剧的诞生。《恰卡之死》是一部历史题材的剧本，恰卡是 19 世纪初祖鲁人的领袖，他通过征战将祖鲁各部联合成一个强大的祖鲁王国。剧本所要表现的基本冲突是在恰卡与他的将领之间展开的，一方面是英雄对祖国的热爱，对人民幸福的关怀；另一方面是将领们的自私、贪婪、胆怯、奸诈，置人民的利益于不顾，并阴险地杀害了他们的统帅。因此，剧本中的人物都是美德或恶行的化身。该剧本的主题思想是非洲各国人民必须要在强有力的国家政权领导下团结起来。巴迪安还为中非关系的发展做出过贡献，他认为非洲应主动与中国合作，建立友好伙伴关系。2010 年，赛杜·库雅泰·巴迪安被授予"中马民间友好大使"称号。扬博·乌奥洛戈姆（Yambo Quologuem，生于 1940 年）发表了一部重要而又有争议的长篇小说《暴力的责任》（*Le devoir de violence*，1968，英文版 1971 年出版）。他在小说中虚构了一个由赛伊夫王朝残暴的专制君主统治着的马凯姆非洲人王国。乌奥洛戈姆提出这样的观点：早在殖民大国争夺非洲大陆以前，暴力与奴隶制度就已经存在很长时间了。这部小说当时被认为代表了独特的非洲写作风格，1968 年获得法国勒诺多文学奖（Prix Renaudot），这是第一部获此殊荣的非洲长篇小说。此外，他还将传说同现实结合在一起，将非洲的、阿拉伯的表达方式同法语结合在一起。

费力·达勃·西索科的《红色的热带草原》（1962）是一部自传体中篇小说，书中记述他了儿时的嬉戏游乐和在圣路易（塞内加尔）师范学校学习的生活。毕业考试的失败令他很郁闷，但是，后来主人公获得见习教师的文凭并被派到瓦加杜古（上沃尔特）地方学校任教。他就职之前先回到家乡——巴福拉贝区农村。作者描写巴福拉贝和莫普提的饥荒和疾病，以及马里人民——富尔贝人、豪萨人、桑海人、多贡人等民族的外貌、性格特点及其内心活动。书中多处提到这一地区的往事和反抗殖民主义者的重要堡垒之一的通布图。作者对于1916年图阿雷格人起义被残酷镇压的叙述，使作品具有很强的感染力。西索科称热带草原为红色，除地理含义之外还有象征意义，暗指热带草原被反对法国殖民统治的图阿雷格人起义者的鲜血染红了。

加乌苏·迪阿瓦拉（Gaoussou Diawara），1940年生于马里的日图穆地区农村，曾留学苏联，回国后在马里高等师范学院和国家艺术学院等校任教。1973年他发表戏剧名作《牧羊的黎明》，在法国国际电台组织的"非洲剧作比赛"中获奖。迪阿瓦拉也是一位多产的小说家，1982年出版的《马里短篇小说集》取材广泛，有的歌颂民族英雄；有的描写劳动和丰收的喜悦；有的赞美青年男女美好纯真的爱情；有的鞭挞邪恶和愚昧。他的作品的突出特点是强烈的人民性和浓郁的乡土气息。他是马里作家协会秘书长，也是法国剧作家协会会员。

在诗歌创作方面，著名的代表人物有马马杜·戈洛戈。他出版了几本诗集，如《火山——我的心脏》（1961）、《从酒中脱逃》（1963）、《非洲风暴》（1966）。这些都是有关战斗的诗篇，作者用它来鼓舞非洲人民摆脱殖民统治、争取民族的独立。在长诗《非洲风暴》中，戈洛戈慷慨激昂地提出"斗争就是我的上帝"。他在诗中多次提到黑人主义是他处世态度的基础，同时他强调，他所说的黑人主义绝不是种族隔绝和自感特殊，而是非洲各族人民为了劳动人民的权利、公平平等、民族统一和所有人的幸福而奋起斗争的精神。作者将非洲各族人民对自由和幸福的渴望比喻为风起云涌般蓦然而起的强大风暴，并且确信这是不可战胜的。

加乌苏·迪阿瓦拉是马里的另一位著名诗人。他出版了《马里的诞生》（1965）和《黑色的星星》（1966）两部诗集。迪阿瓦拉的诗篇有着深刻的人民性并渗透着国际主义的热情。迪阿瓦拉同时还是一位很有才华的抒情诗人，在《晚霞的回声》、《热带之夜》和《在月光下的舞蹈》等诗篇中，作者极其亲切地回忆了故乡的事物和人民的传统生活。在《海洋之歌》一诗中表达了作者的理想，他将海洋的波涛比作永恒的牢不可破的精神财富——爱情、自由、正义和荣誉，将沉没的军舰视为殖民主义者及仇恨、背信弃义、暴力和空虚的象征。

加乌苏·迪阿瓦拉不仅是一位诗人，而且是一位剧作家。他的剧本《羊群上方的曙光》1975 年在巴黎出版，他笔下的"羊群"，是非洲人民群众的化身，而严酷、阴险、丑恶的主人"巴佐佐"则是外国殖民主义者的化身。作者颂扬了人民群众反抗压迫者毫不妥协的坚定决心，并且相信他们的前途是光明的。

此外，马里还有一些知名的女作家，玛丽斯·康德（Maryse Condé）便是其中一位代表人物。她出生于法属安的列斯群岛，是法语文学界的知名人士，致力于从马里的班巴拉人中取材进行写作，用文字描绘他们的历史和生活图景。

马里民间故事是对人民大众生活的记录，它是对艰辛历程的记忆，对美好未来的憧憬，是一幅幅有血有肉、独具风格的生动图画。马里的现代作家没有一个不是汲取了民间文学的营养而成长起来的。独立之后，马里成立了国家艺术团。艺术团成员从民间挑选，平时，还将一定数量的成员派到各地去收集民间舞蹈、音乐和民歌。艺术团从民间汲取营养，经过艺术加工后再推向社会，从而丰富了人民的文化生活。博卡尔·恩迪亚耶（Bocar Ndiaye）整理的《马里夜话》，伊萨·特拉奥雷（Isa Traoré）整理的《民间故事》，就是马里丰富多彩的民间故事的代表。

马里的儿童文学也颇引人注意。1967 年在巴马科出版的马萨·马康·季亚巴特的《当火焰熄灭的时候》一书即是儿童文学的代表。内容主要包括为儿童整理的传说、神话和童话，选择的人物都具备一切传统的美德：对亲人和朋友的忠贞不渝、舍己好客、崇尚武士、宁死不屈、热爱祖国，以及立志为人民增光和建立功勋。

第四节　艺术

一　造型艺术

马里的造型艺术在非洲占有重要地位。岩画是马里境内最古老的艺术形式，大部分岩画位于马里东北部的伊福拉斯高原地区。分散在 50 多个地方的岩画分别属于撒哈拉岩画的各个不同时期，最古老的是公元前3500 年前后的家畜岩画。稍后，有大型马车的画像。岩画的最后时期是公元初年的骆驼时期。这些岩画真实而系统地反映了撒哈拉地区气候的变迁。还有部分岩画分布在邦贾加拉地区当地青年举行成年礼仪式地方的岩石上，用白、黑、红三色画的各种符号和素描图以及在部落圣地和住房墙壁上画的象征性壁画，都属于此类造型艺术。

多贡人和班巴拉人的造型艺术，都是非洲著名的艺术珍品。多贡人制作的面具，极具原始、粗犷之美，引人入胜，备受世人推崇。多贡人保留下来的最古老的雕塑主要是姿态各异的物象，以高举着双手、前胸隆起、胡须凸出的雕像最富有特色。多贡人较晚期的作品形态拘谨、沉着，静态的居多，严格遵守正面和对称原则。在多贡人的假面具中以"黑猿猴"和具有各种动物（如水牛、羚羊等）面孔特征的假面具最有代表性。

班巴拉人的造型艺术也很优美，骨架严整、结构对称的木制圆形小雕像是其艺术代表。班巴拉人重视对头部的雕刻，头发通常用小刻纹表示，面容刻画得很细腻，而身躯则以简单的圆柱来表示。班巴拉人很少给雕像上色，但常用金属镶嵌，并以鲜明的图案和串珠等加以装饰。班巴拉人也有假面具，假面具将人和动物的特征进行各种各样的组合，或者模仿动物的形象，其中模仿羚羊各种形象的假面具最为流行。

马里的造型艺术影响了日常生活。从板凳、床头到门锁，对每一件日常生活用品都在某种程度上加以美化。编织物、皮革制品、布匹等，往往装饰着象征意义的花纹。

二 电影

1960 年 9 月 22 日,苏丹联盟大会党决定马里在经济上实行"非资本主义"发展道路的同时,采取"社会主义"的文化体制,高度重视电影的舆论宣传功能。随后,成立马里国营电影公司,拍摄新闻片及纪录片,目的是让人民了解党和政府的活动,提高公民的政治和爱国主义觉悟,并向外国宣传马里的传统文化和社会进步。1961 年,成立国立电影制片中心(CNCP),负责制片。1963 年成立新闻片摄制组,制作《每周新闻》。影片进出口和发行放映由马里国家电影局负责。1969 年马里摄制了第一部国产短片《巴姆博》。不久拍摄了《蒂耶曼的归来》和《五天的生活》两部中型影片,1972 年又摄制了一部大型影片《马里——文明社会的十字路口》。此外,马里还拍摄了一系列的故事片,主要有:D. 古依阿特的《吉芒的归来》(1971);史莱曼纳·西塞的《女儿》(1974);古里巴尼的《命运》(1977);特拉沃里的《我们都是罪人》(1980);塞加的《囚犯》(1980);K. 金达的《全都结束了》(1980)等。此外还有《这就是马里》《马里的今昔》《巴博》等纪录片。

史莱曼纳·西塞(Souleymane Cisse)是马里最著名的电影制片人。他于 20 世纪 60 年代在苏联学习电影制作,回国后拍摄了几部备受关注的电影,包括《邓姆苏》(*Den Muso*,1975)、《巴拉》(*Baara*,1978)、《风》(*Finye*,1982)和《依伦》(*Yeelen*,1987)。其中,电影《风》与《依伦》于 1982 年和 1987 年分别在戛纳电影节上获奖,并在法国上映。

进入 21 世纪以后,马里也有一些电影佳作问世,如 2006 年由阿伯德拉马纳·希萨柯(Abderrahmane Sissako)执导的电影《芭玛戈》(*Bamako*)。影片讲述了酒吧歌手玫勒和没有工作的丈夫查卡在他们与其他家庭共用的院子设立了一个虚构的法庭,各阶层逐一上台作证,时而义正词严,时而悲歌感叹,痛斥外债压迫下的黎民之苦,而冠冕堂皇的全球化就是众矢之的,在这里,国际货币基金组织和世界银行等都是非洲底层人民控诉的对象。影片以这种方式表达了非洲普通人对当今国际政治和非洲现状的思考。该片的女主角艾萨·玛伊加(Aïssa Maïga)凭借此片获得

2007 年第 32 届法国电影恺撒奖（César Awards）最佳新人女演员奖。
2016 年，卢茨·格雷戈尔（Lutz Gregor）执导拍摄了一部音乐纪录片
《马里蓝调》（*Mali Blues*），蓝调是马里重要的音乐形式，该片通过电影
的形式向观众呈现了马里传统的音乐文化形式——蓝调。

马里不仅电影佳作层出不穷，出色的演员也不断走上国际舞台。绍蒂
居伊·库亚特（Sotigui Kouyaté）是马里的著名演员，年轻时曾作为足球
运动员效力布基纳法索国家足球队，在 20 世纪 60 年代开始从事戏剧及影
视表演。2009 年 2 月 14 日，库亚特凭借在电影《伦敦的河》（*London
River*）中的出色表现获得第 59 届柏林电影节金熊奖（Golden Bear）最佳
男主角奖。

三　音乐舞蹈

马里的音乐源远流长，在中世纪达到极盛。今天的民间音乐仍保留着
古老的传统。马里的民族乐器种类繁多，其中鼓是乐器中的灵魂。鼓的形
状不同，大小不一，演奏方法也各不相同。有的鼓可用手弹奏，有的鼓则
用槌敲奏，还有的鼓在表演时夹在腋下演奏。鼓手可以通过丰富的表现手
法让鼓发出各种声响和舞蹈节奏声。马里鼓的艺术感染力非常强，鼓手用
手敲打，时徐时速，激昂时气势如雷，大有万马千军、摧枯拉朽之势，使
人听了为之振奋。巴拉风（木琴）是由一种十分坚硬的长短不一的红木
条组成的，每根木条下面还悬着一个大小不一的葫芦作为共鸣器，演奏时
用木棒敲击木条，时而婉转缠绵，时而雄壮昂扬。"考拉"是一种 21 根
弦的弹拨乐器，发出的声音柔和而深沉。另外，还有 3 根弦的"巴龙"，
像小提琴的"苏古"、笛子的"当"等。马里在 1959 年和 1969 年分别创
建了一个舞蹈团、一个国家剧团。他们都在世界各地演出过并获得了很多
荣誉和奖励。国家舞蹈团尽管表演了许多现代舞蹈，但也借助道具表演了
许多传统舞蹈。1962 年成立的国家艺术团，曾获得巴黎国家剧院艺术奖，
1969 年又荣获在阿尔及尔举行的第 1 届泛非联欢节金质奖章。马里国立
民间创作团曾多次在非洲举办的各种艺术节上获奖。为普及和提高文化艺
术，发掘艺术精华和文艺人才，马里每两年要举办一次"全国文化、艺

术比哪节"。另外，还创立了国家艺术学院，培养艺术家、音乐家和演员。

马里丰富的音乐遗产是通过吟游诗人一代代流传下来的，这些人也是口头历史学家和赞美诗人。通过弹奏吉他和考拉，许多传统的吟游诗人在马里国内外获得了普遍认可。他们中有诗琴音乐家西蒂基·迪亚巴特（Sidiki Diabate）、巴鲁特·塞可·科亚特（Batrou Sekou Kouyate）和盲人吉他手巴苏马纳·西苏科（Bassoumana Cissoko）。西苏科死于1988年，享年97岁。西苏科的歌作为"马里之声"电台的标志性曲调被使用许多年，并且记录了像1968年政变这样一些重大的事件。

20世纪60年代早期，大多数乐器演奏者是国家乐器合奏组的成员。这个团体于1966年在阿尔及尔赢得了"泛非文化节"的金牌。虽然最重要的说唱歌手和乐器演奏者在1968年政变后加入了国家合奏组，但他们被赋予了相当大的演奏自由。因为大多数传统的乐器演奏者也是吟游诗人，他们作为赞美诗人服务于政治领导人。比如嘎兰科·马姆·西拉（Garanka Mamou Sylla），他将凯塔总统和特拉奥雷总统的演讲译成他游历乡间的当地语言。

1970年马里信息部与联邦德国的唱片公司合作，以唱片的形式出版了第一部马里音乐集。这部专辑包括6张唱片，大多数马里重要的音乐艺术家的作品都被收入这个系列集，包括最重要的诗琴音乐家西蒂基·迪亚巴特、巴鲁特·塞可·科亚特和杰里马蒂·西苏科（Djelimadi Sissoko）。当时著名的说唱歌手凡塔·达姆巴（Fanta Damba）、南特奈迪·凯米苏科（Nantenedie Kamissoko）、旺德·科雅特（Wander Kouyate）、摩根塔夫·萨科（Mogontafe Sacko）、塔塔·科亚特（Tata Kouyate）以及木琴演奏家布拉希玛·科雅特（Brahima Kouyate）、鲁提圭·迪亚巴特（Loutigui Diabate）和吉他手骚勒·迪亚巴特（Solo Diabate）在这部音乐集里都有体现。1971年，信息部与联邦德国唱片公司合作发行了吉他手巴苏马纳·西苏科的两张唱片，即"老狮子1"（*The Old Lion I*）和"老狮子2"（*The Old Lion II*）。这些唱片的发行对保护马里传统音乐做出了贡献。

传统音乐家长期以来在欧洲、美国和亚洲的巡回演出获得了成功。他们的曲调和歌词对外国听众具有很大的吸引力，如小提琴手库萨曼·萨科（Qusmane Sako）和他的妻子即说唱歌手伊阿凯拉（Yiakare），1986年的欧洲之行十分成功。更年轻的音乐家使用电子琴演奏传统的节拍和曲调，这些人包括詹尼·迪亚巴特（Zani Diabate）和苏珀·德加塔（Super Djata），二者均去过欧洲好几次并发行了流行唱片。这些艺术家都非常受欢迎，在非洲、欧洲和美国有大量的歌迷。

马里最受欢迎的说唱歌手是萨利夫·凯塔（Salif Keita），他那令人入迷的嗓音和使人感伤的演唱风格使他成为非洲和欧洲的音乐巨星。他已在欧洲发行了许多专辑唱片和磁带，包括《曼朱》（*Mandjou*，1979）、《德乔戈亚》（*Djougouya*，1982）、《图坎》（*Tounkan*，1983）和《萨拉》（*Sara*，1988）。凯塔不是吟游诗人的后代，他在音乐上的成功显示了马里传统的一个重大突破，因为传统上只有吟游诗人才能成为歌唱家。凯塔的乐队用合成乐器和电子琴取代了诗琴和木琴。他的歌词包含马里社会问题的逸闻。1988年春天，凯塔于纽约国际艺术节期间举行了他在美国的首场演出。

2012年后马里政局陷于动荡，北部伊斯兰激进分子推行极端主义，马里丰富多彩的音乐瑰宝竟被极端分子称为魔鬼的音乐，各类音乐活动也遭到镇压。马里的许多音乐人对这些行为深恶痛绝，并创作了歌曲呼吁反击极端主义者。马里著名歌手巴柏·萨拉罕（Bob Sarah）的歌曲《北方》（*Dangay*，桑海语）就是在这样的背景下诞生的。歌曲严厉地谴责了占领马里北部的伊斯兰激进分子，并公开呼吁民众依靠武力终止他们的占领。"即使要付出生命，我们也应携起手来抗击侵略者，解放我们被占领的土地"，"北马里的同胞啊，别以为我们已经把你们遗忘，用不了多久，我们就会把你们从侵略者手中解放"。萨拉罕用他的母语桑海语向马里民众发出了反抗极端主义分子暴行的呼声，并强调音乐要远离战争，音乐不能成为战争的刽子手。

马里人民能歌善舞。哑剧舞蹈表现了动物、自然现象、人的劳动、战争和狩猎情形，有的还讽刺人们的恶习。多贡人的假面化装舞蹈历史悠久，并且具有丰富的表现形式。国家定期组织各地的艺术团体参加汇演和比赛，在此基础上将优秀的音乐家和舞蹈家组成马里歌舞团。

"贡巴"是著名的马里舞蹈，舞姿繁复多变、粗犷有力，其政治意义也很明显，在马里舞蹈中很有代表性。这是一种有反殖民主义色彩的舞蹈，其中包括"警惕""斗争""越过困难""取得独立自由后的欢乐"等章节，演员表演时下蹲和腾跃的动作较多，而且舞蹈很长。

四　比哪节

比哪节是马里全国规模最大、场面最隆重的民间节日。它的全称是"马里全国文化、艺术与体育比哪节"。它的前身是"全国青年文化周"，是马里在获得独立后，为了消除殖民主义的文化影响、继承和发扬民族文化传统而兴起的民族歌舞节。原为一年一度，从 1972 年起，每两年的 7 月上旬举办一次，历时一周。活动的内容也变得更加丰富，参加者从青年发展到老年、少年，成为马里全国性的文化、体育、歌舞盛会。节日期间，全国著名的戏剧家、舞蹈家、歌唱家、演奏家以及优秀运动员从各地会集到首都巴马科，各展风采。除了传统的文艺表演，还要举行民间体育竞赛，如摔跤、射箭、拳击、赛马等活动。每届比哪节都有许多优秀的音乐、歌舞和戏剧新作同广大观众见面，也有大量的文艺新秀脱颖而出。

在比哪节的歌舞活动中，"贡巴"舞可是一个流传已久、深受马里人民喜爱的传统节目。在达姆达姆的鼓乐声中，一位包头、染足的姑娘引吭高歌，领舞的小伙子手持带响声的道具起舞，其余男子紧随其后。舞蹈表现了男子成年时被送进森林里施行传统的"割礼"并经过 3 个月严格训练返回村子时受到乡亲们欢迎的热闹场面。

比哪节期间，除了令人陶醉的舞蹈，还有精彩的独奏、协奏、独唱、合唱和交响乐等节目。

今天的比哪节已经成为马里人民继承民族文化传统、振奋民族精神、丰富群众文化生活的重要节日。

第五节　体育

马里的体育事业比较发达，有足球、篮球、手球、拳击、田径、柔道和游泳等十余个体育协会，是西非体育强国。其中，以足球运动最受欢迎。现任体育部部长为乌塞尼·阿米翁·金多（Housseïni Amion GUINDO）。

一 足球

足球是最受马里人民欢迎的体育运动，由马里足球协会统一管理。马里足球协会于 1960 年成立，1962 年加入国际足联，1963 年加入非洲足联。根据国际足联网站 2007 年 12 月 31 日公布的统计数据，马里 1163 万人口中经常参加足球活动者达 1391625 人，其中登记注册足球运动员有 14175 人，俱乐部 140 个，各级足球比赛官员也就是裁判员、助理裁判员、裁判监督、比赛监督、教练员、领队管理、随队医生、随队翻译共计 6078 人。全国最高等级联赛有 14 支足球队参加。2016 年 11 月，国际足联公布最新排名，马里国家男子足球队居第 61 位。

马里国内足球赛事被称为马里超级联赛（Malian Première Division），是全国性足球比赛，共有 16 支球队参加，如巴卡里德让 - 巴鲁埃利（AS Bakaridjan de Barouéli）、巴马科（AS Bamako）、巴马科警察（AS Police）、皇家巴马科（AS Real Bamako）、科罗菲纳（AS de Korofina）等。因马里常年高温，为避开酷热，马里的足球赛季从每年 10 月开始到次年 6 月结束。

在国际比赛中，马里足球队也屡创佳绩。马里国家男子足球队从 1960 年开始参加国际、洲际足球比赛，国家女子足球队也从 2002 年开始参加国际、洲际足球比赛。其中，马里国家男足曾经在阿美利卡卡波尔杯（Amílcar Cabral Cup）中获得 3 次冠军（1989 年、1997 年、2007 年）和 3 次亚军（1979 年、1981 年、1987 年）。在历届非洲国家杯（Africa Cup of Nations）赛事中，马里先后获得过 1 次亚军（1972 年）、2 次季军（2012 年、2013 年）和 3 次第 4 名（1994 年、2002 年、2004 年）。马里也多次参加世界杯，在 2002 ~2014 年连续进入外围赛，可惜并未能更进一步。

2002 年，马里举办非洲国家杯。此后，马里人民对足球的热情更盛，并在许多城镇修建了足球场。中国援建的巴马科体育场能容纳 2.5 万名观众，重要的足球比赛经常爆满。随着足球的日渐流行，马里逐渐产生了一些国民级的球队和球星。萨利夫·凯塔（Salif Keita）是马里最为知名的足球运动员之一。他曾带领皇家巴马科队于1963～1967年占据马里足球第一的位置，后转入法国皇家圣艾蒂安队。继萨利夫之后，马里足球更为蓬勃发展，诞生了一批优秀的足球运动员。如获得2007年"非洲足球先生"称号的弗雷德里克·卡努特（Frédéric Kanouté），他当年带领马里国家队成功晋级2008年非洲国家杯决赛圈。其他还有让·蒂加纳（Jean Tigana）、德里萨·迪亚基特（Drissa Diakité）、阿达马·考利巴里（Adama Coulibaly）等。这些优秀足球运动员后来大多转入欧洲的足球俱乐部继续足球生涯。马里足球国家队水平尚佳，曾在全非运动会和非洲冠军争夺赛中获得亚军。

二 篮球

篮球也是马里国内比较流行的运动项目，与足球不同，马里的篮球运动是国家女子篮球队最为出色。也正是近年来马里女子篮球队在国际赛事中的出色表现，才令马里国内兴起了一股篮球风。

2007年9月30日，在达喀尔进行的第20届非洲国家杯女篮决赛中，马里队以63∶56战胜塞内加尔队，获得此届大赛的冠军，同时获得2008年北京奥运会女篮比赛的参赛权。这是马里篮球史上最为重要的时刻，马里国家女篮为马里篮球赢得了崇高的荣誉，此前她们仅在1968年的第2届非洲国家杯女篮赛事中获得过季军。由于马里国家女篮的出色表现，2007年马里篮协主席被任命为马里体育部部长，而主教练罗斯·鲁伊斯（Rose Ruiz）被授予马里国家骑士勋章。

三 奥运会

马里从1964年东京奥运会开始正式参赛。1976年蒙特利尔奥运会，因组委会允许支持种族隔离制度的新西兰参赛而遭到了非洲国家的联合抵制。马里除去1976年的蒙特利尔奥运会，完整地参加了1964～2016年的夏季奥运会。不过，限于自身实力，马里从未获得一枚奥运奖牌。2004年，马里国家男足曾历史性地进入奥运会足球8强。2016年，第31届夏季奥运会在巴西里约热内卢举行，马里共有 6 名运动员参赛。

除足球、篮球外，马里的拳击运动也有一定水平，马里人松加洛·鲍加耶沃（Songalo Bogayevo）曾获得非洲拳击冠军。另外，其他体育运动如手球、游泳、柔道和自行车赛也很受欢迎。

第六节　医药卫生

一　概况

马里作为世界上最贫穷的国家之一，其医疗卫生状况长期处于较低水平。近年来马里的卫生和发展指数世界排名一直很靠后，近 20 年来都没有取得较大的进步。由于国力积弱，马里的医疗卫生系统发展很大程度上要依靠国际组织和外国的援助。2001 年马里政府医疗卫生的支出占当年政府总支出的 6.8%，占当年国内生产总值的 2.9%。2012 年，由于政治危机，国外援助冻结，马里政府用于医疗卫生方面的财政预算仅为原计划的 48.7%。各公立卫生机构运行费实际支出约合 1.12 亿欧元，占医疗总支出的 89.8%，投资支出约合 1280 万欧元，占比 10.2%。由于医疗卫生状况不佳，马里的人均预期寿命也不高。2012 年的统计数字显示，马里人出生时的预期寿命约为 58 岁，60 岁时的未来预期寿命为 17 年。2015年马里人均寿命为 58 岁。2011 ~2015 年马里医疗卫生状况如表 5 - 5 所示。

表 5 - 5　2011 ~2015 年马里医疗卫生状况

年份	2011	2012	2013	2014	2015
新生儿死亡数（每千人）	28	28	28	28	27
新生儿死亡率（每千人）	41.1	40.2	39.4	38.6	37.8
麻风病报告病例数（人）	226	228	176	259	222
疟疾确诊病例数（人）	307035	886482	1367218	2039853	—
疟疾报告死亡数（人）	2128	1894	1680	2128	—

资料来源：世界卫生组织国家数据·马里（2016）。

二 疾病状况

由于自然环境、医疗卫生条件等原因，在马里罹患各类疾病的概率比较高。许多常见疾病，如细菌和真菌性腹泻、甲型肝炎、伤寒等，都威胁着人们的健康。其他比较流行的疾病还有疟疾、登革热、昏睡病、血吸虫病、艾滋病以及近年埃博拉病毒（Ebola virus）感染导致的疾病等。

疟疾 在非洲，疟疾每年会夺去约 70 万人的生命。疟疾是经蚊叮咬或输入带疟原虫者的血液而感染疟原虫所引起的虫媒传染病，在每年 12 月到次年 6 月的旱季中最容易患疟疾。在马里的各类疾病的死亡率中，疟疾位居首位，尤其是 5 岁以下儿童，更容易因疟疾而夭折。1993 年，马里政府制定了国家疟疾防治 5 年规划，后来又将规划列入国家脱贫战略框架（CSLP）之中。近年来，马里政府加大了对疟疾的防治力度，2006～2012 年，马里 5 岁以下儿童因疟疾而死亡的概率降低了 50%。

马里政府控制疟疾的手段分为两个方面：预防和治疗。

在预防疟疾方面，马里政府重视加强防治疟疾的宣传，建立基层宣传队伍，培训家庭防治疟疾的正确方法，号召人们改变某些生活习惯，注意预防，并与各方合作伙伴免费向孕妇、儿童提供杀虫剂浸泡过的蚊帐。马里政府希望通过这些预防措施可以减少疟疾传播，消除传染源。

疟疾的治疗工作也尤为重要。马里政府通过以下几项措施来引导疟疾治疗：（1）在基层医疗点普遍使用组合素型综合疗法（ACT）治疗疟疾患者；（2）在上一级医疗中心使用奎宁处置疟疾重症患者；（3）各级医疗机构在妇女怀孕期间免费向孕妇提供 SP，预防疟疾传染。

但是由于受经济、医疗条件限制，实际上多数群众卫生意识不强，患疟疾后不能得到及时、正规的治疗，致使携带者大批存在，成为当地疟疾流行病的主要传染源。

黄热病 黄热病是撒哈拉沙漠以南西非地区的一种流行疾病，由某种蚊子携带的病毒传染，当地人对这种疾病的抵抗力较强，外来人员患病时，往往病情较重。

2005 年，马里暴发黄热病。根据世界卫生组织的报告，截至 2005 年

11 月 10 日，共 21 名疑似有黄热病的急性黄疸综合征，其中 14 例死亡。黄热病的暴发不仅令国内人心惶惶，而且给马里的国际声誉带来了负面影响。2006 年，WHO 倡导发起《黄热病倡议》（*Yellow Fever Initiative*），马里表示支持并于当年加入。该倡议使马里得到 WHO 大量的黄热病治疗援助，在控制黄热病方面取得了显著效果。2008 年，马里国内超过 600 万人接受黄热病疫苗注射。2015 年，马里没有出现黄热病疫情。

昏睡病与血吸虫病　昏睡病又称睡眠病、锥体虫病。此病广泛流行于西非地区，由锥体虫病原体通过萃萃蝇叮咬寄主（包括人体和牛、马等）传播感染。萃萃蝇一般滋生于北纬 12°以南荫蔽潮湿的环境里，在马里的尼日尔河沿岸低洼地区，萃萃蝇活动最为猖獗，昏睡病较为流行。

血吸虫病主要分布于巴马科、库利科罗、塞古、锡卡索、莫普提、加伊等地的低洼积水地区，由钉螺传播感染。

流行性脑炎和麻风病　流行性脑炎在苏丹气候带（北纬 12°～14°地区）的旱季比较流行，麻风病主要流行于南部地区。

艾滋病　艾滋病，又称获得性免疫缺陷综合征（Acquired immune deficiency syndrome，AIDS），于 20 世纪 80 年代初被发现。HIV 阳性携带者在城市卖淫者和性生活混乱的年轻人当中比例最高，农村这一比例较低。为了控制 HIV 呈阳性的比例，马里卫生部制订了一项定期检查计划。1988 年 12 月，马里请求世界卫生组织帮助评估和重组艾滋病预防计划，这一计划已实行了许多年。这一计划包括增加公共卫生教育，对所有卫生保健机构全部的注射设备进行仔细消毒，以及对献血者进行 HIV 阳性检测。位于巴马科的中央生物实验室已具有对 HIV 进行例行监测的能力。

2002 年以来，马里"全国最高艾滋病委员会"（Supreme National Council for AIDS，HCMLS）在全范围内开展"安全性教育活动"，并提倡使用安全套来预防艾滋病传播。但相较于国际标准，马里的安全套使用率仍然很低。2001～2009 年，马里政府连续实施"国家控制艾滋病战略计划"，努力减少马里的艾滋病感染患者人数。2012 年马里艾滋病成人患病率为 0.9%，艾滋病毒感染者数量为 10 万人，低于非洲的大部分国家。此外，2004 年 3 月，马里同中国签订了《艾滋病毒国家政策宣言》，共同

帮助马里预防和控制艾滋病毒传播。[①] 2011～2015 年马里艾滋病感染情况
如表 5－6 所示。

表 5－6　2011～2015 年马里艾滋病感染情况

年份	2011	2012	2013	2014	2015
儿童感染人数（0～14 岁）（人）	12000	12000	11000	12000	12000
总感染率（15～49 岁）（%）	1.3	1.3	1.3	1.3	1.3
成年女性（15 岁以上）占总感染人数的百分比（%）	57.9	58.2	58.5	58.8	56.0
女性感染率（14～24 岁）（%）	0.6	0.6	0.6	0.6	0.6
男性感染率（14～24 岁）（%）	0.4	0.4	0.4	0.4	0.4
总感染患者的治疗覆盖率（%）	26	25	24	26	28

资料来源：World Development Indicators Database，World Bank，July 2016。

脊髓灰质炎和埃博拉病毒　脊髓灰质炎病毒和埃博拉病毒都是最近几
年开始在马里流行的。2011 年 6 月，马里出现了首例脊髓灰质炎病毒感
染患者，病毒传染至马里多个地区。2015 年，又有一种新型的脊髓灰质
炎病毒在马里出现，有可能导致病毒的大范围传播。由于马里出现的这种
脊髓灰质炎病毒是应用疫苗后产生的变种，其发生新变异的可能性很大，
因而增加了防治的难度。

埃博拉病毒是一种能引起人类和灵长类动物产生埃博拉出血热的烈性
传染病病毒，由此引起的出血热是当今世界上最致命的病毒性出血热。
2014 年，埃博拉病毒在西非暴发，引发了大规模病毒疫情。

2014 年 10 月，马里西北部城市卡伊发现国内第一例埃博拉病毒患
者，随后迅速加以控制。2015 年 1 月 18 日，马里宣布国内埃博拉疫情结
束，共发现 8 例，有 6 人死亡。相比较西非其他几个邻国，马里疫情较
轻，持续时间也比较短暂。截至 2014 年底，埃博拉病毒已经在马里南部

① United States Agency for International Development（USAID），"Health Profile：Mali，"
February 2005，http：//www. usaid. gov/our_ work/global_ health/aids/Countries/africa/mali
_ 05. pdf.

邻国利比里亚、塞拉利昂和几内亚导致了数千人死亡。马里国内的埃博拉
疫情后来得到了有效控制，于 2015 年初宣告疫情结束，但埃博拉病毒的
威胁仍然存在。

三　医疗卫生机构

马里的公共卫生机构最先是由法国军医在 19 世纪 80 年代建立的，随
着殖民政府的扩张，这些医生也向当地人提供服务。1939 年法属西非有
了 1 个流动医疗机构。直到 1956 年独立前夕，马里在巴马科有 1 所医院、
2 个门诊部、198 个医疗站以及一些助产站，同年接待的病人为 1951970
名。此外，还有 3 个麻风病医疗站，几个流动注射站和数目不详的自由营
业或军事驻地营业的欧洲和非洲医生。1962 年，马里有 8 所医院，其中
首都有 2 所，其他 6 所在行政区首府；共有 1387 张病床，其他 31 个医疗
中心拥有 749 张病床；共有 110 名医生，即平均每 4 万人中有 1 名医生，
大部分医生集中在巴马科的医院。1972 年，全国共有综合性医院 10 所
（包括国家医院 2 所、较大医院 6 所、附属医院 2 所），省医疗中心 42 个，
产院 56 所，农村医疗站 296 个；全国共有医生 136 名，药剂师 112 名，
助产士 120 名，护士 1427 名。综合性医院主要分布在首都和各大区的首
府。每个省有 1 个卫生中心（有几十张内、外科病床）、1 个产院和 1 个
妇幼保健站。县一级的地方只设 1 个诊所。据《世界知识年鉴》统计，
1986 年，全国有 14 所医院及一些卫生中心和医疗所，拥有病床 4800 多
张，医护人员增加到 3300 多人。

1987 年，马里共有 345 所各种类型的卫生机构，其中有 3453 名医务
人员。超过一半的医务人员以及药品和设备在首都巴马科，为 8% 的人口
服务。卫生部预算仅为国家预算的 8%，并且在 1980 年下跌到 4.8%。多
数医疗机构由政府开办，并且大多数医务人员是政府雇员。一般而言，这
些机构缺少资金，设备陈旧，并且在通常情况下缺乏基本药品。

21 世纪以来，马里的医疗卫生条件有了改善，但专业医生匮乏的问
题依然十分严峻。据统计，2010 年，马里每千人仅拥有 0.1 张病床、
0.43 名护士和助产士，甚至每 10 万人中才有 8 位专业医生为他们提供医

疗卫生服务。

2009 年，中国援非首家综合性医院——位于西非马里共和国首都巴马科的马里医院创立。马里医院是一所集医疗、急救、保健、科教等于一体的综合性国家医院。医院建立之初就设有神经外科、心胸外科、普外科、骨科重症监护室、手术室、B 超室等 20 余个科室，包括中方人员约 150 人；设有两个综合病区，开放床位 150 张。

2013 年，马里全国医疗中心共计 1151 个，疟疾病患者 182 万人，死亡 821 人，同比减少 0.1%；肺结核 5750 例，治愈率 76%，死亡率 7.9%；白内障 9 万例，手术 1.2 万例；产前就诊率 72%，同比增加 4%；助产率 58%，增加 2%。

四　传统医疗

传统医学是非洲传统文化的一部分，在种种荒诞的表象下包含着某些合理成分，对于缺乏现代医疗条件的大多数非洲人来说是不可或缺的。

传统医学认为自然原因或超自然原因如神、鬼、魔力和魔法导致了疾病产生。是否采用传统医疗很大程度上取决于人们的受教育程度与病人的经济情况。城镇集中着具有较高教育水平的人，寻求传统行医者帮助的人就比乡村少。此外，城镇医疗资源集中而且能够充分提供现代药品，城镇居民一般不依赖传统医学。而在乡村，经常连一个小诊所都没有，一些最基本的如阿司匹林和抗疟疾药品都不具备，村民只得求助于传统医疗。

五　中国医疗队

自 1968 年 2 月开始，中国援助马里医疗队由浙江省卫生部门派遣。70 年代中期，中国在马里工作的医务人员有 41 名，包括内科、外科、妇科、五官科、针灸、放射、化验、麻醉、药剂师等专业人员，分布在塞古大区马尔卡拉医院、锡卡索大区医院、巴马科大区医院。70 年代，中国医疗队每年药品消耗量为：片剂 900 万片、抗生素粉针剂 10 万瓶、水针剂 10 万支、葡萄糖输液 6000 瓶。

40 多年来，中国先后向马里派遣 500 多名医护人员，即使在埃博拉病毒肆虐西非期间，中国的医护人员也从未停止过医疗援助。近年来，每批援马医护人员在完成使命归国之前，都会受到马里政府的授勋，以表彰他们为发展马里医疗事业、促进两国友谊所做出的贡献。

2014 年，经中国第 23 批援马医疗队与马方医务人员的共同努力，马里放疗中心放射治疗的所有准备工作就绪并投入使用，开创了马里卫生医疗的新历史。该放疗中心已完成审批开诊所需的辐射防护环境评价报告、国际原子能机构（IAEA）的剂量认证报告，获得马里卫生部放射治疗许可证，并于 2014 年 4 月 3 日开诊，收治第一例宫颈癌病人，顺利完成该病人的首次放射治疗。

2015 年 7 月 20 日，中国第 24 批援助马里医疗队踏上征程，开始了为期两年的援助医疗任务。在此之前，2015 年 1 月 29 日，中马两国政府代表在巴马科签订了《关于中国派遣医疗队赴马里工作的议定书》，这支援助医疗队按照议定书的要求，继续为马里人民提供优质的医疗服务，为增进中马之间的友谊添砖加瓦。

目前，中国第 24 批援马医疗队的 27 名医务人员已在中国帮助修建的马里医院开展工作，主要科室有：骨科、妇产科、胸外科、脑外科、普外科、耳鼻喉科、麻醉科、普内科、消化内科、儿科、针灸科、放疗科、护理科、放射科、病理科和检验科等。各医疗人员均为高级职称，具有丰富的工作经验，大部分人员在其专业领域颇有建树。此外，医疗队中还有 2 名专职翻译和 2 名厨师。

第七节　新闻出版

一　报纸与刊物

马里独立之初，非洲民主联盟在巴马科创立了自己的报纸《觉醒》，1951 年改为《黑非洲》。此外，马里有一份本地报纸《法属苏丹》（*Le Soudan Francais*），后被《跃进报》（*L'Essor*）取代，不久成为苏丹联盟－非洲民主联盟的机关报，1979 年，成为马里人民民主联盟（UDRM）的官方报纸。《跃进报》开始时保持 2000 份的中等发行量，80 年代末达到 4000 份。这份报纸主要报道当地新闻包括政治事件以及国际新闻、专题报道和体育。《基巴鲁》（*Kibaru*）是一份日报，有 5000 份的发行量，用班巴拉语和其他 3 种语言出版。其他日报包括《巴拉克拉》（*Barakela*）以及《桑贾塔》（*Sunjata*），均有 3000 份发行量，内容涉及社会、经济和政治事件。定期出版的杂志包括《报道者》（*L'Informateur*），由信息和通信部出版每月述评；《马里研究》（*Etudes Malinnes*），由人文科学研究所出版文化季刊。其他出版物如《珀迪姆》（*Podium*），是一份关于文化和体育的周报；《马里共和国官方公报》（*Journal Official de la Republique du Mili*），是一份包括政府通告、法规和法律的出版物。

1992 年的马里《宪法》保障出版自由。目前，全国发行报刊共 47 种，主要有《发展报》（*L' Essor*），是一份综合性官方法语日报，前身为《跃进报》，1949 年创刊，总部设在巴马科。主要提供时事、政治、经济、社会、教育、文化、宗教、非洲、世界、体育等方面的新闻资讯，日发行量约 1 万份。

其他发行量较大的报纸有《回声报》《独立报》《晨报》《巴马科晚报》《共和国人报》等，均系私营报刊。马里政府根据各家报社的发行周期、发行量给予少量补贴。

此外，马里的评论类月刊《希望的种子》也颇为流行，其创办理念是向农村经营者提供农业相关信息，促使其响应国家农业发展计划。该刊创办于 2007 年，发行量约为 1000 份。

二　广播、电视

马里的基础通信设施发展比较缓慢。目前，马里国内共有 3 条光传输骨干网（带宽 2.5Gbps），2 条起于马里首都巴马科至塞内加尔首都达喀尔和毛里塔尼亚首都努瓦克肖特（全长 1000 千米）；1 条起于巴马科至科特迪瓦首都阿比让和布基纳法索（600 千米），以及 10 个地面卫星接收站。

马里新闻和广告社为官方通讯社，创建于 1961 年。每周发行 1 期《新闻周刊》，刊登国内外新闻，有近百名记者。

马里广播电台是官方电台，始建于 1957 年，起初只有一个中波和一个短波播送台。1962 年平均每天播送 6 ~ 8 小时；12 ~ 14 时、18 ~ 23 时播送，星期日 8 ~ 23 时连续播送。播送内容基本符合苏丹联盟党的方针和政府的政策，并尽量适应各种不同种族的听众。大约 50% 的播音时间用法语广播，25% 的时间用班巴拉语，其余时间由颇尔、桑海、萨腊科勒和塔马集格特 4 种语言平均分配。新闻节目占整个节目的 35%，音乐节目占 40%，宗教节目占 3%，剩余部分用于播送普通节目和教育节目。"马里之声"电台播送新闻、采访和讨论、音乐娱乐节目以及戏剧。20 世纪 70 年代早期，中国在马里援建了一座现代广播发射台，能覆盖大多数西非国家。发展到今天，马里广播覆盖率可达 98%，收听率极高，影响很大。以法语、班巴拉语、颇尔语和桑海语等 9 种语言对内广播；以法语、英语和阿拉伯语对外广播。每周播音累计 115 小时。目前居民收音机拥有量 270 万台，全国市镇广播覆盖总数 398 个。另外，马里国内还有 200 余家私营电台。

马里电视台是马里国内唯一的官方电视台，也是马里最主要的电视媒体，创建于 1984 年，全国建有 25 个转播站。每天播放 7 个小时节目，使用语言为法语和班巴拉语等其他民族语言。1997 年，马里电视观众 4.5 万人。2007 年，马里国家广播电视总局开设新的国家公共电视台，其电视节目还可以通过卫星转播到欧洲国家。目前，马里国内拥有 45000 台电视机，电视覆盖率可达 85%。另外，马里近年来也开设或引入了许多新的电视频道，如法国电视国际五台（TV 5 Monde）。该电视台是排在美国有线电视新闻网（CNN）、全球音乐电视台（MTV）及英国广播公司之国际新闻资讯电视频道（BBC World）之后的第四大国际性电视台。现今除了播放国际新闻以外，该台还播放电视剧及游戏节目，亦播放电影与音乐资讯。不同地域的广播内容略有不同，而广播的节目比例亦有分别。马里民众还可以通过订阅法国最大的直播卫星电视平台 Canalsat 来收看更多来自非洲和欧洲的电视节目。该电视平台覆盖整个法国和全世界的法语区，提供节目时间表，预告节目播出内容，提供在线视频、人物采访、新闻追踪、热点透视等。

三　出版社

马里有 5 家出版社。

马里出版社印刷（EDIM），1972 年成立，是马里唯一的国营出版社，以出版小说、课本为主。

冬尼亚出版社（Editions Donniya），成立于 1996 年，主要出版法语和班巴拉语小说、历史和儿童读物等。

无花果树出版社（Le Figuier），成立于 1997 年。

伽玛纳出版社（Editions Jamana），成立于 1988 年，出版小说、诗歌等。

泰利亚出版社（Editions Teriya），以出版文学作品为主。

第六章

外　交

第一节　外交政策

独立之初，马里政府选择"非资本主义"发展道路，在对外关系上重视发展与社会主义国家的关系。在此期间，马里与中国、苏联及东欧国家的关系获得了较快发展。20 世纪 60 年代中期，马里在国外设立 13 个大使馆。这些大使馆主要设在社会主义国家，包括越南、朝鲜、中国、苏联、南斯拉夫、民主德国和古巴。凯塔主张已经取得独立的非洲国家联合起来，共同反对殖民主义和种族主义，支持尚未独立的非洲国家和地区的民族解放运动。他是主张非洲统一的代表人物之一。凯塔曾努力促使西非诸国的联合，在他的领导下，马里曾于 1960 年与加纳、几内亚组成联邦。1961 年 7 月 31 日，马里加入卡萨布兰卡集团（主要有摩洛哥、加纳、几内亚、阿尔及利亚）。卡萨布兰卡集团与温和的蒙罗维亚集团相比，主张非洲更紧密地团结起来。

特拉奥雷执政时期，马里政府继续奉行不结盟政策，反对殖民主义、帝国主义和种族主义。1970 年，马里支持几内亚抗击帝国主义的入侵，还谴责葡萄牙在安哥拉、莫桑比克和几内亚比绍推行殖民主义政策，谴责南非的种族主义政策。这一时期的马里外交政策务实而灵活。马里同时与东西方国家保持着友好关系，获得多方面的外援。在政治方面，马里在非洲、伊斯兰世界和第三世界发出了积极的声音。尽管马里是世俗政府，但大量的穆斯林人口使它与阿拉伯国家关系密切。马里与巴勒斯坦解放组织

（PLO）和利比亚一直保持着友好关系，同时也同阿拉伯国家如沙特、埃及保持着良好的关系。马里直到 1973 年还与以色列保持外交关系，并且是以色列许多外援项目的受益者。出于经济需要和历史原因，马里与法国保持着特殊的外交关系。特拉奥雷总统于 1988 年担任非洲统一组织主席。1999 年 10 月，马里当选为 2000～2001 年联合国安理会非常任理事国。

　　马里自 1992 年建立第三共和国以来，外交政策更加务实和灵活。尽管马里是一个人口较少、经济落后的国家，但在国际事务中表现活跃。马里是国际上许多政治和经济组织的成员，如联合国（UN）、国际货币基金组织（IMF）、世界银行（WB）、国际劳工组织（ILO）、国际电信联盟（ITU）、万国邮政联盟（UPU）和国际刑事法庭（ICC）等。此外，马里还是非洲统一组织（OAU）、非洲开发银行（AFDB）、防御撒哈拉沙漠干旱国家间委员会（CILSS）和西非国家经济共同体（ECOWAS）的成员。1999 年 12 月，科纳雷总统当选西非国家经济共同体和西非经济货币联盟（UEMOA）执行主席，2000 年 12 月连任直至 2001 年 12 月。此外，马里卫生和社会事务部前部长阿·西塞（Ali·Cisse）成为防御撒哈拉沙漠干旱国家间委员会的秘书长，马里公共卫生部前主任契克·邵（Cheick Sow）博士多年来担任防御地方病联合组织（OCCGE）的秘书长，这是一个总部设在布基纳法索博博迪乌拉索的法语国家的地区性卫生组织。

　　21 世纪以来，马里愈加倾向于灵活的外交政策。马里与美国的外交关系有了显著发展。马里与法国有着漫长而复杂的关系（马里曾是法国的殖民地），马里一直活跃在如非洲联盟这种区域性组织中，直到 2012 年，由于马里政变，它的活动才出现了暂停期。

　　2012 年 12 月 20 日，联合国安理会通过 2085 号决议，决定向马里派遣为期 1 年的"非洲领导的驻马里国际支持特派团"（AFISMA，简称"非马团"）。2013 年 4 月 25 日，联合国安理会通过马里问题 2100 号决议，授权成立"联马团"，总兵力约为 12600 人，"非马团"部分人员并入"联马团"。7 月 1 日，联合国在马维和行动正式启动。2014 年 6 月，安理会通过决议，"联马团"延期 1 年。2015 年 1 月底，部分北方武装组织因不满"联马团"有关做法，与"联马团"发生冲突。经马里政府调解，事件已平息。2015 年 6 月，联合国安理会通过决议，"联马团"延期 1 年，并增加 40 名监督停火的军事观察员。

2014 年 7 月，马里政府与北方图阿雷格人武装于阿尔及尔启动和谈，在国际调解方的共同努力下，经过多轮谈判，于 2015 年 6 月正式签署和平与和解协议，但北方局势依然比较动荡。

总的来看，马里奉行独立、和平、睦邻友好和不结盟的对外政策，愿与一切爱好和平、正义和进步的国家建立友好关系，主张尊重国家主权，不干涉别国内政，通过和平方式解决国际争端和地区冲突；加强非洲团结，促进睦邻友好，积极推动非洲一体化发展。强调外交为经济发展服务，努力寻求国际援助。呼吁建立国际新秩序，主张国际社会加强合作，债权国和债务国共同分担责任，寻求解决债务问题的有效办法。积极参加中、西非地区维和行动，谴责一些非洲国家动辄军事政变的做法。承认巴勒斯坦国并与其建立了外交关系，支持巴以和平协议。

第二节　同法国的关系

法国虽曾是马里的宗主国，但在独立之初，马里与法国的关系冷淡。独立之后，马里人民为了捍卫自己的政治独立、摆脱法国的影响，要求法国从马里撤军。经过双方多次协商，法军终于在 1961 年 9 月撤离。1962 年，马里宣布退出法郎区并发行本国货币。此外，马里还指责法国在马里煽动暴乱反对新货币的发行，并且指责法国支持北部的图阿雷格人叛乱。但在莫迪博·凯塔政府执政后期，由于经济和财政陷入困境，马里试图改善同法国的关系。1967 年，马里与法国进行金融谈判，同年，两国签订《法国和马里货币合作协定》。1968 年 3 月，马里法郎同法国法郎实行自由兑换。

1968 年政变后，以穆萨·特拉奥雷为首的马里"全国解放军事委员会"上台，马里与法国的关系开始恢复和发展。"全国解放军事委员会"副主席迪阿基特（Yoro Diakite）于 1969 年 3 月对法国进行正式访问，向戴高乐解释了马里国内政治变化。1970 年 1 月，法国主管国际事务的国务秘书布勒盖斯（Yvon Bourges）访问巴马科。1972年4月，穆萨·特拉奥雷总统对法国进行国事访问并与蓬皮杜总统进行会谈。这些出访使马里同法国高层的官方联系得到加强，使金融和经济条约于1973年最终得到签订。1977年2月，法国总统德斯坦访问马里，这是马里独立后法国总统首次访问该国。这些访问为两国更进一步的合作提供了新的推动力。当时，法国提供马里的双边援助占其所有双边援助的30%和所有国外援助的20%。

特拉奥雷政府强调马里同法国保持传统的特殊关系对两国都有利。对马里而言，需要法国的双边援助和年度预算支持；对法国而言，享有的某些贸易优惠权有利于国内的经济发展。1970~1983年，马里国家元首特拉奥雷6次访问法国。1985年，两国贸易额达600亿非洲法郎。1986年11月，法国总统密特朗访问马里。法国每年向马里提供财政补贴，截至1984年底，法国共向马里提供近6.3亿美元的援助。1985~1987年，法国向马里提供133亿非洲法郎的财政补贴。1988年，为配合马里经济结构调整，法国又向马里提供41亿非洲法郎的财政补贴。1986年，法国在马里的援助人员约有300人，其中教员200名。法国还向马里提供300名奖学金名额。1989年4月，特拉奥雷以马里总统和非洲统一组织执行主席双重身份访问法国。

20世纪90年代，马里与法国的关系继续发展。90年代初，马里约有400名法国技术援助人员，法国是马里主要援助国和合作伙伴。1993年1月，法国决定今后4年每年向马里提供250亿非洲法郎的援助。1994年，为弥补非洲法郎贬值所造成的损失，法国提供共达600亿非洲法郎的特别财政援助及增加各种援助。1994年4月，科纳雷总统赴法国出席第18届法非首脑会议。同年3月和12月，法国两任合作部部长鲁森和德布雷分别访问马里。1995~1997年，法国对马里的公共援助总额分别为503.89亿非洲法郎、473.01亿非洲法郎和410亿非洲法郎。1998年11月，科纳雷总统两次赴国，分别出席在巴黎举行的"世界保护自然联盟成立50周年大会"和第20届法非首脑会议。1999年，科纳雷总统两度赴法进行私人访问。2000年2月，法国负责合作与法语国家事务的部长级代表若斯兰访问马里。9月，科纳雷总统对法国进行正式访问。2001年2月，马里总理西迪贝访问法国。2001年6月，法国外交部部长于贝尔·韦德里纳访问马里。10月，马里武装部队和老战士部部长马伊加访问法国。2002年9月，杜尔总统对法国进行正式访问。访问期间，法国免除了马里40%的债务，并决定对马里试行新移民政策。双方还签署两项投资协议和一项合作协议。①

　　杜尔总统上任以来，马里继续与法国保持着友好密切的合作关系。2001年，法国投资帮助马里实施卫生协调计划，2005年，马里外交和国际合作部部长同法国驻马大使签订了一个16亿非洲法郎的投资协议，其中大部分投资用于继续推动马里卫生协调计划的实施，进一步改善马里人民的医疗卫生条件。2005年6月22日，在马里外交部部长的主持下，马里经济和财政部部长与法国驻马大使于巴马科就法国向马里提供900万欧元援款事宜代表各自政府签订协定。在签字仪式上，法国大使指出，法国的援助是为了支持马里2005年经济和财政振兴计划。他强调，"今年的援款比前两年的要多，前两年分别是700万和900万欧元。今年向马里提供1100万欧元，其中200万专用于法非峰会的筹备工作。他还表示，今年马里可以根据自己的预算需要任意使用该笔援款。以前法国的援款有所指定，如去年的援款指定用于教育部门和公共财政方面"。法国援助的条件性降低，令马里的援助款使用更加灵活。2007年6月，法国外长库什内（Bernard Kouchner）出席杜尔总统连任就职仪式。7月，法国外交和国际合作部负责国际合作与法语国家事务的国务秘书博盖尔访问马里，双方签署了3项总额达1321万欧元的投资协议。10月，杜尔总统赴法出席欧非合作伙伴论坛，并会见了法国总统萨科齐。2008年11月，法国外长库什内访问马里。2009年1月，法国移民、一体化、国民身份和共同发展秘书长帕特里克访问马里。2009年11月30日法国政府向马里政府提供78亿非洲法郎的优惠贷款，用于建造位于巴马科六区的米萨布古（Missabougou）自来水厂。在国际合作打击恐怖主义方面，法国与马里也

---

　　① *Mali Country Review 2013*，p. 81.

合作频繁。2010 年 2 月，为解救被伊斯兰马格里布基地组织绑架的法国人质，法外长先后两次访问马里，经过马里方面调解，法国人质获释，萨科齐总统专程赴马里迎接被解救人质。

非洲是法国的重要活动区域，近年来更是多次举办法非峰会，维持巩固与非洲国家的友好关系，尤其是包括马里在内的法语非洲国家。2005年 11 月，法国的世界发展援助达 80 亿欧元，其中 2/3 用于非洲。马里在法国向世界提供援助的国家中排名第六，撒哈拉沙漠以南非洲国家中排名第二。马里每年接受的 5.2 亿美元总援款中，法国的援款占据 9000 万美元。2000～2005 年，法国每年向马里提供 8600 万欧元的援助，在马里双边合作伙伴中位居第一。2010 年 5 月，受法国总统萨科齐邀请，杜尔总统赴尼斯出席第 25 届法非峰会。2017 年 1 月 13～14 日，马里在巴马科举办主题为"和平与安全"的第 27 届法非峰会。

2012 年 1 月，马里北部爆发图阿雷格人武装叛乱，法国合作部部长德兰古、外长朱佩于 2 月先后赴马里，同杜尔总统商讨如何解决北方危机。"3·22"政变后，法国强烈谴责政变，呼吁政变军人尽快交权，恢复宪法秩序，并拒绝承认萨诺戈政府的合法性。6 月，马里过渡政府总理迪亚拉访问法国。2013 年 1 月，法军应马里过渡政府要求协助马里政府军打击北方叛乱武装、收复北方被占领土。2 月，法国总统奥朗德访问马里。法国外交部发展事务部长级代表康芬访问马里，宣布恢复与马里的合作。随后，法国发展署与马里政府签署协议，法国将出资 13 亿非洲法郎用于修复莫普提、加奥、通布图的供水、供电系统，256 亿非洲法郎用于建造卡巴拉自来水站。5 月，马里过渡政府总统特拉奥雷访问法国，随后，法国外长法比尤斯访问马里。6 月，法国向马里国防部提供价值超过20 亿非洲法郎的军事物资。7 月，马里过渡政府总统特拉奥雷赴法国出席法国国庆日阅兵典礼。

2013 年 7 月，易卜拉欣·布巴卡尔·凯塔当选马里总统。9 月，法国总统奥朗德出席凯塔总统的就职仪式。凯塔总统上台后，马里与法国的合作关系更加密切。9 月底，刚刚就职的凯塔总统访问法国，并于 12 月再次赴法出席法非峰会。2014 年 7 月，法国国防部部长勒德里昂访问马里，双方签署防务合作条约。8月，凯塔总统赴法出席第二次世界大战普罗旺斯登陆70周年纪念活动。9月和10月，马里总理分别对法国进行工作访问和赴法国出席第14届非洲国际经济论坛。2015年5月，凯塔总统赴法国出席加勒比地区黑奴贩卖纪念馆揭牌仪式。10月，凯塔总统对法国进行国事访问并出席经济合作与发展组织同马里政府合办的马里发展国际会议。截至2015年底，凯塔总统在上任两年多的时间里，已经先后6次出访法国，极大地提高了马里与法国的密切程度。另外，据法国官方统计，2012年马法双边贸易额为3.03亿欧元，其中马里对法国出口仅990万欧元。2013年，马里从法国进口占总进口额的11.2%。自2014年起，马里成为法国在西非的第四大出口市场，仅次于塞内加尔、科特迪瓦和贝宁。[①] 2015年6月，法国宣布免除马里430亿非洲法郎债务，以支持马里发展。[②]

第三节 同美国的关系

独立之初，马里选择了社会主义的发展道路，与社会主义国家的良好关系一度影响了与美国的关系。两国虽于1960年9月29日建交，但在20世纪60年代的大部分时间里，马里与美国的关系冷淡。马里媒体公开批评美国发动越南战争，并将对美国的批评扩展到美国政治、社会和经济生活的方方面面。在凯塔总统的"文化革命"期间，马里与美国的关系最为冷淡，当时美国对马里的援助也大大减少。

1968年11月马里政变后，马里与美国的关系开始恢复和发展。美国对马里的援助逐渐增加，美国的援助是以贷款、捐赠和对卫生、工业、商业、教育和农业等广泛领域提供技术顾问的形式进行的。从1969年起，美国向马里派遣和平队员，到80年代中期，美国向马里派出和平队员

---

① *Country Reports*：*Mali*，2016，p. 25.
② 《马里国家概况》，中华人民共和国外交部网站，http：//www.fmprc.gov.cn/web/gjhdq_676201/gj_676203/fz_677316/1206_678140/1206x0_678142。

400 多名。在 70 年代和 80 年代旱灾期间，美国向马里提供了 10 万多吨粮
食援助。1961 年至 1988 年中期，美国对马里的援助达 3.5 亿美元。1988
年和 1989 年美国先后援助马里约 3500 万美元和 5000 万美元，主要用于
马里经济改革和国有企业私营化以及紧急援助等。

在马美关系稳步发展的背景下，两国的高层领导人实现了互访。1985
年 3 月 10 日，美国副总统乔治·布什访问马里，向马里政府提供 2460 万
美元的援助以鼓励市场经济和农业发展。这是美国官员对马里最高级别的
访问，反映了马美关系在 80 年代得到了很大改善。1986 年 12 月，马里
和布基纳法索边界争端的解决扫除了特拉奥雷总统访问美国的障碍。1988
年早期，特拉奥雷总统担任了非洲统一组织主席。在此后的几个月里，非
洲统一组织在斡旋安哥拉内战和纳米比亚独立战争中取得了重大进展，使
南非人、安哥拉人和古巴人在一系列会议上坐到了一起。随后，特拉奥
雷总统应邀访问美国。1988 年 10 月 6～9 日，马里总统、非洲统一组织
主席特拉奥雷访问美国。在里根当政 8 年期间，特拉奥雷总统是第二位
受到盛大欢迎的非洲国家总统。这说明美国对马里政治稳定和经济改革
及特拉奥雷在调解南部非洲冲突中所发挥的作用的认同。特拉奥雷总统
则强调了马里对非洲内部冲突和非洲的债务问题以及马美双边关系的关
注。

1992 年马里第 1 届民选政府上台后，马里与美国的关系迅速发展。
1961～1992 年，美国平均每年援助马里约 1700 万美元。自 90 年代马里
民主化以来，美国加大援助马里的力度。1993 年，美国向马里提供 3500
万美元的援助、3300 万美元的粮食援助及一笔军事贷款，并为马里培训
青年军官。1994 年 4 月，马里装备和运输部部长特拉奥雷访美。10 月，
美国负责非洲事务的助理国务卿摩斯访问马里。20 世纪 90 年代，美国和
马里在诸多事务上都进行了合作，尤其重视加强非洲多国部队的力量，以
便在非洲发生危机时发挥作用。1996 年 10 月 8 日，美国国务卿克里斯托
弗访问马里，马里政府表示原则同意加入美国提倡建立的泛非维持和平部
队。

1998 年 5 月，科纳雷总统访问美国，双方签署了美国在今后 4 年内

向马里提供总额为 260 亿非洲法郎的援助协议。1999 年 7 月，凯塔总理赴美参加国际反贪污大会。1999 年 6 月、10 月、12 月，美国副国务卿洛伊、前总统卡特和国务卿奥尔布赖特、常驻联合国代表霍尔布鲁克先后访问马里。2000 年 11 月，美国负责非洲事务副国务卿贝拉米访问马里。2001 年 5 月美国国务卿鲍威尔访问马里。1996～2001 年美国向马里提供的实际援助总额达 2.5 亿美元。

　　21 世纪的十多年间，美国对马里的援助呈现多样化趋势，不仅援助额度不断增加，援助的种类、范围也在不断扩大。马里是美国"千年挑战账户"援助对象国，两国于 2007 年 9 月正式启动相关合作项目，美国提供 2300 亿非洲法郎，主要用于尼日尔河地区土地整治、巴马科机场扩建等项目。2008 年 2 月，杜尔总统对美国进行工作访问。但 2012 年 3 月马里政变后，美国拒绝承认萨诺戈政府的合法性，并且认为这是马里民主的倒退，取消对马里的人道主义援助和所有军事合作。① 直到萨诺戈将政权让渡给特拉奥雷，马里过渡政府成立，美国对马里的援助才得以继续。2012 年 5 月，美国负责非洲事务的副国务卿卡尔松访问马里，并随后提供 1000 万美元紧急救助款用于救助马里难民。8 月，美国国际发展署民主、冲突和人道援助办公室负责人南希访问马里，宣布美国将拨款 6800 万美元用于马里人道主义援助，奥巴马总统还将向马里提供 1000 万美元的专项援助。2012 年 9 月至 2016 年 1 月，美国向马里提供的人道主义援助总额已达 1.49 亿美元。2013 年 4 月，美国共和党参议员、前总统候选人麦凯恩及民主党参议员怀特豪斯访问马里。2014 年 1 月，美国重新将马里列入非洲增长和机遇法案受惠国。2 月，美国驻马里大使与马里外长签署协议，美国将向马里提供 5800 万美元援助。2014 年 8 月，马里总统凯塔赴美出席美非峰会。近年来，随着基地组织向萨赫勒地区扩张，马里在美国的非洲反恐战略中的地位日益凸显，美国也加大了对马里的援助，2016 年美国对马里的援助总额达到 1.25 亿美元。②

---

① *Country Reports*：*Mali*，2016，p.25.

② "US Relations with Mali，" https：//www.state.gov/r/pa/ei/bgn/2828.htm.

军事是马里与美国合作的重要领域。1998 年 2 月，马美举行联合军事演习。1999 年 4 月，美国在马里设立常驻武官；5 月，马美举行"非洲危机反应倡议"第 4 阶段军事训练。2002 年 9 月，美国欧洲驻军副总司令福尔福特访问马里。此外，由美国政府资助的"非洲危机反应倡议"计划自 1998 年开始已连续 4 年在马里开展军事培训活动，双方多次进行联合军事演习。2001 年 6 ~ 7 月，马美军方共同组织了代号为"FLINTLOCK Ⅱ 2001"的军事演习。2007 ~ 2009 年，美国更是连续 3 年在马里举行联合军事演习，并且邀请马里周边国家参与。2010 年 8 月，马美两国举行图片展庆祝建交 50 周年，宣布将加强反恐方面的合作。2011 年 4 月，美军非洲司令部新任司令卡特·哈姆将军访问马里；10 月，美国向马里提供了价值 900 万美元的军用物资用于支持马里加强反恐行动。2012 年 2 月，两国再次在马里举行联合军事演习，200 名美军士兵、150 名马军士兵参加。2015 年 12 月，马里成为美国总统"安全治理倡议"受援国。该倡议是奥巴马于 2014 年 8 月 6 日在美非峰会上提出的，准备拨款 6000 万美元援助包括马里在内的非洲 6 国（其余 5 国分别是尼日利亚、尼日尔、肯尼亚、加纳和突尼斯），防止冲突和打击恐怖主义。

第四节 同欧盟、德国和日本的关系

一 同欧盟的关系

独立以来，马里同欧洲许多国家保持着合作关系。1993 年欧盟（EU）成立后，马里更是进一步加强了同欧盟各国的合作。实际上，在 1958 年，马里便与当时的欧洲经济共同体进行了合作。双方的合作领域主要涵盖农村发展、人道主义援助、公路基础设施建设、城市发展规划等方面。

进入 21 世纪后，马里与欧盟的合作真正进入了快速发展时期。2004 年，马欧双方签订《马里—欧盟：2003 ~ 2007 年战略合作文件》。在这一文件实施期间，欧盟向马里提供了 4.07 亿欧元的援助资金，用以扶持马里地方机构推进行政改革，重新调整国家角色。其中一部分资金还作为预算支持，弥补了因科特迪瓦危机和农业歉收带来的马里国家收入的损失。2005 年 6 月 22 日，欧盟与马里外交部签订了欧盟向马里提供 32 亿非洲法郎的协议，该援助款项指定用于马里的"支持和崇尚艺术和文化创作计划"。"支持和崇尚艺术和文化创作计划"实施的 4 年间，马里的文化宫、艺术博物馆、国家艺术学院和国家博物馆都得到了充足的资金支持，获得了较好发展，并在邦蒂雅卡拉、蒂也内和锡卡索地区各建了一个博物馆，极大地推动了马里艺术和文化事业的发展。2003～2007 年，欧盟支持马里推行了"五年减贫计划"，帮助马里实施减贫脱困战略。5 年间，法国为此计划共提供 870 亿非洲法郎的援助资金，仅 2005 年的援助资金就达到了 68.8 亿非洲法郎。据统计，2005～2009 年，欧盟每年向马里提供的合作资金都超过 1 亿欧元。在欧盟的资金支持下，马里国家地方机构投资管理局（ANICT）于 2006～2008 年实施了 4600 个投资项目，这些项目包括基础经济（农村市场）建设、教育和医疗（占项目总投资的 86%），以及农田整治、资源管理、文化、水利、体育等各个方面。

近年来，行政改革和权力下放已成为马里在加强民主进程中所要面临的主要挑战，欧盟对此给予了大力支持。2006 年 3 月 14 日，马欧双方签订了支持行政改革和权力下放计划的投资协议。协议金额为 7200 万欧元，约合 472 亿非洲法郎。2011 年 10 月，欧盟与马里政府签署了 2010～2014 年支持马里政府改革和地方发展援助协议，援助金额 620 亿非洲法郎，约合 9500 万欧元，协议金额比 2001～2005 年援助的 380 亿非洲法郎几乎翻了一番。此援助除了用于支持马里政府行政机构改革和地方财政预算外，主要用于北方 5 个地区（塞古、莫普提、通布图、加奥和基达尔）和尼日尔河三角洲的经济发展，修建乡村道路、引水工程、农业基础设施建设，提高就业率以及维持该地区的稳定与和平。

2012 年马里北部爆发叛乱，国内局势持续动荡，欧盟给予马里充足的支持。先后拒绝承认"3·22"萨诺戈政变和北部"阿扎瓦德独立国"的合法性，并在马里军事政变发生后，终止了对其官方发展援助。过渡政府发布过渡路线图后，欧盟宣布恢复对马里援助，并提供援助资金 2.5 亿欧元。2013 年 1 月 17 日，欧盟外交事务委员会特别会议决定，组建欧盟马里军事训练行动部队（EUTM Mali），以帮助马里训练和整编政府军。该部队首期派遣时间为 15 个月，计划派遣约 200 名军事顾问，外加技术支持和保护部队约 450 人，并支出约 1230 万欧元的派遣费用。2 月 18 日，欧盟正式向马里派出军事训练团。除军事训练外，军事训练团还向马里政府军提供有关国际人道主义法规、保护平民及维护人权方面的建议，并且，欧盟表示军事训练团不得直接参与作战行动，以维持马里军队的独立性。

据欧盟相关资料统计，2013 年，欧盟向马里提供各类援助总金额为 2000 亿非洲法郎，约合 3.04 亿欧元。其中人道主义援助 500 亿非洲法郎，约合 7621 万欧元；军事培训支出 150 亿非洲法郎，约合 2286 万欧元；财政援助 800 亿非洲法郎，约合 1.21 亿欧元。另外，欧盟还向马里政府军提供军车 170 辆、骆驼 200 头，并帮助马里整治农田 2500 公顷。[①]

二 同德国的关系

1960 年 10 月 12 日马里同联邦德国建立外交关系。1968 年以来，两国关系发展较快，特拉奥雷于 1978 年和 1984 年两次访问联邦德国。1989 年 4 月，又以马里总统和非洲统一组织执行主席的双重身份访德。1979 ~ 1984 年，联邦德国向马里提供援助 1.5 亿美元，援建项目 40 多个。1988 年 3 月，联邦德国总统魏茨泽克对马里进行正式访问，宣布取消 7000 万马克的债务，并提供 50 万马克的医疗器材。联邦德国是马里的主要贸易伙伴，消费了马里出口的 15%，并且提供了大约同样数量的进口商品。从 1982 年开始，还向马里提供少量军事援助。德国统一后，两国关系继续发展。1992 年 2 月，两国签订军事合作协定，德国于 1992 ~ 1994 年向马里提供 600 万马克的军事援助。1993 年 5 月，两国举行政府

---

① 根据欧盟官方网站的马里相关资料整理而来。http：//europa. eu/geninfo/query/resultaction. jsp? QueryText = Mali&europa_ search_ submit. x = 0&europa_ search_ submit. y = 0&europa_ search_ submit = Search&swlang = en&form_ build_ id = form – X1ybEnBYK950j7LPIneWqfnTwF MOf9Tq3fXYantrukI&form_ id = nexteuropa_ europa_ search_ search_ form。

间协商会议，签署了德国在 1993~1994 两年内向马里提供 1.15 亿马克贷款的协定。

自马里独立至 1995 年底，德国共向马里提供援助 13 亿马克（约合 4420 亿非洲法郎）。1995~1998 年，德国每年向马里提供 8500 万马克的援助。1999 年 6 月，马里外长西迪贝访问德国，双方签署 1999~2000 年德国向马里提供 8500 万马克的援助协议。1999 年 2 月和 7 月，德国联邦议会议长蒂尔泽和经济合作与发展部部长维措雷克·佐伊尔分别访问马里。2002 年 1 月，德国总统约翰内斯·劳访问马里。

2009 年 5 月 8 日，马里外交国际合作部部长与德国驻马里大使在巴马科签署了 2009~2011 年双边技术合作协议。合作的第一阶段德国向马里提供了 275.75 亿非洲法郎（约合 5500 万美元）的合作资金，主要用于推动马里农村医疗卫生、教育、水利和环境等方面的发展。2009 年 6 月 29 日，马德双方签订加强双边农业合作协议，并投资 500 亿非洲法郎（约合 1 亿美元）。在此计划的努力下，2012 年马里共整治农田 10.3 万公顷。近年来，马里气候变化异常，德国于 2011 年 12 月同马里签署了 1000 万欧元的援款协议，帮助马里实施应对气候变化项目。

三　同日本的关系

自 1989 年始，日本每年向马里提供一定数量的赠款，至 1998 年累计达 4400 万美元。2000 年 8 月，日本减免马里 6 亿非洲法郎债务。2001 年日本援助马里总额为 105.6 亿非洲法郎。2002 年，日本为马里大选提供了 16.5 亿非洲法郎的援款。2004 年 3 月，日本减免马里 370 亿非洲法郎债务；5 月和 6 月，日本向马里先后两次提供 76 亿非洲法郎援款，分别用于饮用水计划和修建学校。2005 年，马里与日本的关系得到了较大发展。2005 年 2 月，日本向马里提供 20 亿非洲法郎的粮食紧急援助；11 月，日马两国政府又签订了有关粮食援助计划和 2005 年财政年度赠款的两项援助协议，金额达 70 亿非洲法郎。2007 年，日本再次向马里提供 16 亿非洲法郎用于资助马里大选。2008 年 3 月，日本驻马里使馆开馆；5 月，杜尔总统出席在日本横滨举行的第 4 届东京非洲发展国际会议。2010

年 3 月,由日本援助的法雷梅大桥举行奠基仪式。

2012 年马里国内发生叛乱,政局动荡混乱。2013 年 1 月,日本驻马里使馆撤离巴马科,马里过渡政府成立后,于 2013 年 9 月复馆;6 月,马里过渡政府临时总统特拉奥雷赴日本出席第 5 届东京非洲发展国际会议。2014 年 3 月,因马里政变终止对马里援助一年多以后,日本政府宣布恢复对马里官方的援助;截至 2014 年 5 月,日本已通过人道主义组织向马里提供 198 亿非洲法郎援助,主要用于难民救助、农业发展、改善政府治理等领域。2014 年 6 月,日本通过联合国粮农组织向马里农村发展部捐赠 10 亿非洲法郎以改善马里北方叛乱三大区的粮食安全状况。2015 年 3 月,日本宣布出资 22.5 亿非洲法郎支持马里国家警察学校重建工作;4 月,日本宣布将在 2016～2017 学年向马里高中毕业生及大学生提供赴日留学奖学金名额。

第五节　同苏联/俄罗斯的关系

1960 年 10 月 14 日,马里同苏联建交,此后两国关系日益密切。1961 年 3 月,两国签订《马里—苏联经济及技术合作协定》。根据这项协定,苏联向马里提供总额达 4000 万卢布的贷款,进行地质勘探工作、建设水泥厂、巴马科体育场、职业技术教育中心及其他一些项目。1962 年 10 月,又缔结了提供 1000 万卢布贷款的协定,扩建"尼日尔河开发管理局"的国有农场灌溉系统。1962 年和 1965 年,凯塔总统两次访问苏联。1961～1973 年,马里和苏联签订了提供补充贷款的一系列其他协定及议定书。利用上述贷款,马里进行了地质勘探工作,成立了马里全国矿产资源勘探和开采公司,并于 1969 年建成了年产量为 5 万吨的水泥厂;在卡拉纳地区进行了金矿勘探,并在此建立了采金企业;援建了有 25000 个座位的体育馆以及有 300 名学生的职业技术教育中心,在"尼日尔河开发管理局"的农场开发了约 9000 公顷荒地,种植水稻。此外,苏联在卫生事业方面给予马里经常性的援助,定期为医院及门诊部提供医疗设备和药品,苏联医生在马里的许多医疗机构中工作。

苏联援马项目卡拉纳金矿于 1985 年 1 月正式投产，当年产黄金 500
千克。从 1960 年至 1986 年底，苏联已向马里提供了 2.4 亿美元的援助，
主要是军事援助。1989 年，苏联向马里提供各类贷款 50 多亿非洲法郎。
1986 年 7 月，特拉奥雷总统正式访问苏联。1988 年 2 月对苏联进行了私
人访问。1989 年 8 月又赴苏度假。1986 年马里在苏联注册留学生达
1400 名。自 1963 年到 20 世纪 80 年代末，马里共有 5000 余人到苏联留
学或进修。

1992 年 1 月，马里正式承认俄罗斯和其他独联体成员国。马里欠
俄罗斯债务 2500 亿非洲法郎，占其外债总额的 18%。1998 年，俄罗斯
决定减免马里债务的 67%。2000 年，马里与俄罗斯签订了《司法互助
协议计划》。2004 年马里遭受严重的蝗灾，加之国内各地旱灾频发，粮食
短缺问题日益严重。2004 年底，马里国内 101 万人口面临着粮食短缺的
问题，急需 9146 吨粮食。2005 年 1 月 19 日，俄罗斯驻马里大使向马里粮
食安全委员会提供 10 万美元紧急援款，并随后继续提供粮食援助，帮助
马里应对灾情。

2012 年马里国内叛乱期间，俄罗斯支持联合国等国际组织为应对
马里政治危机而采取的各种措施，并提供一部分军事武器，协助法国
派兵帮助马里平叛。同时，绝不承认马里军事政变政府及北部"阿扎
瓦德独立国"的合法性，并声明要求政变政府尽快将权力交还民主政
府。3 月，俄罗斯联邦军事技术合作局第一副局长亚历山大·福明表
示，尽管目前马里国家局势复杂，但俄罗斯不会停止与马里的军事技
术合作。

第六节　同周边国家的关系

发展与周边国家的友好关系是马里外交的重点之一。马里与几内亚、
阿尔及利亚、塞内加尔、科特迪瓦、毛里塔尼亚、尼日尔和布基纳法索 7
个国家接壤，除了与布基纳法索有过短暂的边界争端，与邻国保持友好的
外交关系。

一 同塞内加尔的关系

1960 年马里联邦的分裂，一度恶化了马里和塞内加尔的关系并造成两国边界局势的紧张。这一事件最直接的影响是通往沿海的铁路被封锁，马里通过迅速修建一条紧接科特迪瓦边界的公路主干道解决了问题。两国不久就意识到双方合作的重要性，特别是在有关开发塞内加尔河流域问题上。两国关系破裂两年后，塞内加尔一个代表团访问了马里，目的是重建两国外交和商业联系。到 1963 年，两国同意重开达喀尔—尼日尔铁路；同年 6 月，两国在巴马科签署条约，两国关系正常化。桑戈尔与凯塔总统随后在两国边界城市基迪拉（Kidira）进行了短暂会晤，以表明两国关系正常化。

随后，两国基于开发塞内加尔河流域的共同目标关系变得更加紧密。1968 年，为了促使该工程上马，两国与几内亚和毛里塔尼亚一道组成了一个地区性组织，即塞内加尔河流域组织。1972 年几内亚因与塞内加尔等国意见不合退出了该组织。留在这一组织的三个国家随后组成了一个后续组织，即塞内加尔河流域开发组织（OMVS）。1988 年，几内亚表示了重新加入该组织的兴趣。

塞内加尔河流域开发组织的两个主要工程分别是位于马里的马南塔利（Manantali）大坝和位于塞内加尔的迪阿马（Diama）大坝。马里希望前者能提供大量的水电；塞内加尔认为这两座大坝的修建为大规模的农业灌溉、抗旱和粮食自给提供了机遇。

马里与塞内加尔的关系因共同开发塞内加尔河的资源变得密切。两国总统频繁地互相访问，这种访问始于 1965 年 12 月桑戈尔总统对巴马科的访问。1999 年 3 月和 10 月，科纳雷总统两度赴塞内加尔，分别对塞内加尔进行访问和参加非洲民主化论坛。2000 年 4 月，科纳雷总统赴塞内加尔出席阿卜杜拉耶·瓦德（Abdoulaye Wade）总统的就职仪式。2002 年 6 月，杜尔总统访问塞内加尔。2007 年 4 月，塞内加尔总统瓦德再次连任，杜尔总统出席其就职仪式；6 月，塞内加尔总理萨勒出席杜尔总统连任就职仪式。2008 年 3 月，第 11 次伊斯兰国家首脑会议在塞内加尔首都达喀尔举行，杜尔总统赴塞出席；4 月，塞内加尔总统瓦德过境访问马里。2009 年 6 月，杜尔总统与瓦德总统在巴马科共同主持撒哈拉绿色长城计划会议。2010 年 3 月，塞内加尔总统瓦德访问马里，与杜尔总统共同出席法雷梅大桥奠基仪式；4 月，杜尔总统出席塞内加尔独立 50 周年庆典。2011 年 4 月，杜尔总统访问塞内加尔。2012 年 5 月，塞内加尔新任总统麦基·萨勒（Macky Sall）访问法国时会见在巴黎治疗的马里过渡时期总统特拉奥雷，并就马里局势交换看法；同年 5 月，马里过渡政府总理迪亚拉访问塞内加尔；12 月，马里过渡政府总理西索科访问塞内加尔。2013 年 9 月，塞内加尔总统萨勒出席马里新任总统凯塔的就职仪式。2014 年 4 月，马里总统凯塔访问塞内加尔；6 月，凯塔总统赴塞出席"非洲发展新伙伴计划"基础设施融资峰会。

二　同科特迪瓦的关系

马里与科特迪瓦有着传统经济、贸易关系，阿比让港是马里的主要出海口。科特迪瓦繁荣的经济为数以万计的马里人提供了工作，而这些人的汇款帮助马里发展经济。科特迪瓦是马里的主要贸易伙伴，20 世纪 80 年代，科特迪瓦每年购买马里出口商品的 1/3。它是仅次于法国的马里进口商品的来源地，占马里每年进口货物价值的 20%。

1999 年 12 月科特迪瓦发生军事政变后，马里领导人为调解科特迪瓦危机做出了一定的努力。科特迪瓦政变后，科纳雷总统以西非国家经济共同体执行主席及马里政府的名义分别发表公报和声明予以强烈谴责。2000 年 2 月，科特迪瓦总统盖伊访问马里。2000 年 11 月和 2001 年 10 月，科纳雷总统两度访问科特迪瓦，2001 年 6 月和 8 月，科特迪瓦总理、总统先后访问马里。2002 年 9 月，马里政府就科特迪瓦局势发表声明，强烈谴责军人兵变行径；10 月和 12 月，马里外长和总统先后赴科特迪瓦参与调解科特迪瓦危机；12 月，杜尔总统邀请科特迪瓦总统巴博和布基纳法索总统孔波雷在马里首都巴马科会晤，商讨和平解决科特迪瓦危机等问题；2002 年 9 月和 12 月，科特迪瓦外长桑加雷和总统巴博先后访问马里。2007 年 6 月，科特迪瓦总理索罗出席杜尔总统连任就职仪式。7 月，杜尔总统出席在科特迪瓦布瓦凯市举行的"和平之火"解武焚枪仪式。2008 年 1 月,杜尔与科特迪瓦总统巴博共同出席两国电网联网工程开工仪式;7 月,科特迪瓦总理索罗访问马里。

2011 年 10 月,科特迪瓦新任总统阿拉萨纳·瓦塔拉(Alassane Ouattara)对马里进行友好工作访问。2012 年 5 月,科特迪瓦非洲一体化部部长库利巴利在巴黎拜会马里过渡政府总统特拉奥雷,就马里局势交换看法;9 月,科特迪瓦国防部部长保罗·科菲·科菲和非洲一体化部部长阿利·库利巴利访问马里,协商西非国家经济共同体向马里派兵问题;12 月,马里过渡政府总理西索科访问科特迪瓦。2013 年 2 月,马里过渡政府总统特拉奥雷赴科特迪瓦政治首都亚穆苏克罗出席西非国家经济共同体第 42 届首脑会议;8 月,马里新任总统凯塔访问科特迪瓦;9 月,科特迪瓦总统瓦塔拉出席马里总统凯塔就职仪式。

三 同几内亚的关系

马里同几内亚关系长期稳定,高层互访频繁。1999 年 1 月和 11 月,科纳雷总统两度赴几内亚,分别出席兰萨纳·孔戴(Lansana Conté)总统就职典礼和对几内亚进行访问。7 月,几内亚总理拉明·西迪梅访问马里。2000 年,科纳雷总统先后 4 次访问几内亚。2001 年 2 月,科纳雷总统访问几内亚;6 月,几内亚总理西迪梅访问马里。2002 年 6 月,孔戴总统赴马里出席杜尔总统的就职仪式;8 月,几内亚外长法尔访问马里;9 月,马里将几内亚科纳克里港(Conakry)开辟为第三个出海口;10 月,杜尔总统对几内亚进行友好访问。2006 年 2 月,杜尔总统访问几内亚。2007 年 11 月,几内亚总理库亚特访问马里。2008 年 10 月,杜尔总统出席几内亚独立 50 周年庆典。2009 年 2 月,杜尔总统赴几内亚出席悼念孔戴总统逝世有关活动并会见几内亚军政权领导人卡马拉。2010 年 2 月,几内亚代总统塞古巴·科纳特(Sékouba Konaté)访问马里;7 月,杜尔总统对几内亚进行工作访问;9 月,几内亚代总统科纳特出席马里独立 50 周年庆典;12 月,杜尔赴科纳克里出席几内亚新当选总统阿尔法·孔戴的就职仪式。2012 年 3 月,几内亚总理福法纳访问马里。2013 年 9 月,几内亚总统孔戴出席马里新当选总统凯塔的就职仪式。

2014 年 2 月，埃博拉病毒在几内亚暴发，并在几内亚全境迅速蔓延开来。疫情期间，为表示对几内亚抗击埃博拉疫情的支持，马里总统凯塔于 3 月和 10 月两次访问几内亚，此举加深了马里与几内亚两国的友好关系。2015 年 3 月，凯塔总统赴几内亚出席第 16 届塞内加尔河流域开发组织峰会；12 月，孔戴总统连任，凯塔总统再赴几内亚出席其连任宣誓仪式。

四 同毛里塔尼亚的关系

独立之初，马里与毛里塔尼亚存在边界纠纷。东豪德（Hodh）地区，曾经是苏丹殖民地的一部分，马里与毛里塔尼亚两国对此地的归属权存在争议。1963 年 1 月，双方代表在毛里塔尼亚南部的阿尤恩阿特鲁斯（Ayoûn el-Atroûs）会晤，商讨了两国的边界线。同年 2 月 16 日，凯塔总统在马里的卡伊会见毛里塔尼亚总统莫克塔·乌尔德·达达赫（Moktar Ould Daddah），并签署了边界条约。然而，边界问题并没有随着条约的签署而消失，因为多年来毛里塔尼亚的摩尔人经常袭击马里并且抢掠农民的粮食，特别是在旱灾期间。1969 年 6 月，双方再次会晤于巴马科商讨边界问题。1984 年，两国就确定边界走向问题达成协议。1986 年 4 月，两国边界问题混委会在巴马科举行会议，商讨竖立界碑问题。1987 年 8 月，马里与毛里塔尼亚举行会谈，决定维持原有边界。1999 年 3 月和 11 月，科纳雷总统两次访问毛里塔尼亚。2000 年 5 月，毛里塔尼亚总统马维亚·塔亚对马里进行工作访问。2001 年 4 月科纳雷总统访问毛里塔尼亚。

21 世纪以来，马里同毛里塔尼亚边界纠纷仍存，但并未影响两国的友好交往。2005 年 1 月，毛里塔尼亚总统塔亚访问马里。2006 年 2 月，杜尔总统访问毛里塔尼亚，会见毛里塔尼亚军事委员会主席瓦尔。2007 年 4 月，杜尔总统出席毛里塔尼亚总统西迪·阿卜杜拉希就职仪式；6 月，毛里塔尼亚总统阿卜杜拉希出席杜尔总统连任就职仪式。2008 年 8 月，毛里塔尼亚政变后曾派"国务委员会"委员访问马里寻求支持。2009 年 8 月，杜尔总统出席毛里塔尼亚新任总统穆罕默德·阿齐兹就职典礼。2010 年 9 月，毛里塔尼亚总统阿齐兹出席马里独立 50 周年庆典。2011 年 5 月，马里外长马伊加访问毛里塔尼亚；6 月，两国军方开会讨论应对基地组织马格里布分支在两国边境地区的活动。

2012 年 6 月和 2013 年 1 月，马里过渡政府两任总理迪亚拉、西索科先后访问毛里塔尼亚，2013 年 3 月，马里过渡政府总统特拉奥雷访问毛里塔尼亚，毛里塔尼亚政府对马里的总统选举给予政治支持。2014 年 1 月，马里新任总统凯塔访问毛里塔尼亚；2 月，凯塔总统赴毛里塔尼亚出席萨赫勒地区五国元首峰会；5 月，毛里塔尼亚总统、非盟轮值主席阿齐兹赴马里斡旋，推动马里政府和图阿雷格人武装分子达成停火协议。2014 年 8 月，阿齐兹总统连任，凯塔总统赴毛里塔尼亚首都努瓦克肖特出席其就职典礼。

五　同阿尔及利亚的关系

自从独立后，马里一直寻求与阿尔及利亚保持友好关系，双方拥有一条较长的边界线。1983 年 5 月，特拉奥雷总统前往阿尔及利亚签署了马里与阿尔及利亚的两国边界协定，在非洲统一组织宪章精神下解决了边界问题。访问期间，阿尔及利亚同意派医生援助马里，并同意接纳马里人进入阿尔及利亚的技术学校学习。1984 年 4 月，两国签署边界会谈纪要。

两国始终保持着高级别的外交会晤，并建立了一个政府间委员会，讨论双方关心的问题。第六次委员会会晤于 1986 年 12 月在巴马科举行，讨论了双方边界地区的农业和发展规划。委员会还就穿越撒哈拉地区的公路建设和引入阿尔及利亚天然气供马里国内消费等问题进行了协商。1999 年 1 月，科纳雷总统对阿尔及利亚进行友好工作访问，双方签订了避免双重征税协定；7 月，科纳雷总统赴阿尔及尔出席非统组织第 35 届首脑会议。2000 年 1 月，科纳雷总统对阿尔及利亚进行工作访问；4 月 30 日，科纳雷总统访阿尔及利亚，出席非统组织关于刚果（金）问题的首脑会议。2001 年 1 月，马里武装力量和老战士部部长马伊加访问阿尔及利亚，双方签署了两国军事合作协议议定书；12 月，阿尔及利亚人民军总参谋长穆罕默德·拉马利将军访问马里。2002 年 8 月，阿尔及利亚外交部负责马格里布和非洲事务部长级代表阿卜杜勒·卡德尔·迈萨赫勒访问马里。

　　杜尔总统上台以后，继续保持与阿尔及利亚的密切关系。马里北部的图阿雷格人武装分裂问题由来已久，阿尔及利亚在调解马里国内冲突的问题上发挥着重要作用。2007年10月，两国在巴马科召开合作混委会，就加强反恐、经贸、科技、文化等方面合作进行了讨论；11月，杜尔总统对阿尔及利亚进行了国事访问。2011年5月，马阿两国签署协议，阿尔及利亚将提供1000万美元援助，用于支持马里北部地区发展。此外，自2012年3月马里爆发叛乱以来，阿尔及利亚向马里提供了3000吨粮食和45吨食品，用于救助北方难民。[①] 马里叛乱期间，阿尔及利亚积极在马里政府与北方叛军之间进行斡旋。2014年7月6日，马里国内包容性对话在阿尔及尔正式启动，马里政府、北方武装及国际调解方出席，并于2015年3月在阿尔及尔草签和平与和解协议。2015年3月，凯塔总统对阿尔及利亚进行国事访问。

六　同尼日尔的关系

　　马里与尼日尔的关系一直是比较友好的。20世纪70年代早期荒漠地区的旱灾，造成马里大量难民逃到尼日尔，这些难民的到来给尼日尔的局势造成了巨大压力，这一状况随着国际援助的开展而得到迅速缓解。

　　图阿雷格人等跨界民族是影响马里与尼日尔关系发展的主要因素。生活在马里和尼日尔的边界的族群不仅包括图阿雷格人，还包括迪耶马人和桑海人。马里积极吸纳这些族群的代表参加政府，并在这一地区保持强大的军事力量。此外，政府与这一地区保持紧密的通信和交通联系，修建了莫普提—加奥的石铺路，加强这一偏远地区与国家政治中心更紧密的联系。

　　2000年2月，尼日尔总统马马杜·坦贾访问马里。2002年6月，杜尔总统访问尼日尔。

---

① Stephanie Pezard, Michael Shurkin, *Achieving Peace in Northern Mali: Past Agreements, Local Conflicts, and the Prospects for a Durable Settlement*, Santa Monica, 2015, pp. 131 – 135.

七　同布基纳法索的关系

　　马里同布基纳法索有 1100 千米的共同边界，两国曾于 1974 年和 1985 年发生大规模武装冲突。1986 年 12 月，两国政府接受海牙国际法庭的最终裁决，修复关系，并于同年互设使馆。1994 年 3 月，科纳雷总统赴布基纳法索出席西非经济货币联盟和西非国家经济共同体特别首脑会议；4 月，科纳雷在出席萨赫勒国家抗旱委员会第 11 次最高会议期间会见了布基纳法索总统布莱斯·孔波雷（Blaise Compaoré）；6 月，科纳雷总统正式访问布基纳法索；11 月，科纳雷在出席第 18 届法非首脑会议期间，再次与孔波雷总统会晤；12 月，凯塔总理访问布基纳法索。1999 年 11 月，科纳雷总统访问布基纳法索。2000 年 8 月，布基纳法索总统孔波雷访问马里。2002 年，两国有关负责人就边境问题数次会晤，以共同保证边境安全。

　　马里与布基纳法索的边界争端集中在阿加谢地区（Agacher）。这个地区是大约 100 英里长，深、远达 12 英里的一块地方，蕴藏着战略矿产和天然气。边界争端是殖民统治时期遗留下来的，该处边界在殖民地时期没有被清楚地划定，因为在上沃尔特（布基纳法索前称）被建立（1919）、撤销（1932），最后又重新组建（1947）的过程中，有争议的阿加谢地区被划给了苏丹。1974 年 12 月，两国相互谴责对方侵犯了这一争议地区。1974~1975 年，在这一地区双方军队发生了数周的冲突，造成了少量伤亡。1974 年 12 月，在上沃尔特的博博迪乌拉索发生了一起严重的针对马里人的暴乱，数十人被杀。摩洛哥、塞内加尔、尼日尔和几内亚为调解马布边界争端进行了努力，促使双方停火并坐到一起谈判。然而，问题仍然没有解决。1983 年 9 月 17 日，布基纳法索总统托马斯·桑卡拉（Thomas Sankara）访问马里，他与特拉奥雷总统同意将两国的争端提交给海牙国际法庭；次月，特拉奥雷总统对布基纳法索进行了正式访问。边界争端一度出现和平解决的迹象。然而，形势在 1985 年 12 月初急转直下，当时马里人宣称布基纳法索官员企图对争议地区进行人口普查。马里认为这一地区属于自己，还宣称布基纳法索派军队进入了争议地区。1985 年 12 月 25

日，马里的武装部队开进这一争议地区，双方随即爆发了武装冲突，从25日至29日的5天交战中，双方共伤亡近百人。

1985年12月27日，联合国秘书长佩雷斯·德奎利亚尔呼吁双方和平解决两国的边界争端。同一天，非洲统一组织发表声明，敦促冲突双方采取克制态度，要求双方立即停火，各自撤出有争议的地区，以便按照非洲统一组织宪章和1974年成立的调解委员会的决定来寻求和平解决争端的方法。12月29日，马里和布基纳法索在利比亚和尼日利亚等国的调解下，达成一项立即全面停火协议，以结束历时五天的两国边界武装冲突。

1986年1月17日，马里总统特拉奥雷和布基纳法索总统桑卡拉在科特迪瓦的政治首都亚木苏克罗会晤，讨论两国的边境武装冲突事件。会晤结束后两国发表公报声明，两国元首同意将各自军队撤离争议地区，并返回各自的边界。公报说，特别首脑会议委托观察委员会监督双方军队的撤离工作。1986年12月，随着马里国防部部长塞科率领的一个高级代表团抵达瓦加杜古，两国关系开始改善。许多天后，由布基纳法索外交关系和合作部部长巴苏尔率领的代表团访问了巴马科。巴苏尔告诉马里人，为示友好，布基纳法索已经在沿共同边界地区取消了所有军事活动。1986年12月22日，国际法院正式宣布决定，将争议地区的东部划给布基纳法索，西部划给马里。无论是特拉奥雷总统还是桑卡拉总统都赞同这个决定。从此以后，两国关系得到了极大改善。

近年来，双方高层往来频繁。2006年3月，两国边境部队指挥官和地方政府长官会晤共同磋商边境安全问题。随后，布基纳法索国防部部长博利访问马里，双方签署了两国军事技术合作协议。2007年1月，杜尔总统出席在布基纳法索举行的第31届西非国家经济共同体首脑会议和第11届西非经济货币联盟首脑会议；6月，布基纳法索总统孔波雷出席杜尔总统连任就职仪式。2010年3月，杜尔总统对布基纳法索进行工作访问；9月，布基纳法索总统孔波雷出席马里独立50周年庆典。2011年9月，马里-布基纳法索大混委会第九届会议后续委员会会议在马里首都巴马科召开。2013年9月，布基纳法索总统孔波雷出席马里新任总统凯塔的就职仪式。2014年6月，布基纳法索总统孔波雷访问马里；10月，凯塔总统赴布基纳法索出席西非经济货币联盟成立 20 周年纪念活动。2016 年 1 月 15 日，布基纳法索首都瓦加杜古发生恐怖袭击事件，随后马里总理莫迪博·凯塔前往布基纳法索表示慰问。

马里不仅同周边国家保持着友好的双边关系，还积极参与邻国间的多方合作。为合理开发利用塞内加尔河丰富的水力资源，马里与几内亚、塞内加尔、毛里塔尼亚共同成立了塞内加尔河流域开发组织，协调各方合作，共同合作开发塞内加尔河。2015 年 3 月 11 日，塞内加尔河流域开发组织第 16 届领导人峰会在几内亚首都科纳克里召开，峰会通过了有关塞内加尔河流域开发组织划界、向该组织开放塞内加尔河港区、开发古尔马西（Gourmassi）水电站和建立富塔贾隆高原气象站等问题的决议。此外，1970 年 12 月，马里与尼日尔、布基纳法索共同成立了利普塔科—古尔马地区①共同开发组织，并声明成立该组织的目的是在地区综合协调发展框架下开发矿业、能源、水利和农牧资源，以促进粮食安全，改善地区闭塞状况，保护环境和推动社会发展。2011 年 11 月 24 日，马里、尼日尔和布基纳法索三国总统在尼日尔首都尼亚美（Niamey）举行了首脑会议，就位于三国边境的利普塔科—古尔马地区的共同发展问题举行了闭门磋商。会议对该地区组织转型为覆盖三国的综合经济区的研究结论进行了备案，并在 11 月底召开了"科托努（贝宁）—尼亚美（尼日尔）—瓦加杜古（布基纳法索）—阿比让（科特迪瓦）"环线铁路投资商圆桌会议。

第七节　同中国的关系

一　双边政治关系

马里是同中国建交最早的非洲国家之一。1960 年 10 月 25 日，中马建交。自建交以来，两国高层领导人交往频繁，有力地推动了两国在政

---

①　利普塔科—古尔马地区（Liptako-Gulmar area）是位于马里、布基纳法索和尼日尔三国边境的一块区域，面积 37 万平方千米。

治、外交、经济和文化等领域的友好合作。

1964 年 1 月，周恩来总理和陈毅副总理兼外长访问马里，在发表的《中马联合公报》中，首次提出了中国对外经济技术援助 8 项原则。自 20 世纪 60 年代以来，中方重要访问还有：全国人大常委会副委员长刘宁一（1965 年 3 月）、国务院副总理兼外长陈毅（1965 年 9 月）、国务院副总理耿飚（1978 年 10 月）、国务院副总理兼外长黄华（1981 年 11 月）、国务院副总理田纪云（1984 年 12 月）、农业部部长何康（1988 年 5 月）、全国人大常委会副委员长王汉斌（1989 年 9 月）、国务委员兼外长钱其琛（1992 年 1 月）、国务院副总理李岚清（1995 年 10 月）、国家主席江泽民（1996 年 5 月）、国务委员司马义·艾买提（1999 年 5 月）、全国政协副主席陈锦华（2000 年 7 月）、全国人大常委会副委员长顾秀莲（2004 年 11 月）、外交部部长李肇星（2006 年 1 月、2007 年 6 月作为胡锦涛主席特使访马）、国家主席胡锦涛（2009 年 2 月）、交通运输部部长李盛霖（2010 年 9 月作为胡锦涛主席特使出席马里独立 50 周年庆典），以及全国政协副主席、国家民族事务委员会主任王正伟（2013 年 9 月作为习近平主席特使出席马里总统凯塔就职典礼）等。另外，1980 年 7 月，中、马两国执政党正式建立关系，1988 年 3 月中国共产党代表团出席马里民主联盟第三次代表大会。

马里重要领导人也多次访问中国，主要有：总统莫迪博·凯塔（1964 年 11 月），国家元首穆萨·特拉奥雷（1973 年 6 月、1981 年 8 月、1986 年 6 月和 1989 年 1 月），外交和国际合作部部长阿利翁·布隆丹·贝耶（1984 年 8 月），议长西迪基·迪亚拉（1986 年 9 月），国防部部长塞古·利（1987 年 10 月），公共工程部部长谢克·乌马尔·冬比亚（1988 年 5 月），计划部部长昂迪乌马纳·恩迪亚（1988 年 8 月），总统阿尔法·乌马尔·科纳雷（1992 年 12 月和 1996 年 9 月），议长阿里·努乌姆·迪亚洛（1995 年 7 月），总理易卜拉欣·布巴卡尔·凯塔（1994 年 8 月和 1999 年 10 月），议长阿里·努乌姆·迪亚洛（1995 年 7 月），经济、社会和文化理事会主席穆萨·巴拉·库里巴利（2000 年 3 月），外交和国际合作部部长拉萨纳·特拉奥雷（2003 年 7 月），总统阿马杜·图马尼·杜尔（2004 年 7 月、2006 年

11月来华出席中非合作论坛北京峰会、2008年8月来华出席北京奥运会开幕式、2010年4月来华出席上海世博会开幕式），外交和国际合作部部长瓦内（2009年8月、2010年6月来华出席中马经贸联委会首次会议），国民议会议长特拉奥雷（2010年9月访华并出席上海世博会中国国家馆日活动），外交和国际合作部部长马伊加（2011年11月非正式访华），手工业、文化和旅游部部长迪亚洛·法迪玛·杜尔（2012年6月来华参加中非合作论坛文化部长论坛），国务部部长、外交和国际合作部部长萨迪奥·拉明·索乌（2012年7月来华参加中非合作论坛第五届部长级会议），马里经济、社会和文化理事会主席阿达哈（2015年12月）。

杜尔总统执政十年间，曾先后四次访问中国，为中马两国的友好关系进一步加深做出了重要贡献。2004年7月，马里总统杜尔对中国进行国事访问；7月15日，国家主席胡锦涛在人民大会堂与来华进行国事访问的马里总统杜尔举行会谈，双方一致同意继承和发扬中马传统友谊，加强两国在各领域的交流与合作，努力开创新世纪中马友好合作关系的新局面。会谈后，两国元首出席了两国政府经济技术合作协定等双边合作文件的签字仪式。

2013年7月，凯塔在总统选举中获胜，成为马里新一任总统，中国国家主席习近平任命国家民族事务委员会主任王正伟为其特使，出席了凯塔总统的就职仪式，中马两国继续保持着密切友好关系。2014年5月，李克强总理在尼日利亚阿布贾出席第24届世界经济论坛非洲峰会期间会见了马里总理马拉。2014年9月，凯塔总统来华出席天津世界经济论坛2014年新领军者年会，李克强总理予以会见。2015年12月，习近平主席在中非合作论坛约翰内斯堡峰会期间会见了凯塔总统。

马里总统特别参谋长杜姆比亚将军（1999年3月），武装力量和老战士部部长索科纳（1999年9月）、马伊加（2001年5月），国防和老战士部部长马马杜·克拉奇·西苏马（2004年11月和2005年8月），总参谋长特拉奥雷（2007年8月），国防部部长库里巴利（2015年11月）等先后访华。总后勤部政委周坤仁上将（2000年7月）、济南军区司令员陈炳德上将（2002年6月）等先后访马。

二 中国向马里派遣维和部队

马里北部在 2012 年初爆发危机，近 2/3 的国土面积被极端组织和分离势力占领。为帮助马里早日走出危机，联合国安理会于 2013 年 4 月 25 日一致通过 2100 号决议，决定设立"联马团"，授权"联马团"尽其所能助力维护马里和平。同年 7 月 1 日，"联马团"正式接替非洲领导的"驻马里国际支持特派团"，其任务包括维护马里境内主要地区稳定、保护平民与联合国工作人员、向人道主义行动提供支持等。

2013 年 7 月 12 日，中国首批赴马里维和部队正式成立，在经过近 5 个月的准备后陆续抵达任务区。中国维和部队由警卫分队、工兵分队与医疗分队三部分组成，共 395 人，其中警卫分队 170 人，工兵分队 155 人，医疗分队 70 人。中国维和部队部署在马里加奥市，于 2014 年 1 月 15 日部署完毕。近年来，中国参与联合国维和行动不再仅仅局限于派出工兵、运输和医疗等保障分队。此次马里维和行动，中国首次派出警卫分队执行任务区警卫执勤任务。该警卫分队主要担负联合国驻马里综合稳定特派团司令部和维和部队营区的安全警卫任务。

马里是非洲最早与中国建交的国家之一，从 1960 年中马两国建交至今，无论国际风云如何变幻，两国各自国情如何变化，中马友谊历久弥坚。中国向马里派出维和部队，展现了中国作为负责任大国的良好形象，是对联合国、非洲联盟和西非国家经济共同体解决非洲地区冲突的有力支持，也是履行中非加强和平安全合作的《中非和平安全合作伙伴倡议》的具体体现。

中国第 4 批赴马里维和部队于 2016 年 4 月初正式组建完成，由工兵分队、警卫分队和医疗分队联合组成，共计 395 人，于 5 月 26 日全部抵达马里，继续实施当地的国际维和任务。

2016 年 5 月 31 日，位于马里北部加奥联合国驻马里多层面综合稳定特派团（"马里稳定团"）营地的维和部队遭遇袭击，出现重大伤亡，其中中国维和人员 1 人牺牲、4 人受伤。"基地"组织北非分支"伊斯兰马格里布基地组织"宣称对此次袭击事件负责。联合国安理会及联合国秘书长潘基文 6 月 1 日均发表声明，强烈谴责"马里稳定团"营地遭恐怖袭击事件，向牺牲的中国维和人员家人及中国政府致以深切慰问。该袭击事件不仅敲响了我国维护海外维和人员安全的警钟，也引发国际社会对马里北部安全局势的关心。

三　双边经贸关系和经济技术合作

1961 年 2 月，中马签订货物交换和支付协定。1978 年 10 月，两国签订新的贸易协定。中国对马里出口的主要商品是茶叶、机电产品、摩托车、大米和纺织品等；从马里进口的主要产品是棉花和牛兰湿皮。1987 年两国贸易总额为 810 万美元，其中中国进口额 217 万美元。1999 年、2000 年、2001 年贸易总额分别为 1986 万美元、3500 万美元、2400 万美元。2002 年，两国贸易额为 2335 万美元，其中中国出口 2162 万美元，进口 173 万美元。

中马建交以来，两国签订了一系列经济、贸易、文化和技术合作等协定。中国为马里援建了火柴厂、纺织厂、糖联、皮革厂、制药厂、体育场、议会大厦等数十个成套项目。根据马里《发展报》2005 年 10 月 4 日报道，"1967～2004 年期间，中国向马里提供了 143 亿多非洲法郎的无偿援助和 530 亿多非洲法郎的贷款援助。2003 年中国还取消了马里欠中国的 370 亿多非洲法郎的债务"。

中马农业合作开始于 20 世纪 60 年代初。为帮助马里生产茶叶和食糖，1961 年底 1962 年初，应马里政府的要求，中国政府分别派出专家组赴马里试种茶树和甘蔗。中国专家经过认真调查研究，选择了马里鲁大纳平原杜卡布古地区试种甘蔗，并且克服了气温高、虫害多等不利因素，终于获得成功。中国专家组组长唐耀祖被马里人民称为"马里甘蔗之父"。[①]在中国专家组的努力下，试种茶叶也获得了成功。在此基础上，中国又援建了马里两个规模较大的甘蔗农场和两个糖厂以及 100 公顷的茶场、年加工成品茶 100 吨的茶厂。马里前总统穆萨·特拉奥雷高度评价中马经济合

---

① 孟庆涛：《中国援助非洲忆往》，《档案春秋》2012 年第 1 期。

作成果，他说："马里人民在征服困难的斗争中，一直得到中华人民共和国的帮助，糖厂是巩固马中团结友好关系的又一具体体现，使我国明显减少了食糖的进口，大大节省了外汇开支。"

根据 1992 年 12 月马里总统科纳雷访华期间两国政府在北京签署的协议，1995 年 2 月 23 日，中国政府向马里政府赠送一批价值 200 万元人民币的农业器械。这批农业器械包括发电机、拖拉机、手扶拖拉机、打谷机、碾米机、粉碎机和水泵等，共 194 件。

1996 年 7 月 27 日，中国和马里在巴马科签署了两项农业合作协议。协议规定，中国将帮助马里建造一座花生酱厂、一座农具装配厂和一座磷酸盐化肥加工厂。

中马两国互利合作始于 1983 年，以工程承包和劳务合作为主要方式。工程承包项目以房建、路桥、打井和农田整治为主。经过 30 多年创业，马里的中国公司现已发展为十几家。目前中国在马里企业可分为加工型企业、承包工程公司和贸易公司三个类型。

加工型企业大都是中国政府在 20 世纪六七十年代援建的，多年来已具有一定的基础和规模，产品在当地占有一定份额。按照管理形式，可分为合资、管理合作和租赁三种企业。

此外，还有一些承包工程公司，承包业务起步于 20 世纪 80 年代中期，经过 30 多年创业，现已拥有一支有 200 多名从业人员、300 多台（套）施工机械，业务涉及建筑、道路、桥梁、地质勘探、打井以及农村土地整治等多个领域的成熟的外经队伍，是目前在马里经贸业务中一支最重要的力量。

2009 年 2 月，中马签署双边投资保护协定，同年 7 月生效。2009 年 2 月，两国成立经贸混委会，并于 2010 年在北京召开首届会议。2014 年 12 月 22 日，中华人民共和国政府和马里共和国政府经济技术合作协定签字仪式在首都巴马科隆重举行。2014 年，双边贸易额为 3.93 亿美元，同比下降 8.1%。其中中方出口 2.97 亿美元，同比增长 8.2%；进口 0.96 亿美元，同比下降 37.3%。2015 年 1~9 月，双边贸易额为 2.9 亿美元，同比下降 10.7%。其中中方出口 2 亿美元，同比下降 13.2%；进口 0.9 亿美元，同比下降 4.6%。中方主要出口机电产品、高新技术产品和茶叶，进口棉花、芝麻等农产品。

进入 21 世纪以来，中国继续对马里实施援助，巴马科第三大桥就是新时期中国援助马里的典型案例。该大桥长 1627 米、宽 24 米，总投资约 4 亿元人民币，是中国政府在西非地区最大的无偿援助项目。大桥于 2009 年动工，2011 年建成通车，由葛洲坝集团国际工程有限公司承建。大桥位于马里首都巴马科东部城区，为跨尼日尔河的大桥，现在已经成为巴马科市醒目的地标。

四　文化、教育、卫生等方面的双边交往与合作

中马两国政府先后于 1963 年、1981 年和 2004 年三次签订文化合作协定。两国文化艺术团多次互访。1965 年，中国开始向马里派遣教员，2014 年，中国浙江师范大学同马里巴马科人文与社会科学大学合作，在马里建立了第一家孔子学院，开设汉语专业，向马里传播汉语，加深了两国的文化交流。中国每年都会为马里大学生及研究生提供奖学金，资助他们到中国留学交流。此外，还帮助马里培训政府官员、商业精英等各方面人才，2015 年，中国已经为马里培训了 300 名各类人才。

2008 年 11 月，马里文化部部长莫克塔尔访华，双方签署了《中马文化合作协定 2009～2011 年执行计划》。2009 年 10 月，中国艺术团赴马里访问演出。2010 年 10 月，中国安徽省艺术团赴马演出。2010 年 11 月，新华社巴马科分社在巴马科揭牌。

中国已开放马里为中国公民组团出境旅游目的地国。2009 年 1 月，两国旅游主管部门签署了《关于中国旅游团队赴马里旅游实施方案的谅解备忘录》。

中国于 1965 年开始向马里派遣教员，并向马里提供奖学金名额。截至 2014 年，中国共接收 758 名马里奖学金生，2014 年马里在华留学生 538 人。

中国在马里阿斯基亚中学设立孔子课堂。马里阿斯基亚中学孔子课堂项目启动于 2007 年末，2008 年 5 月 14 日，中国驻马里大使张国庆代表孔子学院总部与阿斯基亚校长巴塞尼·迪亚拉在中国驻马里使馆签署合作协

议。2009 年 2 月 28 日，张国庆大使与马里高等教育和科研部秘书长多戈为孔子课堂举行隆重启用暨剪彩仪式。

2009 年，孔子学院总部向孔子课堂派遣第一批汉语教师和志愿者。2009 年末西南林业大学获国家汉办/孔子学院总部批准，成为阿斯基亚孔子课堂中方合作院校。2010 年 3 月，派出第一任中方院长，成立理事会。理事会成员由中国驻马里使馆参赞、中方院长、阿斯基亚中学校长、阿斯基亚中学学监、阿斯基亚中学外方负责人五人组成，并制定孔子课堂日常事务管理制度。2010 年 10 月，派出第二批汉语教师一名（系西南林业大学在职教师），与两位阿斯基亚中学本土汉语教师共担汉语课程。

马里阿斯基亚中学孔子课堂占地面积 1304 平方米，建筑面积 498 平方米。其中放映厅 173 平方米，能容纳 220 人；语音实验室 92 平方米，共有 32 个座位；画廊 66 平方米，供举办宣传图片展览；图书馆 40 平方米，有各类图书上千册；办公室 32 平方米，供教师工作和备课。另有教师生活区，学校提供两间教师宿舍。800 多平方米的内院中，种了许多花草，鸟语花香。

2014 年 1 月，浙江师范大学与马里巴马科人文与社会科学大学就共建孔子学院和开设汉语系签署了合作协议。

近年来，中国加大了对马里教育援助的力度，援建了巴马科大学卡巴拉教学区项目。中国政府援马里巴马科大学新校区项目由机械工业第六设计研究院有限公司设计。该项目总投资 4.5 亿元人民币，建筑面积 4 万多平方米，是中马建交以来中方援建的投资规模最大的项目，也是中国援助西非的最大项目之一。该项目由北京建工国际公司承建，2014 年 3 月 10 日，中国政府援马里巴马科大学卡巴拉教学区项目奠基仪式隆重举行，马里总统凯塔、高等教育和科研部部长迪科、装备和交通部部长库马雷上校、环境和清洁部部长里萨、多名国民议会议员、军界高层、中国驻马里大使曹忠明、当地社会名流参加仪式，数千名群众观礼。

自 1967 年 12 月起，中马隔年签订中国向马派遣医疗队议定书。1968 年 2 月至 2015 年 7 月，中国已向马里派遣医疗队共 24 批，派遣医疗人员超过 800 人，累计治疗患者 300 余万人。2012 年 6 月 1 日，中国向马里政府赠送了一批紧急粮食援助和抗疟药品。

2014 年马里暴发埃博拉疫情后，中国政府和中国红十字会分别向马里政府和马里红十字会提供防疫物资和现汇援助，中方还派专家为马里培训公共卫生和疾病防控领域医护人员。2015 年 1 月 29 日，《中华人民共和国政府和马里共和国政府关于中国派遣医疗队赴马里工作的议定书》及《中华人民共和国国家卫生和计划生育委员会与马里共和国外交、非洲一体化和国际合作部关于中国派遣埃博拉出血热公共卫生专家组赴马里开展埃博拉出血热公共卫生培训工作的谅解备忘录》签字仪式在巴马科隆重举行。2015 年 7 月 20 日，马里政府在巴马科为即将归国的中国第 23 批援马医疗队集体授勋，以表彰医疗队在马里工作期间为马里医疗事业以及促进两国友谊所做出的贡献。目前，中国第 24 批援马医疗队的 27 名医务人员正在中国帮助修建的马里医院开展工作。

大事纪年

史前时期	马里境内就有人繁衍生息。考古学家在马里发现了旧石器时代的原始人居住地和劳动工具等。
公元前 3 世纪	杰内古城是非洲铁器时代最重要的遗址之一。
3 世纪前后	富拉尼人在通布图以西、尼日尔河上游西北地区（今马里境内）建立了加纳王国。
8 世纪末	索宁克人（又称索宁凯人）推翻了富拉尼人的统治，建立了黑人王朝。
1076 年	阿尔摩拉维德人入侵加纳，加纳王国从此一蹶不振。
1218 年	马里国王纳雷·法马甘被苏苏人国王苏曼古鲁杀害，王子松迪亚塔流亡。
1235 年	松迪亚塔击败苏苏人军队，杀死苏曼古鲁，马里帝国初步形成。
1255 年	松迪亚塔遇刺身亡，其子乌利继位。
1312 年	曼萨·穆萨继位，马里帝国进入鼎盛时期。
1325 年	曼萨·穆萨对麦加进行了一次著名的朝觐活动，使马里帝国声名远播。
1400 年	桑海摆脱马里统治，成为独立王国。
1464 年	索尼·阿里继承王位，桑海王国逐渐强盛并发展为帝国。
1493 年	穆罕默德·杜尔即位，建立阿斯基亚王朝。

1496 年	穆罕默德·杜尔前往麦加朝圣。
1591 年	桑海与摩洛哥爆发通迪比战役，桑海战败。
1645 年	班巴拉人库利巴利兄弟建立塞古王国和卡尔塔王国。
1788 年	英国非洲内陆考察促进协会（非洲协会）成立，并开始对尼日尔河流域进行考察。
1790 年	探险家丹尼尔·霍顿深入冈比亚内地，发现尼日尔是从西往东流淌的。
1796 年	探险家蒙哥·帕克到达塞古，发现尼日尔河。
1817 年	阿赫马德·穆罕默德打败了塞古王国的军队。
1827 年	法国探险家勒内·卡耶到达通布图。
1830 年	探险家兰德证实尼日尔河出海口就是欧洲人所熟悉的油河河口。
1852 年	哈吉·奥马尔发动伊斯兰圣战。
1863 年	哈吉·奥马尔占领通布图，建立图库勒尔帝国。
19 世纪 50 年代	法国殖民者大举入侵马里。
1881 年	法国入侵图库勒尔帝国。
1895 年	马里成为法国的殖民地，称为"法属苏丹"。
1904 年	"法属苏丹"并入"法属西非"。
1915 年	班巴拉人爆发反对法国殖民者的起义。
1920 年	"法属西非"又改为"法属苏丹"。
1920 年	法属苏丹定都巴马科。
1927 年	考古学家在马里古城通布图市东北 400 千米的阿谢拉尔（Asselar）地区发现公元前 7000 年的人类遗骸。
1946 年	莫迪博·凯塔和马马杜·科纳特组建非洲民主联盟苏丹支部，即苏丹联盟党。"非洲民主联盟"在巴马科成立。
1947 年	马里爆发西非铁路大罢工。

1958 年 11 月	马里成为法兰西联邦内的"自治共和国",定名为苏丹共和国。莫迪博·凯塔出任政府总理。
1959 年 4 月	苏丹共和国和塞内加尔组成马里联邦。莱奥波德·桑戈尔当选为联邦总统,莫迪博·凯塔为总理。
1960 年 9 月 22 日	苏丹联盟召开特别会议决定宣布独立,退出法兰西共同体,改国名为马里共和国,凯塔出任共和国首任总统。
1960 年 9 月 28 日	马里加入联合国。
1960 年 10 月 25 日	中华人民共和国同马里建交。
1961 年	马里开始实行第一个社会经济发展的五年计划(1961～1965)。
1961 年 1 月 20 日	马里要求法国撤走驻军,这一天成为马里建军节。
1961 年 7 月 31 日	马里加入卡萨布兰卡集团(主要有摩洛哥、加纳、几内亚、阿尔及利亚)。
1961～1962 年	中国派农业专家赴马里试种茶树和甘蔗,获得成功。
1962 年 6 月	马里退出法郎区,发行马里法郎。
1962～1963 年	图阿雷格人发动叛乱。
1964 年 1 月	周恩来总理和陈毅副总理兼外长访问马里。
1964 年 5 月 13 日	莫迪博·凯塔再次当选总统。
1965～1978 年	中国援建马里"糖联"。
1967 年 2 月	马里重新加入法郎区。
1968 年	中国援建马里塞古纺织厂。
1968 年 11 月	穆萨·特拉奥雷发动军事政变,推翻凯塔政府。
1969 年	流亡在利比亚的马里和尼日尔图阿雷格人成立了"解放阿德拉尔和阿扎瓦德民族运动"(MNLAA),旨在"解放"马里和尼日尔北部地

区。

1971 年 11 月 22 日	穆萨·特拉奥雷担任政府总理。
1979 年 3 月	马里人民民主联盟成立,穆萨·特拉奥雷当选为党的总书记。
1979 年 6 月	马里第二共和国成立,特拉奥雷当选总统。
1983 年 6 月	特拉奥雷蝉联总统。
1984 年 6 月 1 日	马里加入西非货币联盟(UMOA),采用非洲金融共同体法郎(CFA 法郎)。
1988 年	伊亚德·阿戈·伽利领导成立了"解放阿扎瓦德人民运动"。
1989 年	马里接受国际货币基金组织的结构调整。
1990 年 6 月 28 日	图阿雷格人发动第二次叛乱。
1990 年 7 月 4 日	马里政府与图阿雷格叛乱分子签署"阿尔及尔协定",马里政府允诺图阿雷格人在北方高度自治,同意民主变革联盟的成员加入政府军并管理北方阿扎瓦德地区。
1991 年 3 月	阿马杜·图马尼·杜尔发动军事政变,推翻特拉奥雷政权。
1992 年 4 月	阿尔法·奥马尔·科纳雷当选总统,马里第三共和国成立。
1992 年 4 月 11 日	马里政府和图阿雷格族代表达成和平协议,签署《全国条约》。
1993 年 4 月	首都巴马科爆发学生骚乱,政府集体辞职,阿卜杜拉耶·塞古·索出任总理。
1994 年 2 月	非洲法郎贬值引起各界不满,易卜拉欣·布巴卡尔·凯塔被任命为新任总理。
1996 年 3 月	图阿雷格人的"北方叛乱"暂时平息。
1996 年 5 月	江泽民主席访问马里。
1997 年 5 月	科纳雷成功蝉联总统。

2000 年 2 月	科纳雷任命经济金融专家芒代·西迪贝为总理。
2000 年 3 月	科纳雷任命莫迪博·凯塔为新总理。
2002 年 1 月	马里举办非洲国家杯足球赛。
2002 年 4 月 28 日	阿马杜·图马尼·杜尔当选马里总统。
2003 年	中国取消马里欠中国的 370 多亿非洲法郎的债务。
2006 年 5 月 23 日	图阿雷格人组成民主变革联盟，发动第三次叛乱。
2007 年	马里通过了《国家经济和社会发展计划》，实施《2007～2011 年增长与减贫战略框架》。
2007 年 6 月 8 日	杜尔成功连任总统。
2009 年 2 月	胡锦涛主席访问马里。
2011 年	中国援建的马里巴马科第三大桥通车。
2012 年 1 月	图阿雷格族分离组织"阿扎瓦德民族解放运动"再次发生叛乱。
2012 年 3 月 22 日	阿马杜·萨诺戈发动军事政变，推翻杜尔政府。
2012 年 4 月	"阿扎瓦德民族解放运动"宣布独立，成立"阿扎瓦德独立国"。
2012 年 4 月 6 日	萨诺戈将政府权力让渡给原国民议会主席迪翁昆达·特拉奥雷。
2012 年 4 月 12 日	迪翁昆达·特拉奥雷宣誓就任临时总统。
2012 年 12 月 20 日	联合国向马里派遣"驻马里国际支持特派团"。
2013 年 1 月 11 日	法国出兵援助马里平叛。
2013 年 4 月 25 日	联合国成立"联合国驻马里多层面综合稳定特派团"（简称联马团）。
2013 年 6 月 18 日	马里临时政府与北部武装代表在布基纳法索首都瓦加杜古签署《总统选举与马里和平全面谈判初步协议》。
2013 年 7 月 1 日	联合国马里维和行动正式启动。

2013 年 7 月 12 日	中国首批赴马里维和部队正式成立。
2013 年 7 月 28 日	马里举行总统大选，易卜拉欣·布巴卡尔·凯塔当选马里总统。
2014 年	中国援助马里抗击埃博拉疫情。
2014 年 4 月	莫迪博·凯塔出任总理。
2015 年 6 月	凯塔政府正式与图阿雷格叛军签订停火和解协议。
2015 年 11 月 20 日	马里伊斯兰极端组织在首都巴马科的丽笙酒店制造了人质劫持事件，包括 3 名中企高管在内的近 30 人罹难。
2016 年 5 月 31 日	马里稳定团营地的维和部队遇袭，中国维和人员 1 人牺牲、4 人受伤。
2017 年 4 月 9 日	凯塔任命阿卜杜拉耶·伊德里萨·马伊加为总理。

参考文献

一　中文文献

艾周昌、郑家馨主编《非洲通史》近代卷，华东师范大学出版社，1995。

A·阿杜·博亨主编《非洲通史》第 7 卷，中国对外翻译出版公司，2013。

〔英〕巴兹尔·戴维逊：《古老非洲的再发现》，屠尔康、葛佶译，三联书店，1973。

〔马里〕加乌苏·迪阿瓦拉：《马里短篇小说集》，宋万国、周长志译，世界知识出版社，1984。

段宝林主编《世界民俗大观》，北京大学出版社，1989。

〔南非〕A. P. J. 范斯伯格：《非洲当代领袖》，秦晓鹰、殷罡译，重庆出版社，1985。

非洲教育概况编写组编《非洲教育概况》，中国旅游出版社，1997。

葛佶主编《简明非洲百科全书》（撒哈拉以南非洲），中国社会科学出版社，2000。

〔美〕伦纳德·S. 克莱因主编《20 世纪非洲文学》，李永彩译，北京语言学院出版社，1991。

〔马里〕博卡尔·恩迪亚耶、伊萨·特拉奥雷整理《马里民间故事选》，宋万国、周长志译，世界知识出版社，1985。

农业部国际交流服务中心编著《非洲农业国别调研报告集》第 3 辑，

中国农业科学技术出版社，2013。

《世界政治家大辞典》编委会编《世界政治家大辞典》中册，人民日报出版社，1992。

《世界知识年鉴》（1980～2012 年各卷），世界知识出版社。

〔英〕凯文·希林顿：《非洲史》，赵俊译，东方出版中心，2012。

杨德贞、苏泽玉主编《非洲市场经济体制》，兰州大学出版社，1994。

赵国忠、谈世中主编《世界各国商务指南（中东非洲卷)》，中国社会科学出版社，1996。

钟清清主编《世界政党大全》，贵州教育出版社，1994。

中国驻马里大使馆经济商务参赞处：《对外投资合作国别（地区）指南——马里》，商务部出版社，2014。

中国驻马里大使馆经济商务参赞处：《对外投资合作国别（地区）指南——马里》，商务部出版社，2015。

二　外文文献

Africa South of the Sahara 2007（London：The Gresham Press）.

Africa South of the Sahara 2008（London：The Gresham Press）.

Africa South of the Sahara 2009（London：The Gresham Press）.

Africa South of the Sahara 2015（London：The Gresham Press）.

Babacar Fall, *ICT in Education in Mali*, June 2007.

Country Reports：*Mali*, 2016.

Dorothea Schulz, *Culture and Customs of Mali*（Greenwood, 2012）.

Glenn Sands, "Mali's Depleted Air Force," *Air Forces Monthly*, No. 326, May 2015.

International Institute for Strategic Studies（IISS）, *The Military Balance 2014*（London：Routledge, 2014）.

Mali Initiative, *Mali Education Needs Assessment*, December 2007.

Mali Country Review 2016, http：//www. countrywatch. com.

African Development Bank Group, *Mali Country Profile 2015*.

Pascal James Imperato, *Mali, a Search for Direction* (Boulder and San Francisco: Westview Press, 1989).

Stephanie Pezard, Michael Shurkin, *Achieving Peace in Northern Mali: Past Agreements, Local conflicts, and the Prospects for a Durable Settlement* (Santa Monica, 2015).

The Economist Intelligence Unit Limited, *Mali*, 2001.

The Economist Intelligence Unit Limited, *Mali*, 2002.

The Economist Intelligence Unit Limited, *Mali*, 2003.

The Economist Intelligence Unit Limited, *Mali*, 2004.

The Economist Intelligence Unit Limited, *Mali*, 2009.

The Economist Intelligence Unit Limited, *Mali*, 2016.

United States Agency for International Development (USAID), *Health Profile: Mali*, February 2005.

William Irvin Jones, *Planning & Economic Policy in Mali* (Three Continents Washington, D. C.: Three Continents Press).

World Travel & Tourism Council, *Travel & Tourism Economic Impact 2015 Mali.*

三 主要数据库

世界银行国家数据·马里（2013）。

世界银行国家数据·马里（2014）。

世界银行国家数据·马里（2015）。

世界银行国家数据·马里（2016）。

世界卫生组织国家数据·马里（2013）。

世界卫生组织国家数据·马里（2014）。

世界卫生组织国家数据·马里（2015）。

世界卫生组织国家数据·马里（2016）。

非洲开发银行数据（2016）。

四 主要网站

马里政府网站，http：//www. gouv. ml。

世界银行网站，http：//www. worldbank. org。

世界卫生组织网站，http：//www. who. int/en。

联合国教科文组织，http：//en. unesco. org。

国际货币基金组织网站，http：//www. imf. org/external/index. htm。

非洲开发银行网站，http：//www. afdb. org/en。

西非国家经济共同体网站，http：//www. ecowas. int。

西非经济货币联盟网站，http：//www. uemoa. int。

欧盟官方网站，http：//europa. eu/european – union/index_ en。

中华人民共和国外交部网站，http：//www. fmprc. gov. cn/web。

中华人民共和国商务部网站，http：//www. mofcom. gov. cn。

中华人民共和国驻马里共和国大使馆网站，http：//ml. china – embassy. org/chn。

中华人民共和国驻马里共和国大使馆经济商务参赞处网站，http：//ml. mofcom. gov. cn。

国务院国有资产监督管理委员会网站，http：//www. sasac. gov. cn

新华网，http：//www. xinhuanet. com。

斯德哥尔摩国际和平研究所（SIPRI）网站，https：//www. sipri. org。

世界黄金协会（World Gold Council）网站，http：//www. gold. org。

教育政策和数据中心（EPDC）网站，http：//www. epdc. org。

国际足联网站，http：//www. fifa. com。

索　引

245

新版《列国志》总书目

非洲

阿尔及利亚

埃及

埃塞俄比亚

安哥拉

贝宁

博茨瓦纳

布基纳法索

布隆迪

赤道几内亚

多哥

厄立特里亚

佛得角

冈比亚

刚果

刚果民主共和国

吉布提

几内亚

几内亚比绍

加纳

加蓬

津巴布韦

喀麦隆

科摩罗

科特迪瓦

肯尼亚

莱索托

利比里亚

利比亚

卢旺达

马达加斯加

马拉维

马里

毛里求斯

毛里塔尼亚

摩洛哥

莫桑比克

纳米比亚

南非

南苏丹

尼日尔

尼日利亚

塞拉利昂

塞内加尔

塞舌尔

圣多美和普林西比

斯威士兰

苏丹

索马里

坦桑尼亚

突尼斯

乌干达

赞比亚

乍得

中非

欧洲

阿尔巴尼亚

爱尔兰

爱沙尼亚

安道尔

奥地利

白俄罗斯

保加利亚

北马其顿

比利时

冰岛

波兰

波斯尼亚和黑塞哥维那

丹麦

德国

俄罗斯

法国

梵蒂冈

芬兰

荷兰

黑山

捷克

克罗地亚

拉脱维亚

立陶宛

列支敦士登

卢森堡

罗马尼亚

马耳他

摩尔多瓦

摩纳哥

挪威

葡萄牙

瑞典

瑞士

塞尔维亚

塞浦路斯

圣马力诺

斯洛伐克

斯洛文尼亚

乌克兰

西班牙

希腊

匈牙利

意大利

英国

美洲

阿根廷

安提瓜和巴布达

巴巴多斯

巴哈马

巴拉圭

巴拿马

巴西

秘鲁

玻利维亚

伯利兹

多米尼加

多米尼克

厄瓜多尔

哥伦比亚

哥斯达黎加

格林纳达

古巴

圭亚那

海地

洪都拉斯

加拿大

美国

墨西哥

尼加拉瓜

萨尔瓦多

圣基茨和尼维斯

圣卢西亚

圣文森特和格林纳丁斯

苏里南

特立尼达和多巴哥

危地马拉

委内瑞拉

乌拉圭

牙买加

智利

大洋洲

澳大利亚

巴布亚新几内亚

斐济

基里巴斯

库克群岛

马绍尔群岛

密克罗尼西亚

瑙鲁

纽埃

帕劳

萨摩亚

所罗门群岛

汤加

图瓦卢

瓦努阿图

新西兰

国别区域与全球治理数据平台

www.crggcn.com

  "国别区域与全球治理数据平台"（Countries，Regions and Global Governance，CRGG）是社会科学文献出版社重点打造的学术型数字产品，对接国别区域这一重点新兴学科，围绕国别研究、区域研究、国际组织、全球智库等领域，全方位整合基础信息、一手资料、科研成果，文献量达30余万篇。该产品已建设成为国别区域与全球治理数据资源与研究成果整合发布平台，可提供包括资源获取、科研技术服务、成果发布与传播等在内的多层次、全方位的学术服务。

  从国别区域和全球治理研究角度出发，"国别区域与全球治理数据平台"下设国别研究数据库、区域研究数据库、国际组织数据库、全球智库数据库、学术专题数据库和学术资讯数据库6大数据库。在资源类型方面，除专题图书、智库报告和学术论文外，平台还包括数据图表、档案文件和学术资讯。在文献检索方面，平台支持全文检索、高级检索，并可按照相关度和出版时间进行排序。

  "国别区域与全球治理数据平台"应用广泛。针对高校及国别区域科研机构，平台可提供专业的知识服务，通过丰富的研究参考资料和学术服务推动国别区域研究的学科建设与发展，提升智库学术科研及政策建言能力；针对政府及外事机构，平台可提供资政参考，为相关国际事务决策提供理论依据与资讯支持，切实服务国家对外战略。

数据库体验卡服务指南

※100元数据库体验卡，可在"国别区域与全球治理数据平台"充值和使用

充值卡使用说明：
第1步 刮开附赠充值卡的涂层；
第2步 登录国别区域与全球治理数据平台（www.crggcn.com），注册账号；
第3步 登录并进入"会员中心"→"在线充值"→"充值卡充值"，充值成功后即可使用。

声明

最终解释权归社会科学文献出版社所有

客服QQ：671079496
客服邮箱：crgg@ssap.cn

欢迎登录社会科学文献出版社官网（www.ssap.com.cn）和国别区域与全球治理数据平台（www.crggcn.com）了解更多信息

卡号：1406084758766232
密码：

图书在版编目（CIP）数据

马里 / 张忠祥，石海龙编著 . -- 2 版 . -- 北京：
社会科学文献出版社，2018.5（2022.3 重印）
（列国志：新版）
ISBN 978 - 7 - 5201 - 1282 - 6

Ⅰ . ①马…　Ⅱ . ①张…　②石…　Ⅲ . ①马里 - 概况
Ⅳ . ①K944. 8

中国版本图书馆 CIP 数据核字（2017）第 202234 号

· 列国志（新版）·

马里（Mali）

编　著 / 张忠祥　石海龙

出 版 人 / 王利民
项目统筹 / 高明秀
责任编辑 / 王晓卿　汪延平　智　烁
责任印制 / 王京美

出　　版 / 社会科学文献出版社·当代世界出版分社（010）59367004
　　　　　地址：北京市北三环中路甲 29 号院华龙大厦　邮编：100029
　　　　　网址：www. ssap. com. cn
发　　行 / 社会科学文献出版社（010）59367028
印　　装 / 唐山玺诚印务有限公司

规　　格 / 开 本：787mm × 1092mm　1/16
　　　　　印 张：18.25　插 页：1　字 数：266 千字
版　　次 / 2018 年 5 月第 2 版　2022 年 3 月第 2 次印刷
书　　号 / ISBN 978 - 7 - 5201 - 1282 - 6
定　　价 / 79.00 元

读者服务电话：4008918866